Le Royaume de mon
Miss Mary Ann Winds
de Fabienne Cliff
est le six cent quatre-vingt-quatrième ouvrage
publié chez
VLB ÉDITEUR.

La collection « Roman »
est dirigée par Jean-Yves Soucy.

VLB éditeur bénéficie du soutien de la Société de développement des entreprises culturelles du Québec (SODEC) pour son programme d'édition.

Nous reconnaissons l'aide financière du gouvernement du Canada par l'entremise du Programme d'aide au développement de l'industrie de l'édition (PADIÉ) pour nos activités d'édition.

Nous remercions le Conseil des Arts du Canada de l'aide accordée à notre programme de publication.

LE ROYAUME DE MON PÈRE

Miss Mary Ann Windsor

DE LA MÊME AUTEURE

Le Royaume de mon père. Mademoiselle Marianne, Montréal, VLB éditeur, coll. « Roman », 2000.

Fabienne Cliff

LE ROYAUME DE MON PÈRE

Miss Mary Ann Windsor

vlb éditeur

VLB ÉDITEUR
Une division du groupe Ville-Marie Littérature
1010, rue de La Gauchetière Est
Montréal, Québec H2L 2N5
Tél. : (514) 523-1182
Téléc. : (514) 282-7530
Courriel : vml@sogides.com

Maquette de la couverture : Josée Amyotte
Illustration de la couverture : ©Superstock, Delphin Enjolras, *The letter*

Données de catalogage avant publication (Canada)
Cliff, Fabienne, 1924-
    Le royaume de mon père
    (Collection Roman)
    Sommaire : t. 1. Mademoiselle Marianne - t. 2. Miss Mary Ann Windsor.
    ISBN 2-89005-742-9 (v. 1)
    ISBN 2-89005-765-8 (v. 2)
    I. Titre. II. Titre : Mademoiselle Marianne. III. Titre : Miss Mary Ann
Windsor.
PS8555.L532R69   2001   C843'.6   C00-940707-3
PS9555.L532R69   2001
PQ3919.2.C54Ro   2001

DISTRIBUTEURS EXCLUSIFS :

Pour le Québec, le Canada et les États-Unis :
LES MESSAGERIES ADP*
955, rue Amherst
Montréal, Québec H2L 3K4
Tél. : (514) 523-1182
Téléc. : (514) 939-0406
*Filiale de Sogides ltée

Pour la France :
Librairie du Québec – D.E.Q.
30, rue Gay-Lussac, 75005 Paris
Tél. : 01 43 54 49 02
Téléc. : 01 43 54 39 15
Courriel : liquebec@cybercable.fr

Pour la Suisse :
TRANSAT S.A.
4 Ter, route des Jeunes
C.P. 1210
1211 Genève 26
Tél. : (41.22) 342.77.40
Téléc. : (41.22) 343.46.46

Pour en savoir davantage sur nos publications,
visitez notre site : **www.edvlb.com**
Autres sites à visiter : www.edhomme.com • www.edtypo.com
www.edjour.com • www.edhexagone.com • www.edutilis.com

Dépôt légal : 2ᵉ trimestre 2001
Bibliothèque nationale du Québec
Bibliothèque nationale du Canada

À la mémoire de ma fille Valérie

CHAPITRE PREMIER

Il est difficile de quitter mon pays. Et pourtant, mon cœur bat fort quand je pense au voyage prochain qui va me transporter jusqu'aux rives dorées et ensoleillées des Bahamas. Ces îles, dit-on, forment un paradis où abondent les chefs-d'œuvre parfumés d'une nature différente de celle que je connais. Je rayonne déjà de bonheur à l'idée de revoir mon père et Claude, de me blottir enfin dans les bras de mes deux bien-aimés... C'en sera alors fini de l'attente. Je rejoins mon père, et Claude revient de sa mission en Europe... Quelle merveille ! Plus j'y pense, plus mon cœur se gonfle d'une félicité exquise.

Mon départ est prévu pour aujourd'hui. Je m'éveille assez tôt. La douce clarté de l'aurore hivernale filtre à peine à travers les rideaux. Je ne sais pas quel temps il fait dehors. Il faut du soleil pour cette journée spéciale, car, aujourd'hui, je n'ai de goût que pour ce qui me plaît et me rend heureuse ! J'aimerais dormir encore un peu, mais le sommeil me fuit... Est-ce que ce sont des soucis ou la surexcitation qui me tiennent éveillée ? Les deux, peut-être, certainement !

Je dois être la seule dans la maison endormie à voir le jour poindre. Je m'enfonce davantage dans mes oreillers, soupire d'aise et me repose un autre instant. Je me sens un peu lasse. Ma nuit a été « laborieuse », comme si j'avais beaucoup travaillé. Et dans mon lit, les couvertures remontées sous mon menton, je confonds le silence, la fatigue et une sorte de félicité qui me fait esquisser un sourire un peu désabusé. Je pense, je m'écoute penser, triste et heureuse à la fois de partir... Je pense à ce que je suis, et surtout, puisque je dois la quitter, à ce que j'étais dans ma belle Gaspésie.

Très jeune, j'étais le « petit agneau des religieuses » ; j'étais cette petite fille trouvée, abandonnée selon toute apparence, sur les marches du couvent des ursulines. Comme le temps a passé... Aujourd'hui, à dix-neuf ans, j'ai soudain l'impression que l'avenir à la veille de se concrétiser va me voler mes racines et piétiner mes souvenirs. Pourquoi donc ces craintes ? N'ai-je pas assez lutté pour faire vivre l'espoir ?

Un bruit doux, rythmé, comme un chuchotement léger contre ma fenêtre, m'extirpe un moment de cette langueur à laquelle je m'abandonne. Je reconnais le bruissement soyeux de la neige, que j'imagine tomber en flocons épais, portés par un vent froid en ce jour de décembre. Je remonte les couvertures plus haut sur mon visage, les yeux grands ouverts, j'invite la lumière argentée à emplir la chambre.

Oui, il neige de plus en plus fort, mais je suis habituée à nos hivers rigoureux et glaciaux. Il n'empêche qu'après la formidable tempête que nous avons essuyée voilà quelques jours je crains que mon voyage ne soit retardé. J'imagine les grands arbres du parc plier leurs branches sous le poids du manteau blanc. L'allée qui monte au manoir est cachée, elle aussi, sous un linceul blanc.

Peu à peu, les images envoûtantes de l'amour qui m'attend sur des rives plus ensoleillées renaissent en moi. Ma relation avec Claude s'est tissée par sursauts, et je peux me rappeler ces moments où ses railleries me chagrinaient tant. Moi, dans le bleu-vert de ses prunelles, je ne voulais rien lire d'autre que le besoin urgent qu'il avait de m'avoir avec lui. Les mots qu'il a dits à notre première rencontre restent gravés dans ma mémoire : « Il y a longtemps que je voulais voir de quoi le petit mystère du couvent avait l'air. Je suis déçu. Tu n'as pas deux têtes, tu n'es pas bossue... tu es surtout... jolie ! »

« Nous allons faire un pacte, toi et moi, Marianne, a-t-il déclaré ce jour-là, je vais t'embrasser et ce sera notre secret. » Effarouchée, certes, je l'ai été, mais son regard si clair et si franc a eu raison de moi et ses visites ont illuminé ma vie au couvent. Il était le prince d'un conte de fées quand il venait me voir, en cachette. Il était beau et je l'adorais. Je l'adore toujours...

La maison s'éveille lentement, des portes qu'on ouvre, des pas légers sur les tapis épais. Mon départ est fixé à six heures ce soir. Je laisse encore mon esprit vagabonder. Une foule de souvenirs se chevauchent et me font osciller entre doutes et désirs. J'imagine les mains de l'homme que j'aime sur mon corps comme peut en rêver une jeune femme qui a déjà connu l'amour et joui dans les bras d'un amant.

À Nassau, Claude et moi allons revivre nos premières émotions et plonger au fond de nos cœurs pour libérer cette fougue contenue depuis trop longtemps. Claude a décidé d'interrompre sa carrière de pianiste international jusqu'à notre mariage. Ensuite, nous voyagerons ensemble. Mes plus beaux rêves, ceux que je cache sous mes paupières fermées, je les garde pour mon bien-aimé.

À Nassau, je vais aussi revoir mon père, le duc de Windsor. Mes pensées tourbillonnent. J'avais souhaité si fort, quand j'ignorais encore son identité, qu'il soit l'un des chevaliers de mes rêves d'enfant, le comte de Monte-Cristo, sire Lancelot… Lorsque je l'ai rencontré pour la première fois, il était devenu une légende vivante. Mon père avait été roi et maître du plus grand empire des temps modernes ! Lui !

Enfin, le jour approche où nous allons tous être réunis, tous heureux, aux Bahamas. Il ne peut en être autrement.

Je me lève. Il est temps d'organiser ma journée.

CHAPITRE II

Mes valises sont bouclées. Je suis prête. À l'excitation du départ se mêle le trouble insidieux qui accompagne toute séparation. Je quitte M. et Mme Gatineau avec qui j'ai passé des jours heureux. J'en éprouve bien sûr une grande tristesse.

Nous finissons de déjeuner. Le repas se prolonge dans une atmosphère chaleureuse. La carafe en cristal de Bohême fait le tour de la table et nos verres sont remplis d'un excellent vin de Bourgogne, bien vieilli, qui a un arrière-goût de framboise. Je fixe mon verre plein, les yeux dans le vague.

– Il faut le boire, Marianne, dit le docteur Gatineau, le vin, ça donne un peu de courage !

Sur quoi, après un court moment de silence, M. McFarlane se penche vers moi et pose sa main sur mon bras. Puis, levant son verre, il propose de porter un toast. Je ne suis pas timide, mais je reste muette pendant quelques secondes. Je promène mon regard de lui à sa femme – je suis contente qu'elle soit du voyage –, je balbutie quelques mots.

– Oui, bien sûr, buvons ! À la santé de nos hôtes et à leur merveilleuse hospitalité. Et à l'avenir !

J'ai l'impression que mon cœur va éclater. Je porte le verre à mes lèvres et boit deux bonnes gorgées.

– Ça va mieux, Marianne ? demande Mme Gatineau en souriant.

– Oui, merci !

Notre trop bref moment d'intimité fait place au brouhaha du départ. Sur le seuil, je m'attarde à observer la ligne d'horizon et le grand parc qui entoure le manoir, éclairé par de timides rayons du soleil en cette fin d'après-midi. Le parc est recouvert de son tapis de neige jusqu'à l'immense étendue bleu foncé qu'agite le vent du nord. De grandes ombres se déplacent sur l'eau, comme si un ange jouait avec un immense miroir dans le firmament.

M. et Mme McFarlane ont engagé une conversation avec M. et Mme Gatineau. Jim s'occupe des bagages avec l'aide d'Arsène. J'observe les uns et les autres à tour de rôle comme un spectateur, une scène de théâtre. Tout est en place. J'ai laissé un petit cadeau pour Béatrice et Arsène sur le guéridon du couloir. Je perçois le trouble de chacun, mais aussi la hâte d'y mettre fin. Mes yeux s'accrochent pourtant à mille choses. Je regarde une dernière fois la belle façade en pierre, avec ses fières tourelles bien assises, l'ogive des fenêtres et les balcons sculptés. Une rafale de vent vient soulever la neige autour de nous ; je ferme les yeux. Je ne veux pas pleurer.

Mme Gatineau me tend les bras et je m'y blottis d'instinct.

– Écrivez-nous aussitôt arrivée ! Promis ? Prenez bien soin de vous, chère enfant.

Puis, je me tourne vers le docteur Gatineau. Mais, comme poussé par un démon invisible, Rubi, le terre-neuve, bondit sur moi et pose ses larges pattes poilues sur mes épaules. Sa grosse tête frôle mon visage ; un son, qui sort du plus profond de sa gorge, semble dire « Bye-bye ». « Oui, Rubi, je reviendrai ! » lui dis-je. Il se met à aboyer en remuant la queue en signe de contentement.

— *Down*, Rubi ! ordonne le docteur Gatineau avant de m'ouvrir à son tour ses bras pour les adieux. Vous allez nous manquer, Marianne. Faites un bon voyage et dites à Claude de nous téléphoner dès son arrivée à Nassau !

J'aimerais leur exprimer ma gratitude, mais je suis trop émue et les mots m'échappent. Je n'ai jamais aimé le moment des séparations. Alors que la voiture prend de la vitesse, une ronde folle d'images me submergent. Je les emmène avec moi dans l'exil. Des larmes coulent sur mes joues et je me tourne, par pudeur, vers la fenêtre. Je regarde l'endroit où j'imagine la maison blanche à deux tourelles que m'a promise Claude. Oui, elle renfermera mes plus beaux rêves.

Derrière la grosse locomotive du Canadien National s'étirent une vingtaine de wagons de voyageurs, dont une douzaine de wagons-lits. On m'a installée dans un compartiment, entre celui de M. et Mme McFarlane et celui de Jim, avec ordre de n'ouvrir à personne d'autre qu'eux et seulement au signal convenu, un V en code Morse, qui, comme les initiés le savent, correspond aux premières notes de la *Cinquième Symphonie* de Beethoven.

Le train nous emporte à grande vitesse dans la nuit noire ; le roulement du wagon sur les rails me berce de son rythme régulier. Je m'endors d'un sommeil profond qui dure jusqu'au lendemain matin. Nous prenons notre petit-déjeuner dans le salon des McFarlane, où Jim vient nous retrouver avec un plateau garni ; une cafetière pleine d'un café odorant, un pot de crème et des brioches encore chaudes aiguisent mon appétit. Je respire sur mes paumes l'odeur du savon parfumé que j'ai utilisé pour ma toilette matinale. C'est drôle, mais j'ai l'impression d'avoir vieilli ces derniers jours.

– Nous serons à la gare centrale dans une demi-heure, annonce Jim en écartant le rideau du pullman. On dirait qu'il va faire beau !

Après le petit-déjeuner, M. McFarlane se plonge dans son journal, qu'il lit de la première à la dernière page. De temps en temps, il me jette des regards et me sourit. Je discute de tout et de rien avec Mme McFarlane ; sa voix douce me réconforte. Elle me fait part de ses plans pour notre journée à Montréal. Beaucoup d'emplettes en perspective, car, en effet, je n'ai pas tellement de toilettes adéquates pour le climat tropical. Pendant que son mari s'occupera de ses affaires, nous irons chez Holt Renfrew.

– J'ai demandé que l'on nous présente des articles de printemps, car en décembre les magasins stockent encore leurs collections d'hiver. Même en temps de guerre, on trouve de belles choses, vous verrez !

– Je suppose qu'il va me falloir des vêtements pour diverses occasions, mais…

Je n'ose pas aller jusqu'au bout de ma phrase. Mme McFarlane, bienveillante, m'invite à continuer.

– … J'espère ne pas avoir à faire concurrence à la duchesse de Windsor… Son chic est légendaire, il paraît…

– Ma chère Marianne, vous avez quelque chose que Wallis Simpson n'a pas !

J'attends qu'elle précise sa pensée. Ses yeux pétillent dans son visage pâle et ses cheveux roux captent la lumière artificielle du quai de la gare.

– Vous avez la beauté et la jeunesse, Marianne, ne l'oubliez pas !

L'air frais matinal de la ville de Montréal nous frappe au visage. Nous prenons un taxi pour nous rendre à l'hôtel Windsor, où nous logerons. En d'autres circonstances, ce nom n'aurait pas frappé mon imagination. Aujourd'hui je le trouve plutôt seyant et à-propos. Ne suis-je pas, après tout, Mary Ann Windsor ? La façade cossue de l'édifice imposant est encore illuminée ; les grooms et les chasseurs s'empressent de nous accueillir.

Puis, c'est la course vers les magasins. Le temps est plus serein que la veille, mais quelques flocons de neige voltigent autour de ma tête. Je suis habituée aux grandes étendues blanches de ma Gaspésie, et, en plein centre de la métropole, la neige me semble grise et sale. Dans la foule des gens qui circulent dans les rues et les grandes avenues, je cherche l'odeur d'invisibles sapins.

– Il faut finir nos achats avant le déjeuner, mademoiselle Marianne, dit Mme McFarlane. La matinée est déjà avancée.

Sa douce voix me ramène à la rue Sherbrooke où se trouve le grand magasin Holt Renfrew. Je la regarde, souriante sous sa toque de fourrure qui dissimule presque complètement ses cheveux. Élégante et tirée à quatre épingles, elle porte un manteau de drap sombre serré à la taille. Je la trouve très belle au milieu de la foule anonyme.

— Nous y sommes, annonce Mme McFarlane en inclinant la tête vers le concierge qui ouvre la porte de l'établissement réputé.

Quelqu'un nous attend à la réception et on nous dirige vers un salon privé. Le goût sûr de Mme McFarlane m'aide à composer la garde-robe dont je vais avoir besoin. Je m'imagine déjà en train de me promener fièrement sous les grands palmiers, vêtue de mes nouveaux vêtements. Nous choisissons des chemisiers, des jupes légères, des pantalons longs et courts, deux vestes en lin, l'une blanche et l'autre marine, trois robes d'après-midi d'une belle coupe et de couleurs variant entre le rose bonbon et le jaune jonquille. Je m'extasie devant deux robes du soir dont l'une a une jupe bouffante qui me rappelle celle que j'ai admirée, un jour, dans un tableau de Reynolds. Nous passons ensuite aux chaussures.

— Madame McFarlane, lui dis-je à voix basse, qui va payer tous ces achats ?

— Ne vous en faites pas, mademoiselle Marianne, me répond-elle en souriant, cela fait partie d'un arrangement entre mon mari et votre père.

Mon père, mon cher papa ! À l'évocation de son nom, je ressens une douce nostalgie ; l'image de son visage serein m'envahit, vite chassée par celle de Claude qui se fait pressante. Il me tarde de les retrouver tous les deux à Nassau.

Nous rentrons à l'hôtel. M. McFarlane nous attend dans l'un des salons. Il me tend un télégramme, que je m'empresse d'ouvrir. Je souris à la lecture du message.

Bon voyage, darling. Your father.

Le reste de la journée se déroule dans le calme. La neige tombe dru sur la ville ; je reste dans ma chambre, puisque nous ne pouvons sortir, et j'essaie de lire afin de me distraire. La radio vient d'annoncer que la tempête durerait toute la soirée et toute la nuit. Notre vol de demain peut être compromis et une telle perspective ne me réjouit en aucune façon.

D'habitude, il m'est facile de me détendre, mais, aujourd'hui, je me sens responsable de tellement de choses, la planification du voyage, les courses, l'empressement de tous ces gens qui se dérangent pour moi, parce que je suis une « Windsor ». C'est à cause de mon père, bien sûr, qu'on met tant de zèle et d'ardeur à plaire à ma petite personne, et je dois gracieusement accepter ces privilèges, ces avantages.

Mon esprit travaille trop. J'imagine mon départ sur un tapis de neige bien tassée, puis mon arrivée sous un soleil chaud et un vent doux d'été parfumé de fleurs d'oranger et de chèvrefeuille, je construis des scénarios. Tout cela pour demain, si Dieu le veut… Que j'ai hâte, que j'ai hâte !

Allongée dans mon lit, le dos las, les mains ouvertes, je laisse mon esprit vagabonder. Je n'ai rien sur quoi poser mon regard, pas de photographies, pas de fouillis, aucun objet personnel ; tout est rangé. Mes valises sont fermées à l'exception de ma mallette de voyage. Imperceptiblement, alors que mes muscles se détendent, l'émoi du départ s'atténue. Tout de même, mon cœur s'affole lorsque je pense à mon père et j'en ressens une souffrance. Vais-je trouver une petite place dans sa vie ? Mon père, que je connais à peine ! « Tu vas apprendre à le mieux connaître, Marianne, et ce sera pour toi un nouveau bonheur, tu verras », me suis-je si souvent répété.

De l'autre côté du mur, j'entends Jim prendre une douche dans la salle de bains que nous partageons. Mon bon et fidèle Jim. Il est l'homme de la providence et j'ai appris, au fil des ans, à apprécier sa présence bienveillante, pour moi seule. Mon père l'avait voulu ainsi. Il fallait quelqu'un pour le remplacer !

– *Good night*, Jim, dis-je.
– *Good night, Miss Mary Ann, sleep well.*

Sept heures du matin, on frappe à ma porte. La voix de Jim m'annonce que le petit-déjeuner sera servi dans une demi-heure et que nous partirons pour l'aéroport à neuf heures. Un nouvel épisode de ma vie va bientôt commencer.

Une voiture diplomatique nous amène à Dorval. Les routes ont été déblayées, le ciel est bleu et sans nuages.

CHAPITRE III

J'apprends que nous voyagerons à bord d'un DC3 Dakota de la compagnie aérienne Pan-American. Une escale est prévue à Newark, dans l'État du New Jersey, avant de se diriger vers Miami. Après les formalités rapides à l'aéroport de Dorval, nous nous installons dans un salon.

L'animation qui règne dans l'aéroport me fascine. Une foule de voyageurs vont et viennent dans le grand hall et je remarque la présence de militaires. Je prends tout à coup conscience de cette réalité : le pays qui va m'accueillir, les Bahamas, est aussi un pays en guerre. Il est bien possible que, étant l'invitée du gouverneur et de sa femme, je sois soumise à une certaine surveillance, peut-être par les services britanniques (savent-ils seulement que j'existe ?), par les Américains et probablement par les nazis. Je n'entends rien au fanatisme de ceux qui, en Europe, sont en train de morceler une partie de notre monde, mais, comme aime le répéter Jim, la vigilance ne tue pas.

Quelques personnes se trouvent dans le petit salon réservé aux passagers de marque. Je regarde, amusée, une vieille dame qui essaie de calmer son pékinois qui ne cesse de japper. Un jeune homme, penché vers elle, lui répète à plusieurs reprises qu'il ne peut obtenir le biscuit au chocolat que son chien adore. Elle commande alors une soucoupe de lait sucré en boîte. Finalement, le petit chien se calme et s'endort sur ses genoux.

Deux hommes s'approchent et viennent serrer la main de M. McFarlane. Ils lui remettent les documents nécessaires à mon passage aux États-Unis. Je commence à me rendre compte du fait que mon avenir dépend aussi de la machine bureaucratique.

— Mon cher collègue, dit l'un des hommes, cela n'a fait aucune difficulté. C'est un plaisir de rendre service à une si jolie demoiselle, continue-t-il galamment en se tournant vers moi.

— Merci d'être venus si vite, juste avant notre départ, dit M. McFarlane. Je vous saurai gré d'envoyer, dès que possible, les autres documents à l'adresse que je vous ai indiquée. Messieurs, permettez que je vous offre une coupe de champagne.

Il fait signe au barman. Ma coupe est de nouveau remplie et je sens éclater les petites bulles du nectar mousseux sur mes lèvres. Ce matin, à l'hôtel, je n'ai pu avaler qu'une tasse de café et, dans un estomac vide, l'effet enivrant de la boisson ne tarde pas à se faire sentir. Les adieux se terminent rapidement et les deux hommes s'éloignent. Jim s'est rapproché de moi. C'est bizarre, je n'avais jamais remarqué cette petite tache brune dans l'une de ses prunelles, comme si la nature y avait imprimé son poinçon. Ses yeux observent, sa bouche sérieuse sourit et, sur un ton tout naturel, il me dit en appuyant sur chaque mot :

— Ne vous écartez pas de nous, mademoiselle Marianne.

Inclinant la tête, je rejoins M. et Mme McFarlane. Jim joue son rôle d'ange gardien, je me fie à lui. Je connais son dévouement et sa vigilance de tous les instants. Serais-je – Jim n'a rien dit, mais je connais ses sous-entendus – en danger d'enlèvement ?

Nous occupons la première rangée de sièges à l'avant de l'appareil, derrière la cabine de pilotage. Assise près du hublot, je peux profiter pleinement du panorama. Rien ne semble réel dans le tableau changeant, vu à plus de quinze mille pieds. J'imagine être un oiseau migrateur au-dessus d'une nature observée à grande échelle. En contrebas, je distingue le lac Champlain, au sud de Montréal, et puis les cimes neigeuses des Appalaches qui s'élèvent, majestueuses. Plus loin, des villes se resserrent sur elles-mêmes comme si elles cherchaient à se protéger contre cette grande étendue qui les entoure.

Notre escale à Newark ne dure qu'une heure et demie. Après la vérification de nos passeports, on nous dirige encore vers un salon d'attente. Mme McFarlane nous quitte ici et, même si je m'y attendais, son départ me rend triste. Elle est, comme toujours, calme et de bonne disposition, du moins en apparence, alors que je m'agite nerveusement dans mon fauteuil.

Avant de nous séparer, elle m'offre en cadeau un flacon de parfum avec le savon assorti. Je la remercie en l'embrassant avec ferveur. Elle prend mon visage entre ses mains et sourit.

– Votre père vous aime tellement, mademoiselle Marianne… C'est un homme qui a souffert. Il a besoin de vous.

Son regard serein calme un peu l'agitation de mon esprit. Elle tient mes mains dans les siennes et je demeure immobile à l'écouter.

— Jusqu'à ce qu'elle vous connaisse mieux, il vous faudra faire preuve de patience envers votre belle-mère. Vous allez apprendre à vous apprécier l'une et l'autre, j'en suis certaine.

M. McFarlane s'approche de nous. En prenant sa femme par la taille, il lui rappelle que notre départ pour Miami est imminent. Elle me serre dans ses bras et m'embrasse tendrement sur le front. Je lui rends son étreinte.

— Madame McFarlane, lui dis-je, je vous remercie de tout cœur de m'avoir accompagnée jusqu'ici. Je n'oublierai pas votre soutien et votre gentillesse et je vous en serai toujours reconnaissante. Bon voyage de retour.

— N'oubliez pas de m'écrire. Surtout, ne perdez jamais confiance. Bon voyage.

Elle s'éloigne avec son mari, qui nous rejoindra plus tard. Jim m'invite à m'asseoir près de lui. Après quelques instants, on nous indique le salon de transit. Chaque pas me rapproche de mon but et cela m'intimide davantage. Je soupire. « Allons, Marianne, du cran, de l'audace... les Bahamas et ton père t'attendent, après tout ! » Il n'empêche que ceux que j'aime, les Gatineau, ma tante religieuse, Thérèse, Agnès, je les emmène avec moi, ils vivent dans mon cœur... Leur absence ne doit pas tant me peser.

Nous décollons enfin.

Chapitre IV

Nous survolons le Connecticut, le Maryland et le Kentucky. Je me laisse emporter sagement vers l'inconnu et je commence à goûter les plaisirs du voyage. J'apprécie le service impeccable et courtois à bord ainsi que les friandises qui sont servies pour accompagner une coupe de champagne frais. Je prends toute la mesure de la chance qui m'est donnée, de la promesse du bonheur qui m'attend à mon arrivée à Nassau. M. McFarlane interrompt le cours de mes pensées :

— Mademoiselle Marianne, il me semble que j'ai omis de vous informer que votre visa supplémentaire pour les États-Unis va être délivré à Nassau. Ce visa est aussi valable pour une durée de cinq ans.

J'ai toujours aimé la finesse d'esprit et le tact de M. McFarlane. En toutes circonstances, il savait doser les informations dont il allait vous faire part, ni plus ni moins et en temps opportun. C'est dans sa nature. Pourtant, sans douter de sa sincérité, je me suis parfois surprise à lui prêter un penchant à faire des cachotteries.

— Il a aussi été décidé, continue-t-il à voix basse, que votre véritable identité ne sera pas dévoilée. Pour les autres, vous serez une cousine éloignée de la famille du duc, en visite pour une période indéterminée.

Ce disant, il me regarde droit dans les yeux, épiant ma réaction. Je m'efforce de ne marquer aucune surprise et lui fais un signe d'assentiment. Je suis trop fière pour montrer ma déception à ce moment précis.

– … puisque les Bahamas appartiennent à la Couronne d'Angleterre, elles sont en guerre et, naturellement, les autorités locales exercent un contrôle serré sur tout le territoire, ajoute M. McFarlane en feuilletant des documents qu'il vient d'extraire de sa mallette. Nassau possède un centre d'entraînement pour les pilotes de la Royal Air Force et la Croix-Rouge y a un bureau.

– Je sais. Je dois vous avouer que j'ai fait quelques recherches de mon côté. Jim et moi avons trouvé un grand atlas au manoir. Nous avons bien étudié notre parcours jusqu'aux Bahamas et la topographie des lieux n'est plus un secret pour moi, dis-je en riant.

M. McFarlane fixe sur moi un regard interrogateur. Je soupçonne qu'il me sent émue malgré mon air assuré et je voudrais discerner chez lui une trace de compassion. Seulement, son visage impassible de diplomate n'exprime que fermeté et patience.

– Saviez-vous aussi que la résidence du gouverneur général a été rénovée ?

Je fais non de la tête.

– Il était prévu que le duc et la duchesse de Windsor s'y installent aujourd'hui ou demain, lui semble-t-il bon de préciser avant de se replonger dans sa lecture.

Je continue de l'observer, du coin de l'œil, car il m'intrigue, comme d'habitude. Le faisceau de la petite lampe au-dessus de nos têtes éclaire ses mains soignées qui trient ses sacro-saintes paperasses. Depuis notre première rencontre, je l'associe à cette mallette dont il ne se sépare jamais. C'est cependant la première fois que nous passons tant de temps ensemble. À l'évidence, M. McFarlane est un homme distingué, qui a le chic anglais : chemise blanche empesée et boutons de manchette gravés, cravate sombre et complet-veston à la coupe parfaite de Saville Row. Il a rangé avec soin son chapeau melon et son parapluie dans le compartiment réservé aux bagages à main. M. McFarlane est l'incarnation du parfait gentleman doté d'un caractère sobre et d'un raffinement tout en nuances.

– Et les Allemands, monsieur McFarlane ? demandé-je à brûle-pourpoint.

Un large sourire anime son visage subitement.

– Eh bien, mademoiselle Marianne, comme toujours, vous allez droit au but. Je constate que vous n'ignorez pas les menaces qui pèsent sur ce paradis…

– Jim m'a aidée et, dans les journaux, chacun glane ses informations, mais je voudrais en savoir davantage.

– Puis-je vous demander quoi exactement, miss Mary Ann ?

– Il va de soi que je ne m'attends pas à y trouver des hommes qui marchent au pas de l'oie sous l'emblème nazi, dis-je, un peu prise au dépourvu. Ce sont surtout les rumeurs qui circulent au sujet de mon père qui me préoccupent. Vous savez comme moi ce que la presse a écrit sur ses amitiés pro-germaniques, sur sa visite en Allemagne… et sur les desseins de Hitler qui veut le…

– … l'installer sur le trône après sa conquête de l'Angleterre ?

Je fais un signe affirmatif de la tête.

– Heureusement, cela n'arrivera pas, miss Mary Ann. Hitler sera battu sans ménagement, croyez-moi. Pour le moment, son armée remporte ses petites victoires sur les pays avoisinants, mais, pour notre part, nous avons gagné la bataille d'Angleterre. Oui, nous, les Britanniques, allons vaincre. D'ici là, nous devons éviter le pire, dit-il en soupirant.

Il fait une pause. Je n'ose interrompre son silence et je me tourne vers Jim qui, lui aussi, écoutait attentivement et semble maintenant perdu dans ses pensées.

– Votre père, miss Mary Ann, est un pacifiste, ses discours ont toujours soutenu un idéal de paix, poursuit M. McFarlane. Le duc a certainement œuvré à la réconciliation des diverses parties et une bande de journalistes l'ont automatiquement accusé de sympathies allemandes. Ils n'ont pas de preuves. Dans la vie, on a toujours besoin d'un bouc émissaire ! Je le crois fermement. En ce qui vous concerne, sachez que la résidence du gouverneur fait l'objet d'une haute surveillance, par les nôtres, et qu'il faudrait être très habile pour percer le système de sécurité.

Estimant avoir satisfait ma curiosité, il retourne à sa lecture. J'ai l'impression que la véhémence avec laquelle il a prononcé ses derniers mots l'a surpris lui-même. Pourtant, je dois lui poser une dernière question.

– Croyez-vous que je serai tenue de participer à la vie sociale de mon père et de son épouse ? Je n'ai pas l'habitude des mondanités et cela m'inquiète.

– Mademoiselle Marianne, chaque chose en son temps. Il ne sert à rien de vous torturer l'esprit. À une vie différente, des façons différentes. Je peux concevoir que vous soyez partagée entre deux existences et que vous ayez le sentiment de n'être pas tout à fait maître de la situation. Je comprends bien votre appréhension face aux changements qui se préparent, mais vous demeurez la même personne et je suis persuadé que vous vous adapterez merveilleusement à votre nouvelle vie.

J'acquiesce de la tête pour bien m'en convaincre et demande :

– Pour plaire à mon père, il me faudra aussi plaire à sa femme. Croyez-vous que je vais y réussir ?

– Je ne doute pas que vous saurez vous rendre indispensable aux deux. Au fil des années, j'ai pu me rendre compte de votre force de caractère, de votre volonté à réussir dans vos entreprises. Vous avez montré du courage, même toute petite. Prenez les événements comme ils se présentent et vous verrez, tout ira bien.

L'heure du déjeuner sonne et des plateaux bien garnis nous sont apportés. Je garde le silence. J'aimerais pouvoir faire abstraction de tous les encouragements que l'on vient de me prodiguer encore une fois et qui n'apaisent pas vraiment mes doutes ni mes craintes.

M. McFarlane lève un verre en cristal taillé et insiste pour porter un toast à l'avenir. Comme les choses sont étonnantes ! De par le monde des conflits éclatent, nous survolons un pays neutre qui s'enrichit de la guerre, et moi, je me dirige vers un petit coin de l'Empire afin d'y rejoindre un ancien roi. Dans la lumière, les facettes de mon verre s'illuminent et je m'amuse de les voir scintiller. Cela me fait un peu penser à ma vie, si extraordinaire. D'orpheline abandonnée, je suis devenue la fille d'un ancien roi. N'est-ce pas romanesque ! N'empêche que, dans le système imposant de tout ce qui a été, de tout ce qui est, je me sens toute petite. Et dans le système qui m'attend ? *Ita diis placuit*, « ainsi il a plu aux dieux », autrement dit il n'y a plus à y revenir. Ma rêverie est bercée par le bourdonnement régulier des moteurs de l'avion. Je désire dormir et oublier…

Le commandant de bord annonce que l'avion va amorcer sa descente vers l'aéroport international de Miami. Je regarde par le hublot. Nous traversons des masses blanches et ouateuses, puis les grandes hélices fouettent l'espace bleu et tranquille du ciel. L'avion perd vite de l'altitude.

Après l'atterrissage, nous sommes encore une fois dirigés vers le grand salon des voyageurs de première classe. Je talonne M. McFarlane qui presse le pas, Jim à mes côtés. Nous prenons place dans un salon moderne où des fauteuils rouges s'alignent contre des murs ornés de reproductions de Matisse, de Cézanne et de Whistler. Une vitre sépare la pièce du grand hall. M. McFarlane se lève et sort. Derrière la vitre, il y a beaucoup d'agitation ; des personnes se rencontrent et se serrent la main, s'embrassent et gesticulent dans une atmosphère conviviale. Mon regard cherche deux personnes qui sont absentes.

M. McFarlane revient, l'air préoccupé. Il me tend un journal dont le titre à la une me saute aux yeux : « Les Windsor en voyage, dans le yacht d'un ami de Goering ! » J'ai peine à croire ce que je lis. Durant plusieurs secondes, mes yeux restent fixés sur le journal qui tremble dans ma main. Il doit s'agir d'une erreur. Je ne peux croire que mon père ait commis un tel faux pas diplomatique, pas le représentant officiel de la Couronne britannique aux Bahamas !

– Les Windsor sont à Miami, mademoiselle Marianne. Il faut changer nos plans, dit précipitamment M. McFarlane. La duchesse a été hospitalisée ici…

– Le duc de Windsor associé aux nazis, encore, monsieur McFarlane ? murmuré-je, l'air dépité.

Il vient s'asseoir en face de moi. Son visage énergique ne montre aucune émotion, mais je remarque que les muscles de sa mâchoire se contractent imperceptiblement, comme s'il essayait de contenir des pensées contradictoires. Je suis si déçue de la tournure que prennent les événements que j'en pleurerais. Je serre les poings comme je le faisais lorsque j'étais petite et que je voulais lutter contre l'adversité.

– D'après ce que je viens d'apprendre, le ferry *SS Munargo*, qui fait la navette entre Nassau et Miami, est arrêté depuis deux jours. Tout porte à croire que votre père a agi dans un cas d'extrême urgence. La duchesse, qui souffrait d'un mal de dents aigu, aurait refusé de se rendre à l'Hôpital général des Bahamas, où, selon les rumeurs, aucun expatrié n'ose s'aventurer. Le ferry étant hors d'usage, M. Wenner-Gren…

Il s'interrompt, comme s'il était soudain incapable d'exprimer sa pensée. Certes, le sujet est plus que délicat et nous concerne tous.

– Vous parlez du financier suédois, grand ami du Troisième Reich, n'est-ce pas ? dis-je, devançant les paroles qu'il hésite à prononcer.

– Il faut admettre que la presse n'y va pas de main morte, miss Mary Ann. M. Wenner-Gren a, selon toute vraisemblance, mis son yacht à la disposition du gouverneur et de sa femme dans une situation extrême. Pour l'heure, il faut envisager un séjour forcé à Miami.

En se levant, il ajoute :

— Je viens de communiquer avec un collègue qui se trouve ici avec une délégation économique. Il m'a promis d'organiser notre séjour à l'hôtel Bilmore où votre père est déjà installé. Je vous demanderai de rester dans ce salon d'attente jusqu'à mon retour. Je voudrais prendre contact avec certaines personnes à Miami.

Les circonstances sont tellement extraordinaires que même mon imagination si fertile n'aurait pu inventer un tel scénario.

Je suis vraiment consternée et triste. Jim, lui aussi abasourdi, m'indique du doigt un entrefilet au bas de la première page.

— Lisez, mademoiselle Marianne.

Je crains encore d'autres mauvaises nouvelles. Je ne parviens pas à comprendre comment mon père a pu faire preuve d'un tel manque de jugement et ignorer le protocole rattaché à son titre et à sa position. Il doit y avoir une autre explication. Je lève les yeux vers Jim qui, le regard empreint d'une douceur nouvelle, m'invite à lire le court article :

« Rien ne semblait plus naturel pour le duc et la duchesse de Windsor que d'accepter l'offre généreuse de leurs nouveaux amis, les Wenner-Gren. L'industriel pro-nazi est accusé de subversion ; son équipage est en consigne dans le port de Miami. Le yacht transportait les armements Bofors que Wenner-Gren cherche à vendre. »

Je regarde au loin, puis je relis l'entrefilet qu'accompagne une photo de mon père, souriant devant l'objectif, serein et beau, tout à fait à l'aise. Mon ancien roi de père se croit donc tout permis, même les gaffes diplomatiques ! Je ne peux m'empêcher d'en vouloir aussi à ma belle-mère. À cause d'elle, encore une fois, mon père a pris une décision qui va l'aspirer dans une autre controverse.

Je respire mal. Je sens la main de Jim sur mon bras.

— Eh bien, Jim, ce n'est pas brillant, vous ne trouvez pas ?

Je passe sur mon front une main moite.

— Vous connaissez la tendance des journaux à exploiter le côté sensationnel de toute histoire. Voyez, il est encore question de leur visite plus loin : « Le duc et sa femme avaient désiré une visite strictement privée, mais leur arrivée à Miami a donné lieu à une publicité tapageuse. Ils ont été accueillis, à leur descente du yacht, par une troupe de gardes chargés de les escorter jusqu'à l'hôpital. »

— Partout où il va, la presse le pourchasse… C'est comme avant, Jim, du temps qu'il était roi. Il représente une proie facile pour leur appétit féroce.

— Votre père, mademoiselle Marianne, continue Jim, devait être très soucieux. L'infection dont souffre la duchesse lui cause de vives douleurs…

— Comment le savez-vous ?

— Par ce même journal que vous regardez sans lire, mademoiselle Marianne. Nous sommes peut-être en train de dramatiser une situation qui, je me permets de vous le rappeler, est rapportée par les journalistes. En ce qui concerne M. Wenner-Gren, c'est un homme libre.

M. McFarlane s'approche de nous, suivi de deux personnes qui vont s'occuper de nos bagages. En cortège, nous marchons vers la sortie. Dehors, un chauffeur attend, debout devant une limousine noire. Il se précipite pour ouvrir la portière. Nous nous installons tous les trois sur la banquette arrière et nous partons en direction de l'hôtel.

À la réception, nous apprenons que le duc de Windsor ne reviendra que dans la soirée. Pourtant, il connaissait certainement l'heure de notre arrivée. Il avait préféré rester aux côtés de la duchesse. Je suis déçue et me laisse aller à la mélancolie. Il me tardait tant de sentir, ce soir, son visage penché sur le mien et son souffle murmurant « *my darling little girl!* »

Nous sommes ici pour au moins deux jours. Je défais donc une valise. Tandis que je range mes choses dans l'armoire, j'imagine de petits fantômes de moi qui, habillés de mes vêtements, arrivent en file indienne à Miami. Je souris amèrement. Je ressens une hostilité nouvelle envers ma belle-mère qui vient de bousculer nos plans, sans compter qu'elle a provoqué un autre scandale. J'estime en mon for intérieur qu'elle a gâché le moment des retrouvailles avec mon père, et cela j'aurai du mal à lui pardonner.

Pour dire vrai, je m'étais hypocritement réjouie à la lecture de l'article de presse qui parlait d'une dent de sagesse incluse qu'il avait fallu extraire. Tiens, mon père ne pourra l'embrasser… elle a sûrement la joue gonflée et la gencive à vif. On lui administre des calmants et mon père a l'air malheureux. Quelle histoire ! J'en conclus que ma belle-mère a dû perdre le peu de sagesse dont elle avait fait montre jusqu'alors. Malgré tout, je relis l'article comme si j'avais mal compris la première fois. Je cherche une explication, mais ne la trouve pas. Mon père et sa femme ont manqué de retenue en acceptant l'aide d'un homme à qui les Américains refusent l'hospitalité, un homme qui a la réputation d'être un « ami de Goering ». En y réfléchissant bien, je me demande si le couple Windsor fait preuve d'un pragmatisme effronté ou d'une naïveté totale et d'une confiance aveugle.

Après le dîner, nous regagnons tous nos chambres respectives. La mienne est contiguë à celle de M. Mc-Farlane à droite et à celle de Jim à gauche. Toujours aucun signe de mon père. De nouveau, je me retrouve seule devant ma déception, mais je refuse de tourner en rond et de ressasser mes idées noires. Je préfère m'absorber dans des souvenirs plus doux et plus rassurants, ceux de mon enfance. Avec eux se réveillent aussi la nostalgie et le regret de mon petit coin, au Canada, où, dans le confort de mes habitudes, je n'étais pas piégée par les aléas d'une aventure qui échappe à mon contrôle.

J'ai laissé ma fenêtre ouverte pour respirer l'air doux du dehors. L'hiver ici est bien différent de ceux que j'ai connus au Canada. Miami, dans son habit de lumière, grouille de vie sur un fond d'ombres qui recèlent aussi leur part d'inconnu. En contrebas, les arbres ressemblent, sous la lumière des grands lampadaires, à de grosses touffes de laine verdoyante. Je ne vois pas l'océan, mais je peux distinguer la baie de Biscayne, formée par un bras de mer entre la ville de Miami et celle de Miami Beach, luisante sous les rayons de la pleine lune. Dans ce doux climat d'hiver, il me faudra bientôt rencontrer ma belle-mère et M. Wenner-Gren.

CHAPITRE V

Le soleil est déjà haut quand je me réveille. J'ai vaguement entendu des voix dans le couloir pendant mon sommeil. « Sir, il faut la laisser dormir », ai-je cru percevoir. La voix de Jim probablement. Je me suis rendormie, rêvant que tout mon être s'envolait vers mon père, libéré de sa femme. Oui, je le verrai sûrement durant la matinée.

Entre-temps, je me prélasse dans un bain chaud parfumé à la lavande, tout en écoutant les bruits vagues qui me parviennent par la fenêtre ouverte. Je bois un peu le vent faible, chargé d'un musc sucré, qui soulève le rideau de dentelle. La chaleur m'engourdit et je m'assoupis, rêve à Claude. Puis je me réveille, lasse, comme si je revenais des confins du monde. Je me secoue, sors de la baignoire et me sèche énergiquement. Des coups frappés à ma porte me font sursauter.

— Miss Mary Ann, c'est Jim. J'ai à vous parler.

— Juste une minute, dis-je. Je m'habille.

En vitesse, j'enfile un long peignoir en tissu éponge et brosse mes cheveux. Tandis que je me dirige vers la porte, je repense aux événements de la veille, à mon père. Justement, Jim vient m'annoncer qu'il m'attend pour le petit-déjeuner, dans une demi-heure.

– Je me prépare tout de suite. Merci, Jim. Je vous dois tant, murmuré-je avant qu'il me quitte. J'ai beaucoup de chance d'avoir un ami comme vous.

Je me sens plus calme. Dans trente minutes, je vais revoir mon père. L'atmosphère est plus fluide, l'humidité de la nuit s'évapore et le soleil brille. Avec le tumulte des idées qui se pressent dans mon esprit, je me sens soudain exaltée. Je veux offrir à mon père l'image d'une jeune fille pleine d'assurance, le plus beau de mes sourires et tout l'amour que j'éprouve à cet instant.

Je fredonne une chanson populaire en m'habillant. Mon père ! Je revois, oh si facilement, son aisance, son regard vif, son beau sourire. Ce sont des instants merveilleux que je me promets en ouvrant le flacon de parfum que m'a donné Mme McFarlane. « Ça sent si bon. Mon père va certainement aimer cette odeur. » Ma propre impatience me grise, je me fais une vertu du grand émoi qui m'agite de nouveau, celui qui m'avait fait trembler de bonheur lorsque j'avais rencontré mon père pour la première fois, alors qu'il me tendait les bras en disant : « *My darling little girl !* » J'ai cherché son amour si longtemps, et maintenant que je connais son existence, il me semble que je retourne au commencement de ma vie, comme si j'abolissais le souvenir de moi-même.

Mon père ! J'attends encore quelques minutes avant de courir vers lui et de lui dire… Non, il faut surtout échanger des regards avant de déposer, chacun son tour, au coin de nos bouches, des baisers légers, mes mains chaudes dans les siennes. Je l'aime tant.

Je frappe à sa porte.

– Entrez, dit une voix claire.

Mes doigts serrent la poignée si fort que mes jointures en deviennent blanches. La gorge nouée, je pousse la porte. Il est assis dans un fauteuil, revêtu pour la ville. Mon cœur saute dans ma poitrine en le voyant. Instantanément, ma mémoire me renvoie à la première fois que je l'ai vu, dans sa chambre, au manoir Saint-Charles, au Canada. Comme en ce jour-là, mon plus grand désir est encore de rendre hommage à mon père et non à l'ancien souverain d'Angleterre.

Comme il est beau et semble content de me voir. Il me fait signe d'approcher. M. McFarlane, que je n'ai pas remarqué, assis en retrait, se lève et s'avance vers moi pour me serrer la main avant de se retirer.

– Nous nous verrons un peu plus tard, me dit-il.

Soudain, j'ai comme la sensation de marcher sur des nuages. La chambre rose, agrémentée de fleurs, est baignée du soleil de dix heures. Mon père se lève à son tour et ouvre ses bras en murmurant de sa voix douce « *My darling little girl !* » Les images de lui, ces icônes précieuses que je vénère depuis un an, éclatent dans le remous des émotions qui vibrent si fort en moi et je m'élance sans retenue vers lui. Ses bras m'enferment contre lui. Je balbutie quelques mots.

– Ne dis rien, *my darling little girl,* laisse-moi t'embrasser…

Je lève les yeux sur son beau visage bienveillant et le flot de lumière bleue de son regard, où une étincelle mutine s'égare, illumine ce moment précieux, si attendu. J'ai de nouveau confiance. Je murmure « *Father,* je vous aime », avant que sa bouche vienne se poser sur ma joue. La tendresse, la douceur que je goûte dans ses baisers font naître une joie telle que mes doutes s'évanouissent instantanément.

Nous demeurons face à face, sans effort, heureux. Nous avons si peu l'habitude d'être ensemble que nous restons à nous regarder sans rien dire. L'arc délicat de sa lèvre supérieure retient deux points de lumière, ses yeux clignent lentement.

– *Father*, je suis si heureuse de vous revoir ! Enfin, vous êtes là !

Il sourit, puis, après un moment de silence, il dit :

– *Darling*, je t'aime beaucoup.

D'un air timide, il m'observe.

– Je t'ai parlé de ta mère, déjà, ma chérie, poursuit-il, et je ne peux me défaire de l'idée que, depuis sa mort, j'ai fait tellement de bêtises. Et toi, tu lui ressembles tellement... Ah, Mary Ann, soupire-t-il, *my darling little girl !* Si tu savais...

Ces dernières paroles me laissent perplexe. Ses épaules s'affaissent et il reste immobile, les bras pendants.

Je tourne les yeux vers la fenêtre, éclatante de soleil, puis je reviens au visage de mon père et touche de l'index, comme si je choisissais ce qu'il y avait de plus beau dans son visage, le coin de sa bouche, ses sourcils... Oui, je lui porte un grand respect. Il a un peu pâli. Son abattement m'inspire un peu de pitié. Je pose sur sa joue un baiser affectueux et tendre.

– Et le petit-déjeuner alors ? demandé-je. Ne devions-nous pas le prendre ensemble ?

– Tu as raison, Mary Ann, murmure-t-il.

Son visage redevient souriant, avec un frémissement des narines qui révèle une grande émotion. Il bouge ses bras. Ses traits se détendent. Je m'approche de la table roulante que le garçon a apportée dans la chambre et nous verse à chacun une tasse de café. Il vient s'asseoir en face de moi.

— On n'a pas oublié mes confitures favorites, dit-il en choisissant délicatement un morceau de pain grillé dans la corbeille que je lui tends.

Je lui souris. Mon enfance et mon adolescence de pensionnaire cloîtrée m'ont enseigné la patience et l'attente silencieuse. Je grignote une brioche au beurre en l'observant. Mon père affiche maintenant de nouveau un air serein.

— *Father*, comment va la duchesse ?

— On lui a donné des médicaments et elle va beaucoup mieux. Chère Wallis, ma chère Wallis, ce n'est pas juste de souffrir ainsi.

La façon dont il a prononcé son prénom dénote une véritable adoration. Son visage s'est soudain illuminé ; il est presque transfiguré, comme quelqu'un qui a une vision.

— Mary Ann, reprend-il, je ne sais si tu peux comprendre ce qu'elle représente pour moi. Ma femme est merveilleuse. Tu as dû t'apercevoir, Mary Ann, que je suis un peu fatigué ; ces derniers jours, j'ai mal dormi. L'état de santé de Wallis m'a beaucoup inquiété, sans parler de mes autres soucis. Je ne veux pas t'ennuyer, *darling*, mais si tu t'y intéresses, je peux en discuter avec toi.

Bien calée dans mon fauteuil, j'attends ses confidences. Il me fait part de son espoir d'obtenir un autre poste, un véritable emploi, m'explique-t-il, car, aux Bahamas, il n'est pas à sa place. Il brigue le poste d'ambassadeur à Washington que la mort de Lord Lothian a laissé vacant. Il évoque aussi de nombreux souvenirs de sa vie de prince et de roi.

— *Darling*, je sais que je peux faire du bon travail, et le salaire n'est pas négligeable. Il me faut une situation digne de mes capacités, qui nous permettra, à Wallis et moi, de retrouver enfin notre rang dans ce monde auquel nous appartenons… Cela sera profitable pour toi aussi, ajoute-t-il vivement en me regardant. Je crois que Churchill va m'aider. As-tu lu la rubrique américaine ?

— Laquelle, *father* ?

— Celle de A. B. Chandler qui dit que les Britanniques ne pouvaient pas mieux choisir. N'est-ce pas que ce sera merveilleux, ma petite Mary Ann ?

Il a allumé une cigarette. Ses yeux bleus suivent un moment les volutes de sa cigarette qui montent, puis se perdent dans le vague.

— Ne crois pas que j'aie failli à mes devoirs de prince de Galles et de roi d'Angleterre…

— Non, bien sûr, *father*. Pourtant, c'est ce même journal qui vous fait une mauvaise publicité avec cette affaire de M. Wenner-Gren !

— Encore les journaux ! s'exclame-t-il avec humeur. La plus grande erreur de Wenner-Gren est d'être en faveur d'un cessez-le-feu comme je le suis moi-même toujours, d'ailleurs ! J'admets que j'entretiens des relations personnelles avec lui, outre celles qui se rattachent à mes fonctions de gouverneur général…

— On le soupçonne d'être pro-nazi, *father* !

— Encore faut-il le prouver ! rétorque-t-il sèchement.

– Vous-même êtes allé en Allemagne en 1936, *father*, répliqué-je, sentant l'angoisse naître en moi, et maintenant vous voyagez avec « un ami de Goering », selon les mots du titre d'un article. Que voulez-vous que les Américains pensent, et le reste du monde ?

– Il s'agissait d'une urgence, Mary Ann ! Ma femme était souffrante et le *SS Munargo* était hors d'usage ! Qu'aurais-tu fait à ma place ? Réponds-moi, Mary Ann, tu sembles avoir, comme les autres, une opinion déjà faite.

Sa voix est pleine d'amertume soudain. Il passe ses mains soignées dans sa chevelure. Je réfléchis avant de répondre, m'efforçant de chasser de mon esprit cette image de mon père vainqueur qui reprend le trône d'Angleterre avec Wallis comme reine.

– *Father*, vous connaissez les plans de Hitler en ce qui vous concerne, ils ne sont pas secrets, et vous savez parfaitement de quoi je parle. Allons donc, papa…

Le mot est parti tout seul. Il me fixe, une lueur étrange au fond du regard.

– *Darling*, tu m'as appelé « papa »…

– J'ai toujours désiré vous appeler « papa », mais je n'osais pas. Vous voulez bien ?

– *Darling*, je n'ai pas été un vrai « papa » pour toi… Mais oui, bien sûr, je veux bien. Et avant que tu continues, je peux te jurer…

J'ai un peu mal à la tête. Par moments, il me semble que je suis ailleurs, comme dans un rêve. La voix de mon père devient autoritaire.

– … que Hitler ne m'a jamais proposé quoi que ce soit et qu'en fait la Couronne d'Angleterre ne dépend pas de sa stratégie. Les journaux ont écrit tant de balivernes. Laisse-moi finir, fait-il alors que je m'apprête à l'interrompre. Je n'ignore pas non plus les prétendus plans en vue de m'enlever durant mon séjour en Espagne et au Portugal. Crois-moi, Mary Ann, Hitler n'a pas gagné la guerre, et je suis toujours ici !

— Et vos grands désirs de paix, alors ?

— Chère enfant, tu vas toujours au bout de ta pensée ?

Il m'arrache un sourire malgré moi. Je voudrais lui dire mon inquiétude et le persuader du danger qu'il court en s'affichant avec des personnes telles que Wenner-Gren. Déjà l'Europe souffre sous la botte des nazis et je ne veux pas que mon père soit, même indirectement, associé à eux. Il est vrai que mon père a été habitué à se soumettre aux décisions prises pour lui par son entourage, par les conseillers qui ont gravité autour de lui tout au long de sa vie. Je me demande s'il est capable d'agir par lui-même à présent, d'exercer seul son jugement.

Son esprit tordu, son manque de discernement — son mariage avec Wallis n'en témoignait-il pas ? — me désolent et, forte de mes dix-neuf ans, je crois sérieusement que j'ai un devoir à remplir auprès de lui. Il est le représentant du Royaume-Uni dans une de ses colonies, après tout !

Le beau temps de Miami qui nous arrive du dehors m'aide à écarter les idées qui me tracassent. J'ai quand même un grand plaisir à m'entretenir avec mon père. Il semble avoir confiance en lui. Sans allumer la cigarette avec laquelle il joue — une de ses habitudes —, il se lève brusquement sans finir sa seconde tasse de café.

— Je pars dans quelques minutes, *darling*. Nous reprendrons plus tard notre conversation. Wallis est encore fragile et doit rester à l'hôpital jusqu'à demain. Je passerai la journée avec elle. Il me tarde de te présenter à elle, demain.

Je me lève à mon tour. Mon père garde les yeux baissés pendant un moment, mordille sa lèvre supérieure puis ajoute, comme pour se rassurer lui-même :

— Je sais que je ne suis pas en odeur de sainteté auprès des Américains, à cause de mes relations avec Wenner-Gren, mais nous devrons quand même retourner à Nassau à bord de son yacht, et ce n'est pas par bravade. Que chacun pense ce qu'il veut !

Il remet la cigarette dans son étui et ajuste sa cravate. Je remarque qu'il la noue toujours à la Windsor, un nœud de sa création. J'éprouve tout à coup une grande tendresse pour lui. Je voudrais le réconforter, lui affirmer que tout ira bien et, en quelque sorte, renverser les rôles. Je refrène mon envie de l'étreindre. Je m'approche de lui, avant de le quitter. Son regard est plus gai et je songe aux promesses qu'il a faites de devenir le père que je n'ai pas eu, même si, aux yeux de la « société », je fais figure d'une distante cousine.

— McFarlane et McNish-Porter te feront part de ce que j'ai prévu pour le reste de la journée. Il ne faut surtout pas, *my darling little girl*, dit-il d'une voix tendre, que tu sois ennuyée par ce contretemps. Miami est une ville agréable.

— *Father*, je ne me sens jamais désœuvrée.

Il me sourit. J'ai le sentiment d'avoir gagné sa confiance. Nos deux vies ne sont pas aussi séparées que je l'avais cru. Lorsque j'ai enfin appris l'identité de mon père, il y a un an, le souverain d'un grand empire avait déjà troqué sa place pour celle du duc de Windsor.

Qu'importe son titre, je ne souhaite qu'un père. Je cherche un homme au cœur noble, capable de donner un sens au précieux rôle de parent. Je sais que j'ai beaucoup à apprendre sur lui.

Chapitre VI

On espère habituellement découvrir dans les choses ce qu'on a projeté sur elles. L'idée de visiter Miami et Miami Beach, une tournée que mon père et M. Mc-Farlane ont planifiée, est loin de m'emballer. J'imaginais occuper ma journée autrement qu'à visiter un lieu touristique. Ce n'est pas que je craigne de trouver ennuyeux le défilé de maisons, la plupart habitées par ceux qui cherchent le soleil, mais j'aurais préféré contempler les étendues libres et sauvages, les prairies pleines de fleurs, m'abreuver des rayons du soleil jouant sur la mer, regarder la chute des nuages et les hirondelles qui battent l'air.

Jim vient me chercher. Il est détendu, de bonne humeur, et il se moque de moi, lorsque je lui suggère d'être un peu plus audacieux dans sa tenue vestimentaire. Il porte un ensemble sport, chemise et pantalon genre « safari ».

– Je suis tout à fait correct pour un touriste, miss Mary Ann, dit-il en inspectant sa tenue, et cette couleur « sahara » me va à ravir, vous ne trouvez pas ?

– Je connais votre air ironique, Jim. Vous vous payez ma tête, je le sais… eh oui, vous ne pouvez le nier ! Ce que je vous conseille surtout, c'est de ne pas oublier votre maillot de bain ! Puisque nous allons à Miami Beach, nous en profiterons pour nous baigner ! Ne croyez-vous pas que c'est une idée fantastique ?

Jim promène, avec moins de réserve que d'habitude, ses étincelants yeux bleus sur ma tenue. Il semble s'amuser.

– Une excellente idée, miss Mary Ann. J'ai toujours rêvé de me baigner dans l'océan en plein hiver. Je vais chercher mon maillot.

– Je le mettrai dans mon sac, Jim, j'y ai déjà placé le nécessaire, des serviettes, du shampoing et de la lotion pour le corps.

Il revient avec un petit sac que je tasse par-dessus mes effets personnels. Nous prenons l'ascenseur.

– Jim, lui dis-je, j'ai eu une conversation avec mon père au sujet des attaques dans la presse. Il ne nie pas que son association avec certaines personnes puisse le rendre impopulaire, mais il est convaincu d'œuvrer pour la paix. Vous y croyez, Jim ?

– Puisqu'il l'affirme, miss Mary Ann, il faut l'accepter… N'en dites pas davantage, continue-t-il en allemand, les murs ont des oreilles !

– Un polyglotte par-dessus le marché, il ne manquait que ça ! m'exclamé-je dans la même langue. Vous avez des talents cachés !

– Êtes-vous surprise, miss Mary Ann ?

Nous rions tous les deux. Devant l'hôtel, la Cadillac nous attend. Le chauffeur est accompagné d'un autre homme d'âge mûr, un guide, je présume.

Confortablement assise sur la banquette arrière, j'étudie le visage de Jim que je croyais connaître pourtant par cœur. Les sourcils sont bien tracés, le nez est droit, les pommettes saillantes, la chevelure épaisse. Quelques mèches rebelles retombent sur son front. Il émane de lui quelque chose de spécial. Son visage est calme avec une expression d'ironie et un sourire narquois alors que nous écoutons silencieusement les commentaires de notre guide.

Sur l'une des petites îles entre Miami et Miami Beach, la voiture roule lentement devant une grande maison couleur corail où a vécu Al Capone. Comme moi, Jim regarde d'un air amusé le défilé des maisons aux teintes pâles nichées dans des forêts de palmiers. Nous traversons la digue qui relie Miami et Miami Beach. Comme prévu, nous faisons une halte pour le déjeuner, à l'hôtel Fontainebleau, à Miami Beach. Nous nous installons sur la terrasse, sous une ombrelle. Le chauffeur et le guide prennent place à une table à part à quelques pieds de la nôtre. Je me laisse gagner par l'ambiance généreuse qui règne dans ce lieu plein de lumière. Nous faisons honneur aux plats succulents qui nous sont servis.

— À nous voir, tous, dit Jim, il est difficile d'imaginer qu'une grande guerre se déroule en Europe. Sous le soleil resplendissant de la Floride, on ne peut penser aux atrocités qui sont commises là-bas.

— Comme à la dernière guerre, les Américains vont probablement se joindre aux Alliés. L'Europe a besoin d'eux.

Jim me lance un regard sévère, les coins de sa bouche tressaillent.

— Le pays va d'abord s'enrichir avec la production d'armes, d'avions et de bateaux de guerre qui seront vendus surtout à la Grande-Bretagne. Miss Mary Ann, les Américains ont le génie des affaires avant tout. Et beaucoup de personnes vont mourir pour que d'autres se remplissent les poches.

Une rage sincère s'étouffe dans sa gorge.

— Jim, que voulez-vous dire ?

— Excusez-moi, miss Mary Ann, je ne dois pas me permettre… J'ai été… je suis soldat. L'aspect mercantile de la guerre me fait horreur. Les Allemands sont devenus puissants justement à cause de leur machine de guerre. Miss Mary Ann, n'en parlons plus, dit-il en voyant que je m'apprête à l'interrompre. Nous sommes ici pour nous amuser, alors profitons-en.

— Encore une question, Jim, si vous le permettez ! Oui ? Vous êtes toujours soldat ?

Il acquiesce de la tête.

— Oui, mais, comme vous le voyez, d'un âge où je ne peux reprendre un service actif…

— Jim, vous êtes jeune !

Ma remarque le fait sourire.

— Pas assez pour être soldat, miss Mary Ann.

— Mais vous continuez à être un papa poule ? À me garder à l'œil ? Oui ou non ?

Il me foudroie du regard. Il se lève, se penche vers moi et, cette fois-ci en allemand, il siffle en scandant chaque syllabe, d'une voix à peine perceptible :

— Je travaille pour Son Altesse Royale le duc de Windsor et je vous prie de ne pas l'oublier !

Il se rassied. Je demeure interdite. De toute évidence, je l'ai blessé. Jim se détourne.

— Jim, pardonnez-moi cette remarque idiote, je n'aurais pas dû… je ne sais pas pourquoi j'ai dit une chose si bête. Je n'avais pas l'intention de vous irriter !

Je mets ma main sur son bras. Son regard se pose sur moi, sérieux, sa bouche ne sourit pas, son visage est neutre. Les garçons de table attendent patiemment.

– Jim, je comprends. Je vous jure que je ferai plus attention… c'est promis !

Ses traits se détendent, le voici de nouveau comme avant.

Le soleil a changé de place et rend l'heure étouffante, le café glacé se réchauffe dans nos tasses. Nos voisins de table s'éparpillent. Je ressens soudain l'absence de Claude.

– Jim, dis-je, brisant le silence, savez-vous où est Claude en ce moment ?

– D'après ce que je sais, il doit arriver incessamment, mais on ignore s'il voyage par bateau ou par avion.

– Jim… j'ai peur pour lui, et j'ignore pourquoi…

– Il ne faut pas imaginer le pire, miss Mary Ann, ayez confiance.

– Vous avez raison, Jim. C'est que je suis nerveuse à l'idée de rencontrer la duchesse, demain…

– Que craignez-vous ? Vous devez inévitablement faire sa connaissance.

Il a raison, je n'ai rien à craindre. Je m'efforce de penser à autre chose. Comme s'il lisait dans mon âme, il dit :

– Comme vous le suggériez ce matin, il serait dommage de ne pas profiter d'une baignade. Nous pourrions nous installer sur la plage, juste à côté du jardin d'hiver de l'hôtel.

La plage est merveilleuse. Je retrouve cette sensation agréable que procure le fait de marcher pieds nus sur du sable fin. L'océan baigné d'une lumière dorée nous invite à perte de vue ; une vapeur à peine visible s'échappe de l'eau et semble grimper vers le soleil. Plus loin, quelques embarcations à moteur filent dans un bouillonnement d'écume. Des baigneurs s'ébattent dans la mer, et nous décidons de les imiter. Je me sens revivre, éblouie par le miroitement d'un azur mouillé de lumière.

Je m'avance, à la nage, un peu plus vers le large, jouissant de la caresse rafraîchissante de l'eau salée sur ma peau. Puis, sur le dos, je me laisse porter par les vagues. Au-dessus de moi, il n'y a que le ciel, bleu, immense.

J'entends à peine la voix de Jim qui me crie quelque chose. Je crois qu'il m'enjoint de revenir vers la rive. Soudain je me sens aspirée et une énorme vague m'engloutit. Complètement submergée, je panique. Le tourbillon m'emprisonne et, malgré mes efforts, je n'arrive pas à remonter à la surface. Mes mouvements sont irréguliers, sans aucune coordination… « Je ne vais tout de même pas mourir noyée », me dis-je. J'étouffe, je manque d'air, ma tête tourne, et devant mes yeux dansent des ombres irisées comme des ébauches d'arc-en-ciel.

Enfin, un bras me saisit par la taille et, quelques secondes plus tard, je reprends ma respiration par saccades douloureuses. Jim me transporte sur la plage où il m'allonge sur le sable. Mes yeux me font mal, l'eau brûle encore mes paupières. Des voix étouffées demandent « Est-elle vivante ? » J'ai encore de la difficulté à respirer… l'eau salée que j'ai avalée me donne la nausée. Jim s'agenouille près de moi et, comme une brise fraîche, je sens son souffle sur mon visage. Il pose sa bouche sur la mienne, pousse de l'air dans mes poumons. Petit à petit, je me sens mieux.

– Jim, j'ai failli me noyer...

Mes yeux interrogent son visage inquiet penché sur moi. Au-dessus, sur un fond de ciel bleu, je vois le chauffeur et notre guide qui, tous les deux, m'observent l'air anxieux. Entre leurs deux têtes plane un petit nuage rose d'une douceur vaporeuse.

– Tout va bien maintenant, fait Jim, rassurant.

Il dit quelques mots en anglais au jeune homme agenouillé près de lui. Ce dernier s'éloigne.

– Vous avez été surprise par une grosse vague après le passage d'un bateau à moteur qui a manœuvré trop près de vous, continue Jim visiblement ému. Comment vous sentez-vous ?

Il m'aide à m'asseoir.

– Un peu étourdie encore, dis-je en essayant de me lever.

Ses bras me retiennent cependant et je me retrouve plaquée contre lui. Je reste ainsi pendant quelques instants, un peu troublée par ce contact. Puis Jim relâche son étreinte, affichant un air maladroit que je ne lui connaissais pas.

L'attroupement des curieux qui s'est formé autour de nous se disperse.

– Ramenez-moi à l'hôtel, Jim. Je voudrais me changer et prendre une douche. Nous pourrons rentrer ensuite au Bilmore.

Nous roulons vers l'hôtel en silence. Pendant un moment, nous longeons l'océan qui a failli m'engouffrer. À l'horizon, de petits nuages se rassemblent dans le ciel qui rosit.

– Voyez-vous quelque chose de spécial sur le grand yacht, là dans le port, tout près du destroyer, à sa gauche ?

– Non, Jim, que voulez-vous dire ?

– C'est le yacht de M. Wenner-Gren !

Nous roulons assez vite le long du port et je n'ai pas le temps d'observer le navire qui va m'amener à Nassau. Je remarque seulement l'unique cheminée noire et un drapeau sur chacun des mâts. Je voudrais poser des questions, mais Jim m'en empêche en mettant un doigt sur sa bouche.

– Nous ne sommes pas seuls ! murmure-t-il.

– Zut, Jim, croyez-vous qu'ils sont de la cinquième colonne ? répliqué-je à voix basse, moi aussi.

Il ignore ma réflexion ironique et garde le silence pendant le reste du trajet. Je me sens complètement rétablie lorsque la grande voiture s'arrête finalement devant l'hôtel Bilmore. Je remercie notre chauffeur et notre guide et, suivie de Jim, je pénètre dans le hall de l'hôtel. Comme je le lui ai demandé, Jim va m'acheter le journal local, le *Miami Herald*, puis nous montons à nos chambres. Avant de nous séparer, Jim réitère ses conseils de prudence et me recommande d'être sur mes gardes.

– Miss Mary Ann, dit-il, il faut vous méfier. Nous sommes près des Bahamas et là, paraît-il, c'est encore autre chose. Il était imprudent, en fait, qu'on aille se baigner tantôt…

– Vous ne pensez tout de même pas que quelqu'un a voulu me noyer… ou s'approcher pour m'enlever ?

Devant le silence buté de Jim, je change de sujet.

– Alors c'est vrai qu'il y a des Allemands à Nassau ?

– Je crois plutôt à des sympathisants, comme M. Wenner-Gren, qui ont mis leurs grandes entreprises au service des plus offrants dans la balance de leurs affinités politiques.

— Et le yacht, est-il toujours immobilisé ?

— Oui, il est toujours sous surveillance ! M. Wenner-Gren et les membres de son équipage ne sont pas autorisés à mettre le pied sur le sol américain.

— Et nous devons voyager avec lui ! Cela veut dire que nous serons aussi compromis ? Mon père a été imprudent, ne croyez-vous pas, Jim ?

— Je ne peux me permettre de juger son Altesse.

— Tout de même, j'ai envie de le rencontrer, ce M. Wenner-Gren. Qu'en pensez-vous, Jim ?

— C'est pour le moins un homme d'affaires qui fait sa propre publicité. Nous aurons certainement beaucoup à découvrir, miss Mary Ann.

Mon aventure en mer m'a secouée et je suis portée à respirer profondément. Jim me regarde avec sollicitude.

— Ça va, Jim, simplement un peu à court de souffle, lui dis-je.

Je lui promets de ne pas sortir de ma chambre et de ne répondre à personne. Je trouve insensé qu'il s'enferme aussi à cause de moi. Il ne fait aucun commentaire et me conseille la prudence, comme d'habitude.

Je m'installe confortablement sur mon lit pour lire le journal. Aucun bruit ne me parvient et, dans ce silence, je me détends. Je veux oublier l'incident fâcheux de l'après-midi ; Jim était là, heureusement !

Je cherche la page éditoriale pour lire la chronique qui relate la visite de mon père à Miami. J'espère aussi en apprendre plus sur le grand industriel suédois et fondateur de la firme internationale Electrolux. Le thème principal des chroniques concerne la visite de mon père à Miami, mais aussi de prétendues révélations au sujet de M. Wenner-Gren.

En effet, en lisant le journal, on a l'impression que Wenner-Gren affiche sa puissance financière comme la clé à maints problèmes actuels. Là où d'autres politiques ont échoué, il est capable, lui, de trouver des solutions !

Un reporter américain écrit :

« M. Wenner-Gren a eu l'audace de proposer des projets naïfs et difficiles à réaliser pour la préservation d'une paix perpétuelle. C'est dans ce contexte que le duc de Windsor avait rencontré M. Wenner-Gren, avant la guerre, à l'occasion d'une réunion où il avait suggéré qu'une organisation internationale soit instituée qui verrait à coordonner tous les mouvements de paix, et ce sous la présidence du duc et de lui-même. L'industriel avait même proposé de couvrir les coûts liés à l'établissement d'une charte de paix. »

Malgré le manque de preuves, le journal publie un tel article. Pour ma part, je ne peux ignorer l'amitié entre mon père et Wenner-Gren, puisqu'il me l'a confirmée. À la tête d'un empire financier, Wenner-Gren cherche peut-être à unir sa puissance capitaliste à celle d'un grand nom, celui de Windsor ? Chimères ou réalités, qui peut le dire ?

La sonnerie du téléphone interrompt ma lecture. J'essaie de l'ignorer. Comme je l'ai promis à Jim, je ne réponds pas et, un peu distraite, je reprends ma lecture. Je ne peux m'empêcher de me demander qui voulait me parler.

Le nom de ma belle-mère, dans les mondanités du journal, attire mon attention. Elle semble jouir d'une bonne réputation, et la légende des Windsor aux États-Unis se fonde en partie sur son charme et sa personnalité séduisante et dominatrice. Il n'y a pas de doute, elle exerce une fascination sur le public américain. N'a-t-elle pas gagné le cœur du roi d'Angleterre ? Même à Nassau, d'après le rédacteur en chef, les touristes américains touchent la poussière de sa voiture et retournent chez eux contents : « Nous avons touché la voiture de Wally ! »

Lasse, je délaisse mon journal. Je regarde en rêvassant le décor de ma chambre. Je soupire longuement. Mon esprit est un peu engourdi par ce que je viens de lire. Soudain, la poignée de la porte tourne lentement en faisant un cliquetis à peine perceptible. La clé est dans la serrure et j'ai mis le verrou de sécurité. Nous logeons dans le *penthouse* et il n'y a même pas de balcon. La poignée tourne encore une fois… on essaie d'introduire une clé dans la serrure et, après quelques secondes, j'entends des pas qui s'éloignent.

Je me précipite sur le téléphone et demande la chambre de M. James McNish-Porter : « *Yes* », répond la voix de Jim. Je lui raconte l'épisode étrange de la porte qui vient de se produire et il m'intime l'ordre de ne pas bouger. Il va vérifier dans le couloir.

— Est-ce que ça pouvait être le garçon de l'étage, miss Mary Ann ? demande-t-il.

— Non, Jim, il aurait frappé à la porte !

Une crainte sournoise m'envahit petit à petit. Je secoue la tête malgré moi… non, pas encore des manigances, une autre tentative d'enlèvement ? Ce serait la troisième fois… ça alors !

Comme une histoire que je me raconte, ma mémoire me ramène sur un chemin près du couvent. J'avais six ans, quand le « balafré » – je l'appelle ainsi à cause d'une féroce entaille que je lui ai infligée – s'est fait dérouiller par Jim d'une façon spectaculaire. Il avait voulu m'enlever. L'année dernière, ce même individu a été arrêté, avec un Allemand, chez le docteur Gatineau, puis emprisonné. Il me fait encore peur bien qu'il soit incarcéré. Étant une Windsor, je suis vulnérable. « Ce pourrait être pour faire chanter votre père, mademoiselle Marianne, Jim m'a-t-il répété, ou les Allemands pourraient forcer la main du duc de Windsor. Mais soyez rassurée, nous veillons ! »

Un léger frisson me parcourt. Je cherche à déceler un bruit de pas, à deviner un complot dirigé contre moi. Je tends l'oreille comme si j'écoutais le bruit d'une armée en marche, celle de Hitler, à qui, selon Jim, les Windsor seraient utiles.

Juste avant cinq heures, Jim frappe à ma porte.

– Vous venez, miss Mary Ann, nous descendons. Je vous attends ici.

– Non, entrez, Jim, dis-je à travers la porte, j'ouvre !

Si Jim est inquiet, il le cache soigneusement.

– Entrez, Jim, et prenez un siège, dis-je d'une voix que je veux égale, je n'en ai que pour quelques minutes. Juste le temps de me passer un coup de peigne. Dites-moi, en savez-vous plus maintenant sur l'incident de cet après-midi ?

– J'ai fait une enquête discrète. À la réception, on m'a confirmé qu'un jeune homme de mise élégante, grand, mince, cheveux foncés, s'est présenté de la part du duc de Windsor. Il avait un message pour Mlle Mayol. Bien entendu, la réception n'a donné aucun renseignement.

– Est-ce grave, Jim ?

– Non, il va simplement falloir être plus vigilant, c'est tout ! Ne vous en faites pas, miss Mary Ann, continue Jim qui arbore un grand et doux sourire. Discrètement, j'ai parlé au garde du corps du duc. Maintenant, allons retrouver M. McFarlane qui nous attend au bar de l'hôtel.

Comme promis, mon père nous rejoint peu de temps après. Je sens en lui un peu de nervosité et une sorte de malaise ou d'inquiétude ; une nature comme la sienne doit être vite affectée par les circonstances. La journée a probablement été difficile.

M. McFarlane, Jim et moi le suivons dans un petit salon particulier où il commande du champagne. Jim inspecte les environs. M. McFarlane s'assoit non loin du duc de Windsor. Mon père me prend la main. Je veux apprécier sa compagnie, comme si c'était une promesse d'amour. La duchesse va mieux et elle quittera l'hôpital demain, et demain est encore loin.

Après un deuxième verre de champagne, mon père se détend et allume une autre cigarette. Le vin et la cigarette font partie du personnage ; je constate qu'il aime boire et fumer… un peu trop à mon goût.

Fragile, la promesse de ma nouvelle vie semble vouloir languir entre deux personnages qui sont associés à mon père et qui m'intimident, la duchesse et Wenner-Gren.

J'apprends que nous partirons pour Nassau le surlendemain. Vu la situation délicate dans laquelle se trouve mon père en raison de son association avec Wenner-Gren, l'idée du départ ne suscite aucune tristesse. Les choses ne s'annoncent pas très bien pour lui en ce qui concerne le poste d'ambassadeur à Washington qu'il désire obtenir. L'hydre des intrigues ourdies au temps de l'abdication montre sa tête hideuse ; des anciennes accusations comme « le duc de Windsor est pro-nazi et Mme Simpson est à la solde des Allemands », que l'on pouvait lire dans les quotidiens récents, sont pour mon père une source de chagrin auquel je sympathise. Je veux comprendre pourquoi, bien qu'il sache s'attirer le blâme des Américains, il continue de témoigner sa confiance en Wenner-Gren qui, malgré toutes les précautions dont il doit s'entourer, laisse sûrement des indices de sa complaisance à l'égard du régime nazi.

— C'est ridicule ! s'écrie mon père en réponse à mes craintes. C'est la même chose pour Wenner-Gren, continue-t-il. Parce que nous sommes tous deux pacifistes, on nous traite de nazis. J'ai été enchanté, explique-t-il en faisant signe à Jim de remplir de nouveau son verre, de rencontrer un homme extrêmement charmant, qui a une très vaste culture et qui partage mes idées sur la folie de la guerre. Qui ose donc nous accuser ? Je ne veux que la paix !

— Mais sa réputation, *father*, lui opposé-je.

— Qui se targue de connaître cet homme mieux que moi ? réplique-t-il avec un sourire ironique.

— Les journaux parlent beaucoup…

— Ah oui, les journaux ! s'exclame-t-il. Il ne faut jamais, mais jamais se fier à ce que les journaux racontent. Crois-moi, j'en sais quelque chose.

— Quelle est l'opinion de M. Churchill à ce sujet ?

M. McFarlane me lance à ce moment un regard où se mêlent la curiosité et la surprise. Puis il retourne à sa froide impassibilité de diplomate.

– Tu as, je le vois, l'habitude d'être directe. Oui, Churchill a abordé le sujet. Il a exprimé l'opinion de son gouvernement, qui concerne le gouverneur des Bahamas, non l'homme privé. Personne ne peut me dicter qui je dois ou ne dois pas fréquenter.

– Mais, *father*, pourquoi tenez-vous si peu compte de l'avis de M. Churchill ? lui dis-je encore.

– J'ai confiance en mon propre jugement. Je suis convaincu que mon ami Wenner-Gren suscite la jalousie dans certains milieux… car l'argent est le nerf de la guerre. Mais il faut parfois faire des compromis, surtout en politique. Je tiens à obtenir le poste d'ambassadeur à Washington.

– Cette décision ne relève-t-elle pas de M. Churchill, *father*, et, peut-être, du président Roosevelt ?

– Cela dépend de… Enfin, je suis fatigué, dit mon père en se levant précipitamment. Allons dîner, même s'il est tôt, car je veux retourner à l'hôpital pour quelques heures. Demain matin, je compte faire une partie de golf avant d'aller chercher Wallis à sa sortie de l'hôpital, vers deux heures. Nous séjournerons à l'hôtel encore vingt-quatre heures.

À cet instant, je ne peux prendre toute la mesure du bonheur d'avoir pu passer plus d'une heure avec ces trois hommes qui ont profondément marqué ma vie, Jim, M. McFarlane et mon cher père. Ne m'ont-ils pas, chacun à des degrés différents, permis de regarder devant moi et de conserver mon optimisme ?

Ce soir, il règne au sein de notre petit cercle une atmosphère particulière. Mon père a joué un rôle unique dans l'histoire de son pays et de sa famille, ma belle-mère a aussi imprimé sa marque indélébile, et c'est avec eux deux que je m'apprête à aller vivre. Que va-t-il advenir de moi ? Mon destin ne m'appartient pas complètement, du moins jusqu'à ma majorité ou mon mariage.

Mon père est très volubile au cours du repas et il domine la conversation. Il nous raconte une anecdote au sujet du zèle d'une infirmière qui, chaque fois qu'elle le croisait à l'extérieur de la chambre de sa femme, insistait pour lui offrir un whisky-soda. « *A dear girl !* » répète mon père à plusieurs reprises. Je souris, comme les autres. Mon père, de toute évidence, aime les boissons alcoolisées. Serait-ce pour combler un vide ou pour exacerber en lui une sensibilité cachée ?

Son visage est devenu rouge et ses paupières semblent s'alourdir de plus en plus. Son regard conserve quand même un reflet gris acier. C'est pourtant le même homme qui a fait preuve d'une grande détermination à l'heure du choix entre son trône et l'amour, lorsque son intention d'épouser Mme Simpson s'est heurtée à l'opposition des gouvernements de Grande-Bretagne et des dominions. Je n'ai pas, à cette époque, mesuré l'étendue et les conséquences du complot tramé contre le roi. Un roi, un amant, un père, tant de rôles à endosser pour un homme qui, comme un Don Quichotte, se battait souvent contre des moulins à vent. Alors qu'il prend congé, je lui souhaite le bonsoir non sans quelque froideur et je saisis le doux étonnement que traduisent ses yeux et son sourire timide.

M. McFarlane offre de l'accompagner afin de présenter ses respects à la duchesse. Tout au moins, c'est la justification qu'il donne. Je ne suis pas dupe de ce stratagème peu subtil pour un diplomate aussi chevronné que lui.

Jim me souhaite bonne nuit devant la porte de ma chambre. Son regard est empreint de bonté et témoigne de la tendresse qu'il nourrit à mon égard, j'en suis convaincue. Seule de nouveau, je ferme les yeux pour mieux entendre la petite voix intérieure qui me parle, celle qui m'aide à affronter la réalité et les perspectives du lendemain. Demain, je rencontrerai ma belle-mère. J'accueille ce soir ma fatigue avec un réel plaisir, permettant seulement à mon cœur de s'adonner au doux plaisir de rêver au retour imminent de Claude. Je cherche l'odeur de Claude, un parfum d'herbes tendres ployant soudain sous le souffle puissant du désir, renforcé par l'image de son corps nu, par l'envie irrépressible de caresses qui n'en finissent plus.

CHAPITRE VII

C'est sur un fond rose et or que je me réveille. J'écoute le chant d'un oiseau… tiens, il ne fredonne que quatre notes, comme la gamme du cri du coq qui salue l'aurore. Je saute hors du lit et m'astreins à quelques exercices pour me réveiller tout à fait.

J'ouvre grande la fenêtre et respire à pleins poumons l'air frais de cette matinée qui s'annonce bien. Seule ombre au tableau, ma rencontre avec ma belle-mère, une idée qui me remplit d'amertume et que je me force à repousser par des mouvements plus vigoureux. Comme une rengaine, le mythe entourant Wallis Simpson tourne dans ma tête… ses trois mariages, sa réputation de femme élégante, son influence sur mon père. Mon Dieu, comment vais-je aborder cette femme ?

Je continue à faire mes exercices comme une forcenée… une circulation sanguine plus rapide aidera mon cerveau à y voir plus clair. Mais c'est en vain. Wallis Windsor est toujours là dans ma tête, comme une idée fixe. Pourtant, je ne veux pas broyer du noir, même si ma petite voix intérieure me dit que le bonheur de vivre avec mon père est compromis par celle que je considère comme une intruse.

Un bruit confus me tire de mes pensées. Je me penche à la fenêtre et vois M. McFarlane, accompagné d'un homme, un policier ou un militaire si j'en juge par sa démarche raide, se faufilant à travers la foule des promeneurs en tenues légères. Il marche vers une limousine qui, aussitôt les portières fermées, démarre en direction opposée à Miami Beach. M. McFarlane est en effet un homme très occupé. Un autobus se range devant l'hôtel et une partie des promeneurs s'y engouffrent. Ils s'en vont à Miami Beach.

J'ai l'impression d'être toute seule au monde, dans la clarté lumineuse, à regarder le ciel sans nuages et les mouettes qui tournoient au-dessus de la baie, comme si elles humaient la moiteur de l'air. Je fixe mon regard au loin, imaginant la ligne de l'océan, et j'esquisse un sourire… parlons-en de mon aventure de la veille ! Un peu d'humour, Marianne, secoue-toi ! Je respire profondément, puis je salue la pureté extraordinaire du ciel et la lumière vive qui donne à l'ombre la dureté de la pierre.

Je me sens mieux.

Mon regard se tourne de nouveau vers l'horizon, et je pense à l'Europe en guerre, le continent déchiré que Claude a quitté pour venir me rejoindre. Je bénis le jour où je n'aurai plus à attendre mon bien-aimé. Mon cœur se serre, le battement de mes artères dans mes tempes est douloureux. Je sais pourtant qu'un jour proche ma patience sera récompensée. Je me force à y croire.

On frappe à ma porte. Jim m'annonce que le garçon d'étage vient servir mon petit-déjeuner. J'enfile mon peignoir et ouvre. Un jeune homme pousse nonchalamment une table roulante jusqu'au centre de la chambre. Le service en argent, cafetière, sucrier et pot à lait, en plus de la fine porcelaine et des verres en cristal me semblent trop somptueux pour un simple petit-déjeuner. Ces détails, en revanche, m'obligent à prendre conscience du fait que je suis dans la proximité des Windsor et de leur vie de luxe.

Après le départ du garçon, je demande à Jim s'il veut partager mon petit-déjeuner.

— Non merci, mais je prendrais un café, miss Mary Ann, dit-il.

Il s'assied dans le fauteuil que je lui offre.

— Mon père a-t-il quitté l'hôtel, Jim ? demandé-je en lui tendant une tasse de café noir sans sucre, comme il l'aime.

— Oui, en effet. Le duc s'est levé de bonne heure. Une limousine du Miami Golf Club est venue le chercher, lui et son garde du corps. Il doit faire ce matin une partie de golf avec un comédien d'Hollywood…

— Qui ? Le savez-vous ?

— Non, il ne m'en a pas informé, répond-il en souriant, et je n'ai certes pas osé lui demander !

— Jim, je voudrais vous parler, vous voulez bien ?

Une lueur étrange mais fugace passe dans son regard et, déposant sa tasse sur la petite table, il me fait signe que oui. Tout en tartinant un morceau de pain grillé, je lui parle de ma prochaine rencontre avec ma belle-mère et lui demande s'il croit que la grande intimité entre elle et mon père sera un obstacle à ma vie avec eux.

— Vous savez, Jim, ce qu'on raconte sur la nature tyrannique de Wallis, sur la domination qu'elle exerce sur mon père… tout cela qui laisse entrevoir qu'elle est une vraie chipie.

— Halte-là, je vous en prie, miss Mary Ann. J'ai, comme vous d'ailleurs, lu beaucoup d'écrits sur la duchesse de Windsor et les commentaires ne sont pas tous défavorables. On dit qu'elle a un caractère un peu despotique, c'est vrai, mais elle s'occupe d'œuvres charitables et elle a la réputation d'être une excellente hôtesse. Comme femme du gouverneur, la duchesse de Windsor est certainement un atout. Vous voulez que je vous donne un conseil ?

Je fais signe que oui de la tête.

— Laissez le temps aplanir la voie entre vous deux. Elle-même est peut-être nerveuse à l'idée de rencontrer sa belle-fille pour la première fois. Y avez-vous pensé ? Une autre certitude, miss Mary Ann, personne ne peut vous enlever la place que vous occupez dans le cœur de votre père. Vous le savez fort bien !

— J'ai bien hâte d'en finir avec cette journée, pourtant, dis-je en soupirant. Je me fais du souci… et vous avez raison, comme toujours, Jim, merci.

— Ne savez-vous donc plus jouer de votre charme naturel ? La duchesse ne manquera pas d'y succomber, comme tous les autres, continue Jim sur un ton espiègle.

Il se lève et se dirige vers la porte. Je lui promets de nouveau de rester confinée derrière ma porte verrouillée.

Que dois-je faire maintenant ? Ressasser mes souvenirs ? Me torturer les méninges avec mes préjugés ? Me faire du mauvais sang ? Ce n'est pourtant pas dans ma nature, je suis allée à bonne école. « Ma petite Marianne, bois une seconde tasse de café et ton état d'esprit va prendre un tout autre tour. » Encore une fois, je me plais à rêvasser.

Dois-je me faire plus belle, dois-je apporter un plus grand soin à mon maquillage, à ma toilette, pour rencontrer la très élégante duchesse de Windsor ? Zut ! Je suis plus belle, de toute façon… alors pourquoi cette crainte d'avoir à rivaliser avec elle ? C'est simple, je n'ai pas l'habitude de la concurrence dans le domaine de la mode et des mondanités.

J'allume la radio, à la chaîne qui diffuse de la musique classique… et je fais une pirouette. Comme un heureux présage, la mélodie de l'adagio que je préfère dans le *Concerto n° 21* de Mozart répand son enchantement tout autour de moi. Quelle divine musique ! Comment puis-je continuer à cultiver mes peines quand le langage sacré de Mozart m'attire vers son domaine à lui, où la beauté, l'harmonie et l'espoir règnent.

Puis, l'attente commence. Il est déjà onze heures. Mon père doit avoir fini sa partie de golf. Pour tuer le temps, je prends un livre. J'en parcours plusieurs pages et m'arrête sur quelques lignes qui correspondent bien à mon état d'esprit : « La racine de l'attente est une source de chagrin. » Je souris…

Chaque bruit qui provient de la cour de l'hôtel m'attire vers la fenêtre. Je respire plus librement à la vue de parfaits étrangers. Soudain, un petit attroupement se forme sur le perron de l'hôtel et plusieurs personnes se rangent le long des marches de l'entrée principale.

Une escorte de six policiers à motocyclette s'approche, devançant une ambulance blanche. Le cortège s'arrête devant l'hôtel. Un des policiers se précipite pour ouvrir la porte arrière de l'ambulance. Mon père en sort le premier. Des applaudissements éclatent. Ils redoublent lorsque ma belle-mère met pied à terre, aidée d'une infirmière, toute en blanc, qui lui tient le bras. Le directeur de l'hôtel descend les marches du perron et, après l'avoir saluée en s'inclinant, il présente un énorme bouquet de fleurs à la duchesse. Elle penche la tête.

Un murmure de voix confus, le grouillement de gens empressés, mon père qui gesticule un peu trop, le bouquet qui passe de main en main, tout cela ressemble à un cirque compliqué. Enfin, mon père prend sa femme par le bras et, avec l'infirmière, ils entrent dans l'hôtel. Oubliant les recommandations de Jim, je sors précipitamment de ma chambre et me poste près de l'ascenseur, à notre étage. J'ai décidé de témoigner mon respect à ma belle-mère en venant la saluer et, ce faisant, prendre l'initiative d'une rencontre qui pourrait toucher une corde de son cœur, qui sait !

Elle sort de l'ascenseur. Elle est là, toute frêle, bien mise dans un ensemble bleu pâle, soutenue par mon père et son infirmière. Nos regards se croisent. Aucune chaleur dans ces yeux-là. Son regard me frôle, rien de plus. Pourtant, je suis sûre qu'elle sait qui je suis.

– Bonjour, madame, lui dis-je en avançant d'un pas. Je suis heureuse de vous rencontrer, enfin. J'espère que vous allez mieux ?

Elle fait un léger signe de tête. Sa bouche esquisse un sourire de travers (sa joue est enflée), comme si l'étonnement lui avait coupé la parole.

– Va, ma chérie, me dit mon père, nous t'appellerons plus tard.

Qu'est-ce que je lis sur son visage ? De la surprise ? Non. De l'accablement ? Oui. Une grande fatigue ? Certainement. Probablement sa partie de golf l'a-t-elle fatigué. Un peu d'agacement ? Peut-être. M'en veut-il d'avoir osé approcher son auguste femme pour la première fois dans le corridor d'un hôtel ? Tant pis alors !

Il s'est à peine arrêté. La petite troupe, suivie des garçons qui tirent un chariot de bagages et de fleurs, se dirige vers les appartements voisins du mien. Je ne suis pas triste, plutôt déconcertée. Il est plus qu'évident que ma belle-mère est réticente, je dirais même lointaine. Peut-être n'aime-t-elle pas se montrer ainsi, une molaire en moins et un visage déformé, à sa belle-fille de dix-neuf ans. Là, pour sûr, j'ai l'avantage, non seulement d'avoir toutes mes dents, mais aussi d'être fraîche et jeune.

Et mon pauvre père ? Lui, sa place est entre nous deux !

Je regagne ma chambre. J'écoute un va-et-vient qui se prolonge dans la chambre d'à côté. Puis, je rêvasse de nouveau, jusqu'à ce qu'un bruit sourd dans le couloir me fasse sursauter. Je cligne des yeux et mes pensées imprécises, l'inventaire que je faisais de la maison de Claude, avec ses corniches et ses tourelles, se dissipent.

Je me dirige vivement vers la porte afin de voir ce qui se passe et, au moment où je m'apprête à ouvrir, je me souviens des consignes de Jim. Je l'appelle au téléphone. Au bout d'un long moment, sa voix essoufflée se fait entendre.

– Que se passe-t-il, Jim ? Quel est ce vacarme à notre étage ?

– Une minute, que je reprenne mon souffle, miss Mary Ann. Enfin, reprend-il, la duchesse n'aime pas une partie de l'ameublement, alors on a dû sortir des meubles et ramener une chaise longue et un fauteuil.

Un des garçons a laissé tomber un gros fauteuil. Rien d'alarmant.

Je détecte un peu de cynisme dans sa voix. Était-il habitué aux caprices des personnes exigeantes comme la duchesse ? Si oui, Jim doit me trouver morne à l'extrême.

— Nous partons demain, Jim, à quoi bon ce branle-bas ?

— Je n'en sais rien, miss Mary Ann. J'ai offert mon aide, c'est tout. Je viens vous chercher sous peu. Désirez-vous quelque chose ?

— Oui, j'aimerais un café, si vous voulez bien le commander pour moi ?

— Bien sûr, tout de suite ! Je frapperai à la porte, quatre coups, comme d'habitude.

Il vient me chercher pour *la* visite, j'en suis certaine. Je n'ai pas à y penser pour le moment, le danger n'est pas immédiat. Où en étais-je donc dans mes pensées ? Ah, Claude et moi à Québec, quel bonheur ! Si j'avais pu l'accompagner dans ses voyages, que de rêves nous aurions réalisés.

Le ciel se couvre. Comme un bateau ivre dans l'immense étendue de l'espace et du temps, le soleil laisse traîner une lueur dorée, puis s'éclipse derrière les nuages qui s'illuminent pour quelques secondes encore d'un rayon audacieux.

Un, deux, trois... quatre coups contre ma porte.

— Vous venez, miss Mary Ann ? demande Jim.

CHAPITRE VIII

J'entre dans la suite d'appartements de mon père et de sa femme et me trouve face à un véritable parcours d'obstacles. Il y a des fleurs partout. Je m'arrête pour les regarder ; il y a surtout une profusion de roses à peine ouvertes aux tons de coquille d'œuf et de carmin à côté de roses toutes épanouies, il y a des orchidées comme du corail poli, et d'autres, aussi belles, transparentes… et d'autres et d'autres. Un parfum de vanille, de pêche et de miel assaille les narines et j'éternue discrètement derrière ma main. L'infirmière s'affaire à transporter les plus gros bouquets dans le petit salon voisin de la chambre. Sûrement, la duchesse ne dormira pas dans cette serre chaude si elle veut éviter les allergies. La tête me tourne un peu. Heureusement, au-dessus de l'une des corbeilles, un peu d'air entre par la fenêtre ouverte ; je touche en passant un grand vase de porcelaine turquoise où des lys aux larges pétales de satin blanc sont enfouis dans une foison de verdure.

Mon père s'avance vers moi, prend ma main dans la sienne et la serre nerveusement. Il m'entraîne vers le grand lit où ma belle-mère est allongée, sa tête reposant sur une pile d'oreillers aux taies brodées. J'aperçois, du coin de l'œil, la chaise longue et le fauteuil Louis XVI dont Jim m'a parlé.

– *Darling*, dit mon père à sa femme d'une voix douce, je vous présente Mary Ann !

Je constate, encore une fois, un manque de chaleur dans les yeux qui me détaillent. Je me raidis, prête à l'attaque. Elle me fixe un long moment et dit :

– Ah oui, la jeune fille du couloir… mon mari m'a souvent parlé de vous… Comment allez-vous ?

Je réponds d'une voix ferme :

– Très bien, merci. J'espère que vous allez mieux, madame !

Je me penche pour l'embrasser, mais elle détourne son visage en portant une main à sa joue. Je me redresse et recule vers le fauteuil que mon père a approché pour moi.

– Oui, merci, je vais mieux, mais ma joue est très douloureuse. Asseyez-vous, je dois faire un appel téléphonique.

Avec la rapidité de l'éclair, son regard me transperce, comme lors de notre brève rencontre dans le couloir, puis elle fixe son attention sur l'appareil téléphonique à portée de sa main sur la table de chevet. Elle décroche le combiné et, d'une voix impérieuse, demande à la téléphoniste de lui composer un numéro. Elle laisse errer son regard, comme si rien ni personne n'était digne de son intérêt. Est-ce sa façon à elle d'exprimer son détachement ? Ou alors de m'ignorer ? La noblesse d'esprit que j'ai espéré trouver en elle fait défaut aujourd'hui. Mes appréhensions et ma méfiance sont intactes. Non, ma belle-mère ne me plaît pas, et je n'ai pas l'air de lui plaire.

Elle attend toujours, impassible, sa communication. Je l'observe ; soudain, sa mâchoire carrée, déformée par une enflure assez imposante, se met à trembler… l'espace d'une seconde. Puis, son visage se durcit. À la voir ainsi, dans son lit de convalescente, je ne peux imaginer l'enchanteresse séduisante qui a été préférée au trône d'Angleterre. Et si elle était devenue reine d'Angleterre ? Une femme qui avait déjà été mariée ! Les Britanniques en auraient sûrement perdu leur légendaire flegme.

Sagement assise, les mains croisées sur mes genoux, je jette un coup d'œil sur mon père qui, souriant, contemple sa femme. Elle le regarde de temps en temps, en vitesse. Son visage a besoin, il me semble, de l'animation d'une conversation pour être presque beau, car, juste en ce moment, un éclat de rire mélodieux et riche relève les coins de sa bouche et transforme son expression désabusée. Son sourire est large sur des dents égales et un peu de carmin lui monte au visage. Sa voix prend des intonations britanniques mêlées à une nonchalance plutôt américaine.

– Oui. Elle est ici, dit-elle dans l'appareil, je te raconterai. Oui, nous partons demain, oui, sur le *Southern Cross*. Oui, au revoir, *darling*.

Elle repose le combiné. Sa main gauche, bien soignée, où brille un énorme diamant, s'agite sur l'encolure de son déshabillé de soie pâle brodée de fleurs. Elle a l'air épuisée.

– Mon amour, dit mon père en se penchant sur elle, on va vous laisser vous reposer au moins une heure. L'infirmière fermera les rideaux et restera à votre chevet, et je ne veux pas de « non ». Mary Ann et moi allons prendre un café.

Avant qu'elle réponde, il l'embrasse très légèrement sur la bouche. Son visage se crispe. Il murmure : « Je suis heureux que vous soyez de retour, mon amour. Je vous aime ! » Il se tourne ensuite vers moi et dit :

– Viens, Mary Ann.

Je le suis.

– Ça s'est bien passé ! commente-t-il lorsque nous nous retrouvons dans le corridor. La duchesse est encore souffrante, la pauvre chérie…

Il me regarde ; ses yeux sont embués de larmes qu'il laisse couler le long de ses joues pendant qu'il sort son étui à cigarettes de sa poche. Nerveusement, il allume une cigarette, puis m'entraîne vers l'ascenseur. Me dira-t-il le fond de sa pensée ? Il avait pourtant l'air content et heureux dans la chambre de sa femme. En s'éloignant, deviendra-t-il plus conventionnel ? Je vois sur son visage une expression dans laquelle se mêlent la vénération et un peu de frayeur. Que craint-il ? Il me sourit lorsque son garde du corps se range à côté de nous, dans l'ascenseur.

– Richard, dit mon père au grand jeune homme, je vous présente Mlle Mayol qui va venir à Nassau avec nous…

Richard incline la tête en ma direction et sourit. Je lui retourne son sourire.

Nous sommes silencieux, tous trois. Une odeur de renfermé traîne dans l'ascenseur et ma main se crispe au contact du mur humide. L'ascenseur est lent. L'image de Wallis avec sa joue gonflée me poursuit – je n'y peux rien –, elle qui a fait chavirer le destin de mon père, rien qu'« une femme du monde », a-t-on dit. Elle et mon père ne sont-ils qu'un couple qui a « mal joué ses cartes » ?

Je le crains. Je n'en sais pas tellement sur elle, mais je pense que Wallis a charmé Adolf Hitler durant leur visite en Allemagne, en 1936. N'a-t-il pas dit d'elle qu'elle ferait une très bonne reine ?

Je passe une main moite sur mon front et repousse quelques mèches rebelles qui me chatouillent. Je me sens claustrophobe entre mes deux compagnons. Dieu que l'ascenseur est lent aujourd'hui ! Enfin, la porte s'ouvre sur une bouffée d'air frais et le grand espace de l'entrée principale de l'hôtel. Je respire mieux. Quel est le programme du reste de la journée ? Pourrais-je, par exemple, aller au cinéma ? Je vois déjà mon père lever les bras et secouer la tête. Pourquoi pas si Richard, le garde du corps de mon père, m'accompagnait ? Non, puisqu'il « garde » mon père. D'ailleurs j'ai mon propre garde du corps, Jim, mais il est exclu que je puisse aller « en ville ».

Jim nous attend dans le salon privé où nous avons bu du champagne hier. Je m'installe et je regarde dehors. Le soleil est revenu et le ciel, plus pâle, tourne du turquoise au vert Nil. Il serait si bon de se promener dans le jardin… sûrement on ne me le refusera pas. Un garçon empressé nous sert un *afternoon tea*. Je me détends en dégustant de minces sandwichs au concombre et une pâtisserie aux amandes enrobée de chocolat et en buvant un thé à la bergamote. « Un thé anglais spécial », m'explique Jim à voix basse, en souriant. Il s'est installé dans le fauteuil à ma gauche, mon père qui a refusé toute nourriture excepté le thé est à ma droite et Richard se tient à l'écart, près de la sortie.

– McFarlane doit venir nous rejoindre, dit mon père en allumant une autre cigarette. Nous avons plusieurs choses à discuter avant notre départ.

La douceur de notre précédent entretien s'évapore ; il me semble me balancer sur une houle invisible. J'essaie en vain de m'intéresser à la morne conversation et finis par chercher autre chose… quelque fougueux dessin embrasé de couleurs vives, mais elles sont dehors et je ne peux aller vers elles, ces couleurs, je dois rester sagement assise.

S'adressant de nouveau à Jim, mon père continue :

– Nous devrions appareiller demain matin vers onze heures.

Il tire une bouffée de cigarette et laisse la fumée s'échapper lentement de sa bouche. Les minutes qui suivent sont lourdes, jusqu'à l'arrivée de M. McFarlane. Il s'approche de nous, salue d'un « *Your Royal Highness* » mon père qui lui tend la main et, se tournant vers moi, il dit :

– Je vous verrai demain avant votre départ, miss Mary Ann.

Tous deux se dirigent vers la porte, suivis de Richard. Avant de sortir, mon père déclare à mon intention :

– Je viens te voir avant de me retirer pour la nuit.

Je regarde Jim qui se tient debout. Son visage ne reflète aucune émotion. Il attend que je lui adresse la parole.

– Votre journée a été bonne ?

– Oui, merci. Puis-je vous demander comment s'est déroulée la vôtre ?

– Certainement, Jim ! J'ai, comme vous le savez, rencontré la duchesse et je me suis fait une idée d'elle… il n'y aura pas une grande passion entre elle et moi.

– Cela changera, sans aucun doute. Voulez-vous savoir ce que j'ai fait aujourd'hui ? continue-t-il après une longue hésitation.

– Bien sûr, Jim !

– Je suis allé au port voir le fameux yacht de M. Wenner-Gren, le *Southern Cross*. Les Américains, vraiment, surveillent le bateau de près. Le destroyer que nous avons vu hier garde ses canons braqués sur lui !

– Pas possible, Jim, c'est vrai ?

– Eh oui, et nombre de soldats patrouillent les quais. L'équipage est retenu à bord et semble très occupé. On lavait les carreaux, les hublots et les ponts. Deux jeunes hommes s'employaient à peindre les deux mâts. À voir tout ce petit monde grouiller et vaquer à des occupations ordinaires, sans soucis apparents, on a peine à croire que le président Roosevelt veuille que des agents du FBI infiltrent l'équipage. On parle sérieusement de trafic d'armes et de jeux de hasard !

– Wow ! À ce point, Jim ? Allons-nous alors nous jeter dans la proverbiale « gueule du loup » ?

– Oh, c'est un peu fort.

Puis, il reste silencieux.

– Jim ?

– Oui, miss Mary Ann.

– On pourrait marcher dehors un peu. Sans risques, si j'ose dire !

Il est aimable aujourd'hui, mon ange gardien, car il accepte. Je quitte donc le salon ennuyeux pour assister au coucher du soleil furibond de la Floride, dehors. L'astre ramasse, en cette fin de journée, quelques nues qu'évapore la mer chaude et les entraîne au bas du ciel en barres rouges. Il se couche tard, le soleil d'hiver de la Floride.

Nous marchons au moins une demi-heure. Le jardin est vaste, avec des allées bordées de fleurs dans un jeu de trois nuances de mauve. De grands joncs fleuris, près d'un étang à poissons, présentent leurs grappes de graines brunes et des tamaris tendent leurs épis roses. Des palmiers gigantesques et sculpturaux bordent le jardin. Nous sommes seuls à nous promener, mais le lieu grouille d'oiseaux colorés dont j'ignore le nom.

Je soupire d'aise. Qu'il fait bon. L'air frais sur ma peau m'apporte un apaisement qui grandit à mesure que je marche plus vite. Je me dis que si je restais ici des heures, je serais mieux disposée à aimer ma belle-mère…

Jim marche à mes côtés, silencieux.

– C'est le temps de rentrer, Jim ?

Il acquiesce de la tête. Nous rentrons.

Il me quitte devant la porte de ma chambre, m'embrasse sur la joue. Il semble un peu triste mais assuré.

– Je serai tranquille enfermée dans ma chambre, Jim. Vous n'avez pas à rester aux alentours. Ne m'avez-vous pas dit que vous aviez à faire des emplettes ?

D'un geste machinal maintenant, je ferme la porte à clé. Je reprends ma veille et mon attente. Je tends l'oreille ; aucun bruit ne m'arrive de la chambre de ma belle-mère. Elle doit se reposer encore. Je ne veux pas penser à elle ni à mon père. Je vais me rendre malade si je continue à me tracasser au sujet de mon avenir, de Wallis. Non, je dois grandir, je dois vivre selon l'amour et, aussi, selon l'absence de l'amour, comme en ce moment… Il fait si bon dans la solitude, dans le calme et la détente. En attendant que Jim vienne me chercher pour le dîner, je m'occupe de ma toilette et fais couler un bain que je parfume d'huiles aromatiques.

La nuit tombe quand je sors du bain. Dans le crépuscule bleuâtre, le bouquet de fleurs que mon père m'a offert prend un aspect fantasmagorique. Je reste plantée là, à apprécier la magie de cette fin de journée. En regardant les fleurs quasi indistinctes, je pense soudain à la légende celtique qui veut que les âmes de ceux que nous avons perdus soient prisonnières dans des choses inférieures. Je frissonne et crois sentir une présence, un quelque chose que je ne peux expliquer. Je souhaite, je prie…

Je divague sûrement. Comment des chrysanthèmes peuvent-elles unir mon âme à celle de ma mère ? Est-ce elle que je sens près de moi ? Puis-je toucher son univers invisible ? Je m'approche de la gerbe de fleurs et, tout d'un coup, l'évocation se dissipe, comme dans un battement d'ailes. Dans la noirceur, j'ai simplement essayé d'apprivoiser une vieille croyance païenne. L'absence de ma mère m'a toujours été douloureuse, elle l'est encore plus aujourd'hui. Je me redresse. « Non, Wallis, juré-je, tu n'es pas digne d'elle, jamais, mais jamais je ne te donnerai le nom de… même pas de belle-mère. »

Avec tristesse mais aussi avec espoir, je place au pied de l'ensemble fleuri le cadre de la photo de ma mère et, après avoir allumé la lampe à portée de ma main, contemple l'expression de son sourire qui m'embrasse.

Je décide de dîner seule. Je n'ai pas à être toujours chouchoutée par Jim, après tout. Je commande mon repas par téléphone, à être apporté sur table roulante. Je surveille la porte et pose un coupe-papier sur ma table de chevet. J'essaie de lire. Un coup contre ma porte me fait bondir.

– Votre repas, miss Mayol, dit une voix bien timbrée.

– Merci, laissez-le dans le couloir, je ne peux venir le prendre tout de suite.

– Très bien, miss.

J'attends. Je me lève, je m'approche et colle mon oreille contre la porte. Rien, aucun bruit. Avec d'infinies précautions, je fais jouer la clé dans la serrure et ouvre la porte de quelques pouces, puis je passe ma tête dans l'entrebâillement afin de scruter le corridor. Ouf, il n'y a personne. Vivement, j'empoigne la petite table, la tire dans ma chambre et, en un tournemain, remets les verrous.

Je m'écrase dans un fauteuil, à bout de souffle. J'en ai l'appétit coupé. Finalement, je me laisse tenter par le bifteck avec frites et petits pois. J'enfile ensuite une crème caramel, qu'une camomille bien chaude m'aidera à digérer. J'achève de la boire lorsqu'on frappe à la porte. Ce doit être Jim.

– Vous venez, miss Mary Ann ?

– Non, Jim. J'ai déjà dîné.

– Ouvrez la porte et tout de suite, miss Mary Ann.

Jim est furieux. Il me ressert son sermon habituel.

– Calmez-vous, Jim, j'ai pris les précautions nécessaires, j'ai commandé mon repas sur une table roulante que le garçon a simplement laissée devant ma porte.

– Je vais avoir des cheveux blancs bien avant l'âge à cause de vous, miss Mary Ann.

– Vous vous en faites trop et pour rien. Laissons, voulez-vous ? C'est à votre tour de manger tout seul et pour moi, ce sera un long repos avec un bon livre.

J'ai cru, à tort, qu'il me serait difficile de me reposer. Avant de me coucher, je ferme à demi les grands rideaux après avoir de nouveau regardé l'éclairage le long des avenues et, plus haut, le raffinement exquis d'une lune décroissante. Il y a un peu de vent et je vois un remous parmi les verdures les plus légères et sur le plumage des mimosas qui se bercent.

Mon père ne vient pas me voir comme il me l'a promis, mais m'appelle au téléphone. Il est en conférence avec quelques notables, afin de discuter de choses qui ne pouvaient attendre.

Étendue dans mon lit, j'écoute encore un peu les bruits lointains de la rue, puis je concentre mon attention sur mon livre. Les murmures de la ville, le vent doux qui entre par ma fenêtre ouverte accompagnent ma veille. Petit à petit, une vague de douceur gagne tout mon être et je m'endors.

Chapitre ix

À huit heures, quatre coups contre ma porte m'annoncent Jim et mon petit-déjeuner. Nous le prenons ensemble sans trop nous attarder. Je fais preuve d'une certaine désinvolture face à Jim qui me regarde de temps en temps avec un sourire moqueur. J'ai l'impression qu'une drôle de journée se prépare.

— Il faut descendre à huit heures quarante-cinq, dit Jim en reprenant un autre café. M. McFarlane veut vous voir et je vous accompagne. Le garçon d'étage s'occupera des bagages.

— À quelle heure mon père va-t-il descendre avec sa femme ?

— Pas avant dix heures. La duchesse a été souffrante durant la nuit et tous deux ont mal dormi. Je crois qu'ils se reposent encore.

J'ai d'autres chats à fouetter. Je pense notamment à M. Wenner-Gren, le gros méchant loup des légendes, que je vais bientôt rencontrer. Il me fait peur, celui-là. Un copain de Goering par-dessus le marché ! Ça promet !

— Jim, vous allez rester avec moi, n'est-ce pas ? Sans vous, Jim, je crois que je ne pourrais pas bouger… vous devez être toujours sur mes talons, oui ou non ?

– Et pourquoi pas ?

– Jim, je n'aime pas beaucoup votre habitude de répondre à une question par une question. Vous devriez dire : « Bien sûr, miss Mary Ann, je ne vous lâche pas d'une semelle. »

Son rire est prompt. Il me montre un visage si ouvert que, moi aussi, j'éclate de rire. Il est vrai que je me sens devenir meilleure à son contact. Pour l'heure, je dois me préparer, avec lui à mes côtés, à faire un voyage en mer qui m'emmènera à Nassau, ma « terre promise », et à mon bien-aimé.

– Vous venez, miss Mary Ann ?

La voix de Jim me tire de ma rêverie. Il a rangé, en silence, nos bagages, automatiquement et, sans un mot de plus, il tient la porte de la chambre ouverte pour me laisser passer.

J'ai du mal à contenir une certaine mélancolie en face de M. McFarlane. J'éprouve une immense affection pour lui ; je m'efforce de sourire malgré tout. C'est le cœur serré que je le regarde comme si nous étions déjà séparés.

– Miss Mary Ann, nous nous reverrons, mais pas aussi souvent que par le passé, dit-il en gardant mes mains dans les siennes durant un long moment. Je reste en communication étroite avec monsieur votre père et je projette faire des visites à Nassau.

– Je l'espère de tout cœur. Je désire encore vous exprimer ma gratitude pour tout ce que vous avez fait pour moi au cours des années. Il m'est difficile d'envisager l'avenir sans votre chère présence.

– Mon influence sera remplacée par celle, beaucoup plus agréable et qui vous revient de droit, de votre père et, dans un avenir proche, celle de Claude. Miss Mary Ann, continue-t-il en me regardant avec une grande tendresse, je vous souhaite beaucoup de bonheur, car vous le méritez. Vous avez démontré, au cours des années, un courage et une force de caractère tels que je peux m'éloigner l'esprit en paix, sachant à l'avance que vous réussirez tout ce que vous entreprendrez.

En attendant l'arrivée de mon père dans le hall de l'hôtel, je m'efforce de ne penser à rien. Droite, les épaules rejetées en arrière et le port de tête haut et fier, je tâche d'avoir la pleine maîtrise de moi-même. Je suis consciente des regards curieux des gens qui circulent dans le hall, pas loin d'où nous sommes.

J'entends un bruit confus du côté des ascenseurs, à la suite de quoi les trois portes en enfilade s'ouvrent pour laisser passer, en premier lieu, mon père et sa femme, puis, les suivant de près, leur cortège formé d'une infirmière, de la femme de chambre de la duchesse et de deux garçons d'étage. Soudain, une vague humaine nous emporte et je suis entraînée vers la sortie. Je cherche des yeux Jim et M. McFarlane. J'essaie de résister au mouvement de la cohue, mais la force puissante des corps pressés les uns contre les autres et attirés, tels des aimants, vers mon père et sa femme rend inutile tout effort.

D'un coin du grand hall s'élève enfin une forte voix américaine :

— Laissez le duc et la duchesse se diriger vers leur voiture, je vous en prie. Tous deux ont accepté de poser pour des photos sur les marches de l'hôtel. Laissez passer, voyons, messieurs dames, laissez passer...

Sans savoir comment, je me retrouve avec Jim en face du directeur de l'hôtel qui me regarde d'un air amusé.

– On ne vous a pas trop bousculée, miss Mayol ? demande-t-il…

– Non, je vous remercie.

Encore une poussée et nous sommes enfin dehors. Deux officiers de police se présentent devant mon père.

– Nous vous accompagnons jusqu'au port, dit l'un d'eux, nous avons un défilé de dix motocyclettes.

Mon père leur fait un signe d'assentiment avant de prendre la parole :

– Mes chers amis, dit mon père aux personnes assemblées autour de lui et de la duchesse, ma femme et moi remercions nos hôtes de l'hôtel Bilmore, le personnel de l'hôpital où la duchesse a reçu un traitement et vous tous qui faites preuve de courtoisie à notre égard. La duchesse de Windsor et moi-même sommes toujours heureux de nous retrouver sur le sol américain…

– Duc, lance une forte voix venue de l'arrière du groupe devant nous, vous a-t-on offert le poste d'ambassadeur à Washington ?

– Non, répond-il en souriant. Il n'y a pas à dire, les nouvelles se répandent vite. Mesdames et messieurs, continue-t-il en prenant la main de la duchesse dans la sienne, si le poste m'est offert, ce sera pour moi un grand honneur de servir les intérêts des États-Unis et ceux de la Grande-Bretagne. Maintenant, il me reste à dire au revoir, nous devons tous rentrer à Nassau où mon travail m'attend.

Son regard tombe sur moi et j'y vois l'angoisse qu'il essaie de dissimuler. Je lui souris en m'approchant de lui.

– Duc, dit une autre voix, qui est cette très belle jeune femme ?

– Une cousine éloignée de ma famille, répond-il vivement. À présent, nous devons nous rendre au port. Ma femme est encore souffrante, laissez-nous passer, je vous en prie…

– Duc, crie quelqu'un, vous voyagez avec un nazi !

Mon père, tout à coup, semble brisé de fatigue et il s'appuie contre sa femme. Je fais un geste vers lui, mais Jim m'empêche de continuer.

– Pas devant la presse, murmure-t-il à mon oreille.

Mon père et sa femme se dirigent vers une longue voiture dont les portes sont ouvertes pour les laisser monter. En marchant, il hausse les épaules, pour indiquer qu'il ignore l'affirmation ou qu'il en est irrité.

Les policiers à motocyclette, qui doivent nous escorter jusqu'au port de Miami, mettent leurs engins en marche. M. McFarlane, après nous avoir serré la main, demeure sur les marches de l'hôtel et nous fait un signe d'adieu. Je prends place dans la première voiture avec ma belle-mère et mon père ; Richard, le garde du corps de mon père, s'assied à côté du chauffeur. Dans une seconde voiture montent Jim et la femme de chambre de la duchesse, Mlle Moulichon ; dans le coffre on entasse une multitude de bagages – lorsqu'ils voyagent, les Windsor emportent une grande quantité d'effets.

J'observe le visage de mon père. S'il y transparaît une mauvaise humeur sans doute due à la contrariété, une expression de tendresse heureuse monte néanmoins de sa bouche épanouie à ses yeux dont l'éclat bleuté s'amenuise entre ses paupières lorsqu'il regarde sa femme. Je les contemple tous les deux, pour la première fois de si près, avec une défiance curieuse ; leurs physionomies sont de nouveau normales, leurs yeux ont perdu cette fixité qui semble être de mise en public où l'incognito est impossible.

J'éprouve, à la hauteur du cœur, une sensation de détente, heureuse de trouver un contact intime, dans l'espace limité d'une luxueuse limousine et en une aussi étrange occasion, avec mes parents, mais c'est de courte durée. Ma belle-mère, assise aux côtés de mon père sur la banquette arrière alors que j'occupe le siège en face d'eux, paraît avoir l'esprit ailleurs ; elle semble porter en elle le poids d'une aspiration qui ne la quitte pas. Je me demande si elle a vraiment désiré devenir reine du Royaume-Uni, si elle est satisfaite de sa vie avec mon père.

Elle jette dans ma direction un regard furtif, puis fixe sa vue sur moi. Je crois qu'entre elle et moi s'installe une grande tristesse, une sorte d'angoisse, comme si quelque chose d'irréparable se dressait entre nous.

Je détourne les yeux et laisse mon regard errer sur la ville de Miami. Le paysage qui défile m'apaise ; je sens la possibilité d'accepter plus facilement la nouvelle existence qui m'attend. Un léger frémissement me parcourt à l'idée que notre vie à trois commence ici, dans cette longue voiture privée, où je peux toucher, si je le désire, mon père et sa femme.

À notre arrivée au port, je regarde, émerveillée, une zone bleue et fluide sans savoir si elle appartient au ciel ou à la mer, et ça me plaît, car je crois y voir une petite parcelle de l'infini.

Devant nous, le *Southern Cross* est amarré à quelques pieds du quai où notre voiture se range. C'est un immense yacht à deux mâts, où s'élève un unique tuyau de cheminée ; plus bas, deux rangées de hublots, délicatement décorées d'une magnifique frise sculptée qui se prolonge jusqu'à la proue, forment un ensemble harmonieux. M. Wenner-Gren donne, me semble-t-il, un cachet artistique à ses affaires louches de vente d'armes et de drogue. Deux policiers armés montent la garde à quelques pas de la longue passerelle en haut de laquelle attend un homme aux cheveux blancs, d'une taille imposante. « M. Wenner-Gren, sans doute », me dis-je, et l'appréhension que j'éprouve se mêle d'excitation, sans que je sache trop pourquoi.

L'enthousiasme me gagne petit à petit devant le tableau marin baigné de soleil ; les bateaux, éparpillés au large, semblent flotter au-dessus de l'eau et être enfermés dans un halo multicolore.

Le mot « enchantement » me vient à l'esprit alors que je contemple le port où la mer entre pratiquement dans la terre et où l'eau autour du yacht prend, sous la lumière, une apparence de granit rose. N'était la présence du destroyer dont Jim m'a parlé, ses canons toujours braqués sur le *Southern Cross*, l'enchantement serait total.

Une meute de journalistes s'activent autour de nous quand nous embarquons. Mon père et sa femme acceptent de poser de nouveau pour les photos qu'ils réclament, mais refusent de répondre aux questions et n'ont certes pas l'intention de satisfaire leur désir de photographier M. Wenner-Gren avec eux.

– Au revoir, messieurs, leur dit-il en montant la passerelle, la duchesse et moi-même avons l'intention de revenir ! Merci !

Sans doute M. Wenner-Gren se montre-t-il sous un jour agréable, il incline sa haute taille devant ma belle-mère, baise sa main en murmurant « J'espère que Votre Altesse Royale est en voie de guérison… » et salue mon père chaleureusement en courbant la tête. Ses manières sont affectées ; le plaisir d'accueillir mes parents semble calculé, mais il donne quand même une impression de libéralité et de largesse.

– Axel, dit mon père, je vous présente miss Mary Ann Mayol, une cousine éloignée, qui nous accompagne à Nassau où elle sera notre invitée.

M. Wenner-Gren, un des magnats des temps modernes, un pirate de grande classe et un symbole de ce monde nouveau que je m'efforce de mieux connaître, s'incline devant moi. En homme galant, il me fait le baisemain… j'admire sa chevelure blanche où des boucles s'entremêlent en un désordre étudié.

J'accueille cette marque de déférence avec émoi, sentant que ce personnage qualifié de dangereux est plein de douceur, courbé devant moi et me rendant hommage.

– Tout l'honneur est pour moi, miss Mary Ann, dit-il en se redressant. Je suis enchanté de vous recevoir à bord de mon navire et je souhaite de tout cœur, surtout pour *Her Royal Highness* et vous-même, que la traversée soit calme.

Un fort accent suédois donne à sa voix une inflexion agréable. Il termine sa phrase dans un murmure. Il garde ma main dans la sienne plus longtemps que l'étiquette ne l'exige, ce qui ne peut qu'exciter ma curiosité, et j'observe alors les nuances changeantes de ses yeux. Je vois un être réel, bien que mystérieux et inquiétant, que j'identifie aux grands aventuriers de l'histoire.

— Je vous remercie de votre accueil, M. Wenner-Gren, lui dis-je en laissant ma main glisser d'entre les siennes, c'est un privilège d'être à bord de votre yacht.

Ses yeux bleus et perçants, dans sa figure un peu rouge comme s'il avait chaud, fouillent les miens. Une étincelle d'un bleu turquoise les distingue d'autres yeux de la même couleur. M. Wenner-Gren me dévisage et je suis pour un court moment déroutée. Il semble m'interroger et je crois voir dans son regard une trace d'ironie. Je le regarde droit dans les yeux et déclare :

— Je crois que nous aurons du beau temps pour la traversée. Je suis impatiente de connaître Nassau !

— Vous allez vivre avec le duc et la duchesse ? me demande-t-il, un sourire au coin des lèvres.

— Oui, exactement ! Je suis si heureuse d'être leur invitée. Ils attendaient que soit remise à neuf la résidence du gouverneur avant de me proposer de les y rejoindre, expliqué-je en regardant du côté de mon père et de sa femme, installés dans le salon à notre droite.

Après quelques secondes d'hésitation, je me tourne vers eux, puis, me ravisant, je fais face à M. Wenner-Gren pour prendre congé. Ses yeux ne quittent pas mon visage, chargés de curiosité, peut-être même de contentement. Il me sent émue... je le suis. Je ne lui adresse qu'un signe de tête en gardant mes yeux fixés sur les siens.

Ma belle-mère est remuée lorsque le *Southern Cross* quitte le port. Elle a retrouvé, me semble-t-il, sa vivacité et, avec mon père à ses côtés, elle triomphe. Après plus d'une décennie, dit-elle avec animation, elle est enfin retournée dans son pays.

— Je suis fière de mon pays, continue-t-elle en prenant le verre de champagne qu'un garçon, habillé de blanc, lui sert, et reconnaissante de la façon dont nous avons été reçus. Tout est tellement plus vivant. Surtout, ajoute-t-elle d'une voix ferme en faisant un geste vers mon père qui ouvrait la bouche pour parler, je tiens à remercier du plus profond de mon cœur notre ami Axel, qui a eu l'extrême gentillesse de nous emmener à Miami, dans son magnifique yacht, pour régler une urgence. Merci encore.

Suivant son exemple, nous levons nos verres et buvons. Mon père, plus détendu, caresse sa femme des yeux, se chauffe à la flamme de sa présence. Le simple fait de la regarder paraît lui procurer une sorte de plaisir heureux.

— *Darling*, lui dit-il d'une voix douce, maintenant que nous avons trouvé, d'après le succès de notre court séjour à Miami, une nouvelle ouverture pour venir aux États-Unis, nous y reviendrons !

Un léger mouvement du bateau fait s'entrechoquer légèrement quelques verres sur le plateau que le garçon nous présente de nouveau.

— Notre traversée, annonce M. Wenner-Gren qui revient dans le salon, sera plus longue que prévu, car nous voyageons à vitesse réduite pour votre plus grand confort. Vos Altesses, continue-t-il en se tournant vers mes parents, vos cabines vous attendent, selon votre bon plaisir, votre choix de menu aussi. Il en va de même pour vous, miss Mayol.

Il prononce ces mots d'une voix ferme mais douce. Chose surprenante venant d'un homme de sa charpente doté de longues jambes et d'un torse puissant, sa voix vibre un peu. Je le sens habile manipulateur, capable d'agir sur les personnes qui évoluent autour de lui. C'est un homme qui exerce une grande influence. Ne le considère-t-on pas comme suspect ? Ce que je vois renforce ma première impression : M. Wenner-Gren n'est pas un être ordinaire.

La duchesse, encore souffrante, se retire dans sa cabine avec mon père. J'aperçois le personnel qui s'affaire à la préparation du déjeuner dans la pièce adjacente. L'air est rempli d'effluves salins, et je suis heureuse de me retrouver seule, M. Wenner-Gren ayant, lui aussi, quitté le salon.

Je fais le tour de l'élégant salon et m'arrête devant un petit fauteuil sculpté dans un bois presque noir. Sur chacun des accotoirs figure un serpent emplumé à la tête d'un or mat et aux yeux d'émeraude. « Ce ne peut être que Quetzalcóatl », pensé-je en caressant de la main l'un des accotoirs, puis le dos du serpent et ses écailles bordées d'un fil d'or. « Le dieu des Aztèques a donc sa place dans la vie de M. Wenner-Gren ! Où a-t-il trouvé un tel objet ?... Au Mexique, sûrement... »

Je m'approche du hublot pour regarder dehors ; j'entrevois un nuage oisif dans un ciel d'un bleu clair et cru tirant sur le mauve. Le navire, bercé par un roulis moelleux, avance sur une mer plissée dont le vert sombre est égayé de nervures dorées se fondant en rose saumon. Je suis au milieu d'un immense jardin aquatique si gracieux que je crois y voir des chaînes de feuillage s'étirant en festons sur les flots. Chacun des mouvements du yacht alterne avec ce qu'il y a de plus fugitif et d'infini dans ces moments où je regarde filer le ciel et la mer.

Poursuivant avec intérêt mon exploration des lieux, je passe de la pièce principale à un corridor bien éclairé par une demi-douzaine de hublots, en direction de ma cabine. Une peinture, dans son encadrement doré, attire mon attention. Je ne reconnais ni le nom du peintre ni l'endroit que le tableau représente, mais j'en admire les couleurs sombres et troublantes comme si le peintre avait cherché à embellir les pentes abruptes d'une montagne au faîte de laquelle s'élève une maison de granit, qui se perd dans un panorama magistral.

Un membre de l'équipage m'indique ma cabine. Celle-ci est meublée simplement mais avec goût. Je rafraîchis mon visage en le baignant d'une eau parfumée à la lavande, refais mon maquillage, brosse mes cheveux que le vent a mis en désordre et enfile un blazer de lin bleu. Puis, je reprends ma promenade.

Un grand calme règne à bord. Tranquille et moins soucieuse, je donne libre cours à ma curiosité et je visite les différentes pièces du navire. Tout témoigne d'un luxe modéré, même si les dorures des boiseries trahissent chez le décorateur une certaine ostentation.

Un sombre pressentiment me serre le cœur devant les armes et les munitions d'Aktion-Bofors exposées dans un des salons. Un canon antiaérien trône sous un grand tableau de la cordillère des Andes signé Vargas ; à travers les rayons de la lumière, une légère vapeur monte du fond d'une vallée et dirige le regard vers les cimes qui se dressent dans un ciel rose. Un condor plane au-dessus de cette solitude et ses grandes ailes emplissent à elles seules l'infini du silence qui se dégage du paysage.

Triste devant l'engin de destruction et les caisses de missiles et de munitions placées en rangées symétriques, je détourne les yeux et sens monter mes larmes… je n'ai pas le goût pour ce qui ne me plaît pas. M. Wenner-Gren exhibe, dans ce salon, des machines de cruauté et de mort.

Je m'apprête à quitter la pièce lorsqu'une voix derrière moi me fait sursauter :

– Vous n'aimez pas les armes à feu, miss Mary Ann ?

Je me retourne. M. Wenner-Gren est si près que je manque de me heurter contre lui. Je recule.

– Non, pas du tout !

– Mais, en temps de guerre, dit-il en se rapprochant, il faut des armes. Karl Marx n'a-t-il pas dit que « la force et le pouvoir sortent de la bouche des canons » !

Peut-être suis-je impuissante à dépeindre ce que je ressens vraiment, mais, en le regardant de très près – je sens son haleine sur mon visage, ce qui me trouble davantage –, je finis par croire que ses traits ouverts et souriants cachent la personnalité d'un profiteur qui trafique la mort.

J'essaie de me calmer, mais sa présence si proche me perturbe et je m'éloigne. Je relève la tête et, avec une audace que je suis loin de maîtriser, je lui demande :

– Et vos canons, ils sont pour qui ?

– Pour tous ceux qui veulent les acheter !

– Est-ce à dire que si je voulais un canon, vous me le vendriez ?

– Mais non, miss Mary Ann, que feriez-vous d'un canon antiaérien ?

– Là n'est pas la question, ce que je veux dire, c'est que vous vendez au plus offrant.

Son visage change, s'assombrit et, presque tout de suite, il éclate de rire. Ses yeux brillent étrangement.

– Vous dites toujours ce que vous pensez ?

– Mon p…

Je m'arrête à temps. Je me reprends sur un ton que je veux nonchalant :

– Oui, on le dit. Mais il semble inévitable, continué-je, que les guerres et les conflits motivent toutes sortes d'inventions ayant à voir avec la destruction et le néant. Quelle perte !

– À la guerre comme à la guerre, miss Mary Ann. Quoi qu'on pense, il y aura toujours les vainqueurs et les vaincus !

– Et vous, M. Wenner-Gren…

– Appelez-moi Axel, voulez-vous ?

J'écoute sa voix douce et je me prends à penser à un trésor caché… Je me sens devenir plus docile et je m'étonne, une fois encore, du trouble qui me submerge comme un plaisir des sens. Je cherche en lui une vision… laquelle ? Il ne faut pas que je donne un tour familier aux questions que je pose à un flibustier moderne à la solde de Hermann Goering et d'Adolf Hitler. Je décide de feindre un plus grand détachement.

– Eh bien, Axel, continué-je, on connaît vos tendances pacifistes… Sûrement la vente d'armes, de gré ou de force selon les besoins, ne peut cadrer avec votre idéal de paix !

Le moindre mouvement aurait pu compromettre la grandeur du silence qui suit ma remarque. M. Wenner-Gren me foudroie du regard. Je vois dans ses yeux combien il a horreur d'être contredit. Lentement, un grand sourire se dessine sur son visage.

– Je me dois d'aviser Son Altesse Royale, dit-il d'une voix moqueuse, que sa… cousine éloignée a la dent dure, n'est-ce pas, miss Mary Ann ?

Avec un air malin, il appuie sur le mot « cousine ».

– Vous faites à votre guise, Axel, mais ça ne changera pas grand-chose…

Pourquoi, lorsque je soutiens son regard qui ne quitte pas mon visage, est-ce que je le crois capable de repousser et de condamner tout ce qui, autour de lui, ne fait pas son affaire ? Une inquiétude fébrile s'empare de moi alors que j'écoute ma petite voix intérieure… « Sois prudente, quitte-le, Marianne, sur-le-champ. » Je me tourne vers la porte au moment où Jim surgit à mes côtés.

– J'ai oublié de vous dire, miss Mary Ann, dit Axel Wenner-Gren qui a pris un air grave et incline la tête, que M. McNish-Porter vous cherche depuis au moins une demi-heure. Je vous laisse. Nous nous reverrons au dîner.

Jim et moi allons marcher sur le pont, respirant profondément l'air de la mer. Je lis sur le visage de Jim de la contradiction et une certaine défiance ; je crois qu'il cherche à me faire des confidences. Gravement, nous prenons un siège près de la coquerie où s'affaire le personnel. Le vent s'est levé sur la mer, et, dans le ciel, il pousse quelques nuages gonflés, porteurs de pluie, qui suivent notre parcours.

– Jim, croyez-vous qu'il pleut souvent dans les Bahamas ?

– Sûrement ! Les zones tropicales se caractérisent par de fortes averses, surtout la nuit.

Quelqu'un ferme la porte de la coquerie. Jim et moi sommes isolés. Quelques oiseaux marins tournent encore autour du yacht, mêlant leurs cris plaintifs au murmure régulier des moteurs et au bruissement de la mer contre la coque du navire. Il fait beau et je me sens bien. Nous parlons à voix basse. Je respire à pleins poumons.

— Qu'en pensez-vous, Jim ? Ça s'annonce drôlement excitant, ce voyage avec notre hôte.

— Ah, vous croyez ?

— Pourquoi pas, Jim ?

— Pour la simple raison qu'il faut rester sur vos gardes, miss Mary Ann. Vous le savez.

— Bien sûr que je suis sur mes gardes, mais ça ne m'empêche pas de m'amuser…

— Pas avec des personnages comme M. Wenner-Gren ! J'en ai appris un peu plus sur lui, continue Jim, en accélérant le débit. Il est, paraît-il, le personnage le plus équivoque des Îles. Il connaît intimement, on le dit, le plus grand gangster des temps modernes, Meyer Lansky !

— Celui qui a essayé d'introduire les jeux de hasard dans les Îles ? Oui, j'ai lu quelque chose à ce sujet… Ainsi notre ami Axel le connaît bien ?… Oh là là.

— Vous en êtes au prénom avec lui, miss Mary Ann ? fait remarquer Jim d'un ton surpris.

— Il m'appelle miss Mary Ann et je dois l'appeler Axel, oui, Jim. Qu'avez-vous appris de plus ?

— M. Axel, entre autres choses, répond-il en mordant dans les mots, trafique probablement de la drogue et essaie de défendre l'accès des Îles aux juifs. Personne, dit-on, n'ose le dénoncer !

— Oh Jim, dis-je d'une voix très basse, mon père est-il mêlé à tout cela ?

— J'en doute fort, miss Mary Ann. Quand même, il a toute liberté pour entrer dans les Îles et en sortir sans aucune restriction.

J'écoute Jim. Une sorte de souffle passe de son esprit au mien pendant qu'il me raconte ce qu'il a appris au sujet de M. Wenner-Gren, balayant la fausse certitude que je m'étais forgée. Un journaliste du *Miami Herald*, alors que Jim attendait le duc et la duchesse devant l'hôtel Bilmore, lui a parlé ouvertement des soupçons qu'entretenaient les autorités américaines.

M. Wenner-Gren, d'après les rumeurs, transporterait du carburant pour le ravitaillement des sous-marins allemands, en plus de patrouiller la mer et de guider les U-Boote vers les vaisseaux alliés. Par un geste vague, Jim me laisse comprendre qu'il n'a pas terminé.

Aux yeux des habitants des Bahamas, M. Wenner-Gren est un bienfaiteur de l'humanité grâce à plusieurs sauvetages ; à chacune de ses sorties en mer ou presque et comme par un heureux hasard, il se retrouve près du lieu où un navire de guerre a coulé. Un nombre important de personnes lui doivent la vie. M. Wenner-Gren est, vraisemblablement, au courant de beaucoup de choses !

Je regarde, sans vraiment concentrer mon attention sur eux, le mur extérieur de la cabine, les cuivres, les panneaux de verre où des poissons ciselés reflètent les couleurs du prisme lorsqu'un rayon du soleil les caresse. Je pense : « Que fait mon père dans ce dilemme ? Ne se dit-il pas de ses amis ? Wenner-Gren joue-t-il sur ses anxiétés concernant sa sécurité, ses finances et sa position dans le monde comme ancien roi d'Angleterre ? »

– Oh Jim, sommes-nous tombés dans un guêpier ?

Je me tourne vers lui. Il regarde vers la poupe du navire et je suis son regard. De lourdes écumes d'un blanc laiteux bordent des vagues parallèles qui semblent, pour un court moment, nous suivre. Puis, comme s'ils venaient de nulle part, la mer se peuple soudainement de dauphins, une troupe d'au moins quelques douzaines, qui se rapprochent à toute vitesse.

– Regardez-les, Jim ! Ils sont magnifiques !

Je me lève, m'appuie contre le parapet et tends mon visage ; les dauphins sont maintenant tout près. Ils troublent à peine l'eau lorsqu'ils plongent.

– Ce sont eux, n'est-ce pas, Jim, que les marins appellent oies de mer ? C'est vrai qu'avec leur museau allongé ils ressemblent à des oies ! Vous ne trouvez pas ?

Jim semble perdu dans ses pensées, un sourire indéfini accroché à ses lèvres. Il se tourne vers moi :

– Si vous les surveillez, vous les verrez peut-être se balancer sur les vagues, les chevaucher… on dit que c'est l'un de leurs jeux… Oui, en effet, regardez à l'avant ! Prêtez l'oreille, vous entendrez leur langage… car ils se parlent entre eux.

Je passe mon bras sous celui de Jim et j'attends.

– À part les dauphins, à quoi pensez-vous, Jim ? demandé-je alors que nous reprenons notre marche en direction de la proue.

Mes paroles sont étouffées par le bruit de l'eau. La voix de Jim domine le bruit d'une vague plus grande qui se brise contre le yacht. Nous sommes seuls sur le pont.

– Nous devons prendre chaque jour comme il se présente, miss Mary Ann. Nous aurons sûrement l'occasion d'en apprendre davantage, sur beaucoup de choses, croyez-moi !

– Nous sommes bien ici, juste nous deux ! Ah, le bon air de la mer ! Profitons-en, même si notre plaisir est un peu gâté, maintenant, par nos scrupules. Peut-être n'aurons-nous pas souvent l'occasion de le rencontrer, M. Wenner-Gren !

– Nassau est une petite communauté qui suit les « saisons » si je puis dire et je suppose que les personnalités de l'endroit se croisent aux fêtes mondaines. Le duc et la duchesse sont, paraît-il, très populaires... nous serons probablement invités, vous surtout, à les suivre !

– Jim, je ne vais nulle part sans vous ! De toute façon, de quel intérêt serais-je parmi tout ce beau monde ?

– Plus que vous ne le croyez ! Vous allez attirer l'attention de beaucoup de gens, premièrement par votre beauté... pas de fausse humilité, miss Mary Ann, ensuite comme cousine de la famille Windsor. On aurait dû trouver autre chose..., ajoute-t-il entre ses dents.

Nous nous arrêtons et, d'une voix très basse, il continue :

– Si on vous voit avec un garde du corps, vous imaginez un peu ?

– Jim, je crois que WG a des doutes... en fait, j'en suis sûre... il sait qui je suis.

Ma voix traîne dans un murmure, nous reprenons notre marche.

– Il est un fin renard, celui-là...

Un jeune homme s'approche de nous et, poliment, nous prie de le suivre.

– M. Wenner-Gren vous offre le champagne dans le grand salon, explique-t-il. Il s'excuse de ne pouvoir vous y rejoindre, il est occupé à son bureau. Leurs Altesses Royales se sont retirées dans leurs cabines pour la durée du voyage.

Nous le suivons en silence. À la porte du salon, il s'écarte afin de nous permettre d'entrer.

Nous pénétrons dans une vaste pièce rectangulaire, aux murs lambrissés de bois naturel où sont sculptées des guirlandes de lierre ; il y a des teintes de lilas et de gris tourterelle sur les sofas et les fauteuils, groupés autour d'une table basse circulaire de bois sombre. Un grand vase en cuivre rempli de roses orangées est posé dans un coin, à même le plancher. Jim et moi prenons place sur l'un des sofas que le jeune homme nous indique avant de se rendre derrière le bar, où une bouteille repose dans un seau à glace. Il nous apporte deux coupes de champagne. Une musique de chambre de Mozart couvre le morne bourdonnement des moteurs, une musique douce qui me berce en cadence avec le léger roulis du navire.

Je contemple l'arche magnifique que forme la mer prisonnière des hublots et je m'approche de la porte ouverte ; il fait bon à l'abri du vent. Un long soupir annonce une vague, que je vois venir vers nous et qui meurt contre la coque du navire. Je porte mon regard vers l'inflexible horizon, où le bleu pervenche s'oppose à l'aigue-marine.

Jim et moi prenons notre repas seuls. Jim me parle du climat et de la géographie des Îles et émet quelques vagues commentaires politiques. Un deuxième verre d'un bon vin de Bourgogne, une Nuit Saint-Georges, atténue, petit à petit, l'atmosphère de gravité quasi religieuse qui règne autour de nous. Un concerto pour piano de Grieg (sûrement le choix de M. Wenner-Gren) a remplacé la musique de Mozart et semble avoir pour mission de faire cheminer nos pensées vers celles de notre hôte. Au fait, où est-il, notre prévenant hôte ? Toujours dans son bureau ?

De nouveaux effluves marins se répandent dans l'air. Le navire file calmement, dans un bruit qui me semble plus doux. Je me sens subitement lourde… ai-je besoin de sommeil ? Jim m'accompagne jusqu'à ma cabine, voisine de la sienne. J'ai un peu peur de me retrouver seule, le bleu chaud de la nuit tombante me trouble, et je cache mon visage dans mes mains. Une grande fatigue, soudainement, me fait trembler.

– Jim, j'ai peur et je ne sais pas pourquoi… Bercez-moi comme vous seul savez le faire… s'il vous plaît, Jim !

Il entre dans ma cabine, me prend dans ses bras et, durant quelques minutes, il me garde contre lui. Ma tête posée sur sa poitrine, j'écoute son cœur battre, d'abord à un rythme normal, puis plus vite…

Il se penche, embrasse ma joue, longuement…

– Dormez bien, miss Mary Ann, je vous appelle pour le petit-déjeuner.

Et il me quitte déjà, sans avoir eu le temps de me rassurer, comme il savait si bien le faire autrefois. Pourquoi les gens changent-ils en vieillissant ? Pourquoi Jim ne comprend-il plus mes besoins ?

CHAPITRE X

Il fait beau à mon réveil et je suis surprise d'avoir si bien dormi. Je me suis laissé bercer par le doux roulis du navire. Les cris perçants des mouettes m'empêchent cependant de me rendormir. Je me redresse dans ma couchette et tire légèrement les rideaux du hublot... ce tintamarre annonce peut-être que nous approchons de la terre. Je me sens un peu paresseuse et je retombe nonchalamment sur mon lit. Je veux profiter de ce confort sur la mer. Nous voguons lentement, le bruit des moteurs est assourdi. Au plafond de ma cabine se superposent des reflets irisés, des miroitements lumineux qui exécutent une chorégraphie fluide. J'ai l'impression que je pourrais plonger, si le cœur m'en dit, dans l'eau brillante dont la vie flambe au plafond.

Les rideaux complètement tirés, c'est un éblouissement total. Mon Dieu, qu'il est loin mon Saint-Laurent ! Comment pourrais-je comparer la nature mystérieuse de mon fleuve canadien à cette étendue scintillante qui flamboie glorieusement devant mes yeux ? Le regard émerveillé, je fixe l'eau qui me rappelle les couleurs de la calcédoine. Ces teintes de rêve, si j'ose dire, excitent mon imagination pourtant déjà fertile. La proue du yacht fend nonchalamment les flots et une écume blanche se forme sur ses flancs. Dans le lointain, je commence à distinguer, sous le ciel d'azur, tranquille et limpide, les contours de Nassau, cette ville que Churchill a surnommée le « Ganymède du Nouveau Monde ». D'après ce que j'ai lu dans la mythologie grecque, Ganymède était un adolescent d'une très grande beauté que Zeus, transformé en aigle, avait enlevé et emporté sur l'Olympe où il fut chargé de servir le nectar aux dieux.

Ma toilette terminée, j'enfile une robe neuve, puis je me maquille. L'air marin a rendu mes boucles plus soyeuses, mais aussi plus rebelles. Je brosse mes cheveux avec vigueur tout en regardant à travers le hublot. La couleur si pure du ciel m'attire sur le pont. Les quatre coups convenus résonnent contre ma porte. C'est Jim... Derechef, nous prenons le chemin de la salle à manger. Dans le poste de pilotage, j'aperçois un jeune homme, écouteurs aux oreilles, assis devant une console équipée de cadrans et d'instruments divers. Un autre homme, le capitaine sans doute, est au gouvernail. Il garde les yeux fixés devant lui. Quelques mots décousus, « ... *Guten Tag... Das Fräulein... Danke Schön...* », arrivent jusqu'à nous, un peu désincarnés, étouffés par le ronronnement des moteurs.

Je m'approche de Jim et murmure :

– M. Wenner-Gren a des Allemands parmi son équipage !

– Oui, en effet !

Il n'y a personne dans la salle à manger. Une grande corbeille de pêches de la couleur d'une aurore naissante trône au centre de la grande table, à côté d'un panier de brioches dorées et de petits pains au lait.

Nous prenons place devant les seuls couverts qui s'y trouvent.

– On dirait que nous n'avons pas de compagnie pour le petit-déjeuner, dis-je.

– Le duc et la duchesse prennent le leur dans leur suite…

M. Wenner-Gren s'est avancé en silence derrière nous. Alors qu'il s'approche de la table, je le dévisage et le trouve étrangement beau. Il se penche et prends ma main. Le temps qu'il garde ma main dans la sienne s'écoule dans le silence.

– Vous avez passé une bonne nuit, j'espère ? me demande-t-il finalement.

– Oui, très bien. Par moments, je me croyais dans un berceau et c'était très agréable.

– Et vous, monsieur McNish-Porter ?

Jim repousse une mèche de cheveux, rajuste le col de sa chemise ouverte et, nonchalamment, répond à notre hôte.

– Parfaitement bien, je vous remercie. Le *Southern Cross* est vraiment très confortable. D'après ce que j'ai eu le loisir d'observer, c'est ni plus ni moins un palais flottant !

Jim a mis dans sa réponse une pointe d'ironie que je ne suis pas seule à saisir. Les deux hommes s'observent et se jaugent. Les yeux de M. Wenner-Gren se rapetissent et son visage se referme. Craint-il l'ironie ? Pour rompre le silence qui vient de s'installer entre eux, je lui demande, souriante et pleine d'entrain, à quelle heure il estime que nous arriverons à Nassau.

– Nous entrerons dans le bassin à neuf heures quarante-cinq comme prévu.

Il a repris contenance et il parle d'une voix naturelle et égale. Ses yeux se posent sur moi avec insistance.

— Le duc et la duchesse de Windsor vont se joindre à moi sur le pont, pour notre arrivée. J'espère que vous me ferez l'honneur de votre présence. J'y compte beaucoup.

L'interrompant presque, c'est Jim qui répond à ma place :

— Oui, nous voulons bien.

M. Wenner-Gren regarde Jim et sourit.

— Monsieur McNish-Porter, lui demande-t-il, comptez-vous rester à Nassau longtemps ?

— Aussi longtemps que nécessaire, lui rétorque Jim sèchement.

Tout en répondant il soulève le couvercle en argent d'un plat d'œufs brouillés, puis il s'exclame :

— Ah, avec des anchois, mon petit-déjeuner favori !

Jim laisse traîner ses mots. M. Wenner-Gren agite vivement une main en l'air comme pour demander la parole, presque impatient semble-t-il.

— Vous êtes donc au service du duc de Windsor ?

— Oui, bien sûr. Qui d'autre ?

— J'ai cru que vous étiez le garde du corps de mademoiselle…

Jim a pris un air espiègle, sans doute pour imiter l'attitude de son interlocuteur. J'ai le sentiment croissant d'assister à un match de tennis en les écoutant. J'appréhende un peu la réponse de Jim à cette dernière remarque.

— Est-ce que vous cherchez à être clairvoyant, monsieur Wenner-Gren ?

Les gestes et le regard de M. Wenner-Gren expriment une forte contrariété. Il nous dévisage l'un et l'autre à tour de rôle et je sens qu'il a peine à contenir sa colère. Son dépit et sa frustration jettent un froid annonciateur de problèmes. Je découvre ainsi en lui un double visage, une double identité presque : d'un côté, l'être social, séducteur, intelligent et grand seigneur aux manières raffinées, de l'autre, le manipulateur, celui qui veut contrôler, maîtriser, et qui me témoigne à présent une hostilité glaciale et presque cruelle.

– Pourquoi aurais-je besoin d'un garde du corps, Axel ? lui demandé-je d'une voix que je cherche à raffermir.

– Vous le savez mieux que moi, miss Mary Ann, dit-il durement, en insistant sur le « miss ».

Par chance, la sirène du *Southern Cross* met fin à la conversation. M. Wenner-Gren se lève brusquement. Son regard perçant est encore fixé sur moi et j'ai du mal à le soutenir.

– Je vous attendrai tous les deux sur le pont, fait-il avant de s'éclipser sans autre forme de salutation.

Nous entrons donc dans le port de Nassau à neuf heures quarante-cinq minutes précisément. Mon père, Wallis et M. Wenner-Gren se tiennent déjà sur le pont et observent les manœuvres. Mon père m'interroge des yeux comme si c'était le moment des confidences. Il doit comprendre que je suis émue. Je lui fais un signe de la main pour le rassurer. Une expression douce passe sur ses traits, qui semble signifier « Ne t'avais-je pas dit que c'était fantastique ! »

Je porte la main à ma joue comme si je voulais me protéger du regard de M. Wenner-Gren qui m'épie. J'hésite à regarder dans sa direction. « Sois prudente, Marianne, pensé-je, ne lui laisse pas voir ton émotion… »

La voix doucereuse de ma belle-mère, par chance, domine la conversation. Son visage d'ordinaire figé s'anime et on dirait qu'elle est heureuse. Elle s'adresse surtout à notre hôte dans une conversation aimable et sans profondeur à laquelle M. Wenner-Gren se prête avec empressement.

Je ne souhaite pas m'en préoccuper, car, en cette merveilleuse matinée, je préfère m'abandonner à une langueur quasi mélancolique. Un frisson précurseur de promesses traverse mon corps. Claude m'attend-il à Nassau ? Le fil de mon imaginaire m'isole des autres, mais j'entends le capitaine nous indiquer les îles d'Andros et de New Providence, que nous contournons avant d'entrer dans le port de Nassau. Une mouette qui nous suit depuis un certain temps pousse un long cri si étrange qu'il donne l'impression d'une souffrance. Je secoue la tête afin de chasser toute idée de mauvais présage.

Mon père s'approche de moi.

– *How are you, darling ?*

– Très bien, dis-je dans un murmure. Je désirais vous voir…

– Moi aussi, j'avais besoin de ta présence…, répond-il doucement.

Puis, d'une voix plus haute, il ajoute :

– Ma chère Mary Ann, nous voilà presque à la maison, n'est-ce pas que c'est beau ?

– C'est vraiment magnifique !

Devant nous s'étendent de superbes plages de sable fin et blond, abritées en partie par l'ombre claire de grands palmiers qu'agite à peine un zéphyr parfumé. La lumière vive inonde la nature gorgée de chaleur. À fleur d'eau ondulent les silhouettes de quelques palmiers, irrésistiblement attirés par la mer, gardiens, semble-t-il, des rochers sculptés par les vagues et qui évoquent des déesses marines.

– Ces demeures coloniales que vous voyez ici, explique mon père en faisant un geste vers des constructions rose bonbon ou d'un blanc immaculé, datent du siècle dernier et sont habitées par les grandes familles des Bahamas, des Blancs, bien sûr, précise-t-il.

Sa remarque n'a pas eu l'air d'offenser personne autour de lui, son regard est confiant et il continue de nous instruire en nous relatant certains faits historiques. Je ne peux le contredire en public, mais je sais bien que la majorité de la population des Bahamas est de race noire. Je regarde mon père – son visage ouvert ne montre pourtant aucune trace d'artifice. Mon regard se porte de nouveau sur ces résidences grandioses ; certaines sont enfouies sous les arbres. Çà et là flottent, accolés à la berge, des pontons privés, comme autant de symboles de cet univers de luxe et de privilèges qui s'associe au colonialisme britannique.

Je me tourne vers Jim et lui souris. Il se tient un peu à l'écart, près de la duchesse. Ma belle-mère est, selon toute apparence, remise de ses malaises. Je n'ose me rapprocher d'elle sans y avoir été conviée. Nos regards se croisent. Elle esquisse une sorte de grimace souriante, comme si elle luttait contre une contrariété. Cela ne me blesse pas puisque je connais son manque de chaleur envers moi. Après m'avoir indiqué Cable Beach où il va se baigner tous les jours, mon père retourne près de sa femme et prend sa main dans la sienne.

Derrière moi, dans le poste de pilotage, M. Wenner-Gren gesticule et crie. Par le ton de sa voix, on devine qu'il n'est pas content. Serait-il tyrannique avec son équipage ? Je détourne mon regard. Lorsqu'il nous rejoint, il a repris un air normal et souriant.

– Votre Altesse Royale, dit-il à l'adresse de mon père qui a arrêté de parler, je crois qu'un comité de réception vous attend sur le quai afin de marquer votre retour, et bien entendu celui de Votre Altesse Royale, continue-t-il en inclinant la tête vers ma belle-mère.

Je ris intérieurement. Est-ce de l'improvisation de la part de M. Wenner-Gren ou simplement la manifestation d'un penchant naturel à la flatterie chez cet homme du monde ? Il sait pourtant que la famille royale anglaise n'élève pas n'importe qui au rang d'Altesse Royale ! Le visage de mon père reste impassible, à l'exception d'un petit mouvement nerveux des paupières. Ma belle-mère susurre d'un ton mielleux :

– Comme c'est gentil à vous de me le rappeler, mon cher !

Lui rappeler quoi ? Qu'elle n'est pas seulement « Votre Grâce », comme l'a décrété mon oncle, le roi d'Angleterre ? Dans sa robe blanche, elle a l'air encore plus pâle aujourd'hui. Tout à coup, deux petits chiens, des cairns, surgissent de je ne sais où et bondissent sur le pont en jappant frénétiquement. Ils se frottent contre les jambes de la duchesse, qui leur chuchote langoureusement : « Allez, mes amours, *mommy* vous verra dans un instant. » Les animaux sont entraînés vers la passerelle par un officier de bord et sont les premiers à débarquer.

Quelques applaudissements se mêlent aux cloches de l'église qui égrènent les heures. Les chiens tirent sur leurs laisses et se dirigent vers une voiture noire, dont la portière arrière est ouverte pour eux. Ils ont l'habitude, on dirait, et voilà qu'ils s'installent sur la banquette. L'officier de bord tient toujours leurs laisses dans ses mains.

Mon père et ma belle-mère reçoivent gracieusement les acclamations et les applaudissements d'une petite foule entassée derrière un cordon d'agents de police. Mon père tient le bras de sa femme serré contre lui et ils se parlent à voix basse, tout en regardant devant eux. L'endroit est bon, à l'abri du vent, bercé par le léger clapotis des vagues entre les ventres des bateaux amarrés. Sur le débarcadère s'entassent une profusion de fleurs où le rouge domine.

– Probablement destinées au marché de Miami, me murmure Jim. Je ne crois pas que ces fleurs soient là pour notre arrivée !...

J'observe les visages tournés vers nous, beaucoup de curieux sans doute, et vois quelques doigts pointés vers moi.

– Je suppose qu'on se demande qui je suis, dis-je à Jim à voix basse.

– Ce n'est pas tous les jours qu'on reçoit une beauté blonde aux Bahamas, me répond-il en souriant.

Un comité de réception, comme l'a présumé M. Wenner-Gren, nous attend en effet. Un officier d'ordonnance, accompagné par le capitaine de port et un haut fonctionnaire du gouvernement, emprunte la passerelle et monte à bord.

Notre hôte se tient droit et fier sur le pont de son yacht. Je ne peux qu'admirer sa haute et digne silhouette lorsqu'un rayon de soleil vient frapper sa chevelure blanche de Viking. Pourquoi n'aurait-il pas sa place dans l'histoire des Vikings ? Ses activités, son esprit d'aventure, son aspect physique et, d'après les dires de Jim, sa férocité et sa malice devraient faire de lui un conquérant des mers. Oui, M. Wenner-Gren exerce sur moi une fascination qui me fait peur…

Il accompagne le duc et la duchesse ainsi que leur escorte jusqu'au débarcadère. Je ne peux refuser la main qu'il me tend à la descente du bateau.

– Je suis si heureux d'avoir fait votre connaissance, miss Mary Ann, et j'espère vous revoir bientôt. Puisque vous allez demeurer à Nassau, nous aurons certainement l'occasion de nous rencontrer.

Il penche sa haute taille… ses lèvres sont douces sur ma main. Je lui souris et le remercie, sans retirer ma main ; je ressens le frisson d'un dernier plaisir mêlé d'hésitation. Jim se tient derrière moi ; M. Wenner-Gren le regarde longuement, puis, finalement, lui tend la main.

J'éprouve des émotions intenses lorsque je foule cette nouvelle terre. Je cherche aussi à échapper à l'emprise d'Axel Wenner-Gren. Des odeurs parfumées emplissent mes narines. Tout est nouveauté et doux contentement à mes yeux. Et si, tout d'un coup, Claude apparaissait, là, devant moi, je n'en serais pas surprise. Comme dans un rêve encore obscur, mes yeux cherchent une silhouette, celle de Claude ? Puisque je suis maintenant à Nassau, rien ne peut m'enlever ce fiancé qui doit venir me retrouver. La foule continue d'applaudir derrière nous. Je vois une femme noire, solitaire, près de la jetée, qui agite une main ; instinctivement, je réponds d'un sourire… dans son visage sombre, son sourire est éclatant et je la trouve belle.

Je me tourne vers le *Southern Cross*. M. Wenner-Gren m'observe toujours. Je le salue une dernière fois. Il n'a pourtant pas l'air de l'ogre des contes de fées. Il en a cependant la taille...

— Où allons-nous ? demande la duchesse à l'officier de garde.

— À la résidence du gouverneur, Votre Grâce, répond-il. Les travaux de réfection sont terminés et tout a été déménagé de Westbourne.

— J'en suis heureuse, déclare ma belle-mère avec un sourire.

Mon père insiste pour que je monte dans leur voiture et non dans la seconde, avec Jim, comme le suggère ma belle-mère. Le visage de Wallis arbore un mauvais air qui dure quelques secondes, jusqu'à ce que l'un de ses petits chiens soit installé sur ses genoux. L'autre grimpe sur les genoux de mon père. La foule se disperse aux abords de la jetée et le long des rues adjacentes.

— Nous allons habiter enfin notre demeure, dit Wallis en caressant son chien Pookie. *Darling*, continue-t-elle en regardant son mari, vous aurez finalement le *home* qui vous convient.

— Grâce à vous, dit-il en baisant sa main.

CHAPITRE XI

Nassau est une petite ville comparable à un tableau multicolore, qui donne au visiteur une image hétérogène. Elle est dominée, et cela je l'apprends durant mon séjour, par les commerçants cossus de Bay Street et par les familles riches qui y vivent pendant la saison hivernale. En attendant de connaître la population cosmopolite de Nassau, je m'absorbe dans la contemplation des paysages magnifiques d'une île semitropicale où la lumière invente des éclairages presque surnaturels.

Notre voiture est précédée par un policier à motocyclette et deux autres policiers suivent en convoi. Nous nous engageons sur la route qui longe la mer, en passant devant les appartements Berkeley qui jouissent d'une vue exceptionnelle sur le port. De petites maisons cachent une partie du port où se trouve un bassin qui sert de carénage. Les bateaux amarrés le long des quais en rangs serrés font partie intégrante du paysage de la ville.

– *Darling,* me dit mon père, regarde à droite, voilà le Nassau Country Club. Tu pourras jouer au tennis ou faire de la natation, si tu le désires...

– Bien sûr, Mary Ann, renchérit la duchesse, si vous êtes sportive, cela vous plaira. *Darling*, dit-elle en reportant immédiatement son attention sur son mari, je suis si heureuse de pouvoir vous offrir une demeure qui, bien qu'elle ne soit pas encore totalement à votre hauteur, est digne, quand même, de votre rang et de votre statut...

« Ma belle-mère se répète, pensé-je. Commence-t-elle à radoter ? »

– Merci, *darling*, dit-il, je...

– Votre père, Mary Ann, enchaîne-t-elle sans laisser le temps à mon père de lui répondre, n'a jamais eu une propriété à lui, mis à part notre merveilleux Fort-Belvédère, près de Windsor, en Angleterre.

Ma main se porte automatiquement sur le médaillon attaché au bracelet que je garde toujours à mon poignet. Je le touche du bout des doigts... « MON Fort-Belvédère, aurait-elle dû dire ! pensé-je... Elle a aussi dit "Votre père" ! Nous progressons... »

– C'est très important pour le duc de Windsor d'avoir un *home* convenable, continue ma belle-mère en s'enfonçant davantage dans les coussins de la voiture. J'ai dépensé mon énergie et déployé mes efforts pour que cette résidence du gouverneur soit remise à neuf. Pour vous, *darling*, ajoute-t-elle encore en s'adressant à mon père.

Je me demande si elle cherche à m'amadouer par des confidences sans conséquence. Je préfère, après tout, l'indifférence qu'elle m'a manifestée à notre première rencontre. Je ne m'arrête pas sur cette pensée et continue simplement de jouir de cette belle matinée. Tout près, les riches devantures des boutiques se succèdent et les trottoirs de Bay Street grouillent de monde. Plus loin, j'aperçois un parc si blanc de soleil qu'on croirait un champ de neige.

— Nous sommes déjà sur George Street, dit mon père. Regarde, Mary Ann, là-haut, voilà la résidence du gouverneur.

Devant nous, tout en haut de la butte, s'élève une grande villa. Palladio lui-même aurait pu y avoir mis la dernière touche. L'architecture classique et harmonieusement proportionnée de la résidence peinte dans des tons rosés rehaussés de blanc crayeux me laisse rêveuse. Ma première impression est bonne. Alors que nous nous approchons des hautes grilles fermées, mon regard se rive sur une statue érigée sur un socle installé au milieu des escaliers. Elle représente un colosse brandissant une épée, la cape relevée sur l'épaule.

— Qui cette statue représente-t-elle ?

— Ma chérie, dit mon père, cet homme est Christophe Colomb !

— Colomb aux Bahamas ?

— En effet, chérie, c'est lui qui a découvert les Bahamas, en octobre 1492. Il a débarqué, au cours de son premier voyage, dans une des îles, qui est maintenant San Salvador.

— Eh bien, je l'avais oublié, dis-je en me tournant vers la statue.

La voiture vire à droite et s'engage dans la cour gravillonnée de la villa. Un soldat en faction présente les armes. Le chauffeur gare la voiture sous un porche imposant soutenu par de grandes colonnes.

Je continue de fixer la statue de Christophe Colomb, de dos, et à l'instar de celle-ci, je vois la ville en contrebas ; elle paraît plus petite des hauteurs où nous sommes. Des voiliers blancs dansent sur le miroir bleu de la mer et je les compare à des cygnes endormis.

– Bonjour, Sidney, dit mon père au maître d'hôtel qui s'incline devant lui. Il est bon de retrouver Government House !

– Le personnel et moi-même désirons vous souhaiter la plus chaleureuse bienvenue, Sir, déclare Sidney avec un large sourire. Nous espérons tous que Madame est rétablie.

– Oui, Dieu soit loué, répond mon père en descendant de voiture. Veillez à ce que les bagages de Mlle Mayol soient placés dans la chambre du devant, en face de la nôtre. Merci, Sidney.

Avant de suivre mon père et sa femme à l'intérieur de la maison, je regarde brièvement les hautes grilles du côté de la rue qui ferment l'entrée, au pied d'une série de trois longs escaliers. Des jeux d'ombre, sous les palmiers, laissent percer les fleurs aux couleurs flamboyantes des poincianes et des hibiscus. Avoisinant la résidence, l'église Saint Andrew et son clocher se détachent dans l'espace lumineux.

Je remarque que tout le personnel est habillé de bleu royal. Chacun exécute une petite révérence lorsque la duchesse et mon père montent les quelques marches. Je les suis. L'autre voiture vient d'arriver. « Jim est là, enfin », me dis-je. Nous entrons dans le grand hall. Ma belle-mère garde un sourire fixe, impénétrable, qui gonfle ses joues (je remarque à l'instant que sa joue n'est plus enflée) et lui donne une expression énigmatique et victorieuse, comme si elle avait triomphé d'un adversaire. La résidence du gouverneur a été aménagée selon ses goûts personnels, et le financement accordé par le gouvernement britannique pour la rénovation a été dépassé de près de huit mille livres. Cela a, bien entendu, déchaîné une petite crise politique. Mais Wallis a eu gain de cause.

« Je suis chez mon père, pensé-je. Enfin, mon attente ne peut être longue... Claude sera ici, bientôt... » Je crois que j'ai parlé à voix haute et je rougis. Mes rêves vont se réaliser et le souvenir docile de nos amours qui ont fait de nous des amants pressés de vivre me réconforte. Je respire profondément en me dirigeant vers le grand salon où mes parents, immobiles, regardent autour d'eux.

– *Father*, savez-vous s'il y a du courrier pour moi, de Claude ?

– Une minute, *darling*, je vais voir.

Il se dirige vers une magnifique table Louis XV qui agrémente un coin du salon et prend le courrier qui a été déposé sur un plateau d'argent.

– Non, *darling*, il n'y a rien. Cela ne tardera pas, j'en suis sûr, ma chérie. Viens avec nous, nous allons visiter.

Ma belle-mère se tient près des grandes fenêtres du salon. Ses cheveux noirs sont tirés et lustrés comme souvent. Elle nous observe. Elle esquisse un geste d'indifférence, un demi-sourire flotte sur son visage. Le feu d'un diamant brille à sa main gauche. Je tressaille. Pourquoi suis-je toujours sans nouvelles de Claude ? Soudain, je me sens isolée de tout et, en plus, je souffre d'un début de migraine.

J'accompagne mon père et sa femme qui se rendent à la bibliothèque. Avec un certain orgueil, mon père m'indique une très belle commode en bois d'ébène sculpté qui a appartenu à la famille des Windsor, et le piano.

– *Darling*, dit-il en regardant Wallis, Mary Ann joue à merveille. Croyez-vous que nous pourrions lui demander de jouer au bal du jour de l'An ?

– Si elle joue aussi bien que vous le prétendez, pourquoi pas ! Je suis sûre que Noël Coward va nous délecter de ses chansons et de sa musique. Mary Ann pourrait nous présenter quelque chose de plus classique… si c'est sa spécialité.

– Je jouerai avec plaisir pour vos invités ! dis-je.

Wallis s'arrête devant un canapé recouvert de soie sauvage bleu et jaune et s'y assied. Elle fait signe à mon père de venir la rejoindre. Je m'installe en face d'eux dans un fauteuil. Je m'efforce d'écouter leur conversation – le bal, les invitations qui ont été lancées et tout le tralala. Moi qui n'ai pas de projets, je garde une oreille distraite. Mon regard va de mon père à ma belle-mère, j'ai l'esprit un peu confus, j'essaie de me concentrer sur le visage de Wallis qui alterne de la mélancolie à une fausse vivacité. Lorsqu'un rire strident s'échappe de sa bouche, je ne peux m'empêcher de sursauter.

Wallis est une mondaine. En épousant mon père, elle a repoussé une vie d'amours nombreux et peu sages, si l'on en croit les journalistes. A-t-elle déjà connu la souffrance de l'amour ? Je me rappelle avoir lu dans la presse internationale qu'elle avait accepté, avant l'abdication, de renoncer à Edward, montrant ainsi au grand public qu'elle n'avait aucun désir de devenir reine. Mon père en avait décidé autrement et il l'avait épousée. Il avait besoin, avait-on dit, de sa force et de sa ferveur.

Les voyant tous les deux ensemble dans leur nouvelle bibliothèque, j'essaie de mieux comprendre la passion dévouée de mon père. Dans mon for intérieur, je suis consciente de l'inégalité de la partie... Je connais peu Wallis, c'est vrai, mais je reste persuadée que les grandes émotions ne peuvent la faire vibrer comme mon père. Ses yeux brillent d'aise dans cet environnement de luxe. Elle a finalement choisi ce qu'il y avait de mieux pour elle, nul doute ! Elle a épousé un ex-roi sans recevoir les titres et les privilèges accordés à une épouse royale, et, dans sa vie publique, elle ne peut compter sur le soutien de la cour d'Angleterre et de la famille royale.

Nous continuons notre visite au rez-de-chaussée. Le plus grand des salons ouvre sur la terrasse, qui nous offre, en contrebas, une vue splendide sur les jardins en pente vers le nord de la butte – Government House est en effet bâtie sur la seule éminence de l'île. Sur un des murs du salon est accroché un portrait de la duchesse de Windsor, par Gerald Brockhurst, qui domine la pièce – c'est là que s'impose la suprématie de ma belle-mère.

Je crois en fait que Government House a été rénovée pour la « gloire » de Wallis Windsor. Une série de photos, que je regarde tout au long de notre visite, indiquent que ce salon, au cœur même de la résidence, est dédié à Wallis Windsor. Le duc de Windsor demeure au second plan. Les portraits officiels de la reine Victoria et de la reine Mary sont moins en vue. Je remarque qu'il n'y a aucun portrait de mon père. Les tableaux qualifiés d'infâmes par ma belle-mère, qui ont agrémenté le règne des gouverneurs du passé, ont été remplacés, sur deux pans de mur, par d'exquises miniatures royales.

Dans la salle à manger, la même élégance règne. Les murs sont recouverts de papier marbré et des rideaux bleu pastel ornent les baies, dans le style dispendieux de Wallis. Non sans fierté, mon père indique tout spécialement la longue table en acajou qui mesure au moins vingt-quatre pieds de longueur. Il l'a fait fabriquer à Nassau, ainsi que les chaises de style Chippendale.

– En effet, c'est une bien longue table, dis-je. Une vingtaine de personnes doivent y trouver place.

– Combien de couverts autour de cette table, *darling*? demande-t-il avec enthousiasme.

– Oui, c'est bien ça, une vingtaine !

Les deux petits cairns, qui suivaient mes parents comme leur ombre et qui ont disparu depuis quelques instants, entrent en trombe et s'élancent vers eux.

– Eh bien, vous deux ! s'exclame ma belle-mère en se penchant pour les caresser, votre nouvelle maison vous plaît-elle ? *My little darlings*, vous avez bien mangé ? Mlle Moulichon vous a bien brossés après votre voyage, n'est-ce pas ? Allons, suivez-moi !

Les deux petits chiens sautillent et font des cabrioles. Mon père applaudit comme un grand enfant heureux, un sourire de bonheur sur son visage. Les chiens nous emboîtent le pas. Et moi ? Je n'exige pas tant, un peu d'attention peut-être, malgré que ce me semble de plus en plus difficile à obtenir. Je m'offre un petit moment d'évasion en admirant un grand tableau de mon arrière-grand-père, le roi Edward VII, dans une tenue militaire resplendissante. Je reconnais les traits de mon père, surtout les yeux… j'éprouve un vif plaisir et beaucoup de fierté de me savoir liée par le sang à ce vieux monarque anglais du début du siècle. Je ne vois pas en lui la soumission de mon père. En l'observant de plus près, mon cœur saute dans ma poitrine. Était-ce son fantôme que j'ai cru voir à travers la fenêtre de ma chambre, lorsque j'étais toute petite dans mon couvent cloîtré ? Oui, j'en suis sûre… le même uniforme rouge, les décorations… oui, c'était lui ! Je lui souris.

La visite des lieux continue et je suis avec réticence mes parents et leurs chiens. Je m'efforce de porter des regards approbateurs sur ce qu'ils me montrent. Dans l'étude de mon père, un genre de studio-bureau, tout en jonc d'Inde et habillé de tissu indien imprimé, un bureau étroit fait face à des canapés aménagés en arc de cercle ; là aussi, ma belle-mère domine par sa présence… deux photos d'elle ont la place d'honneur sur le bureau. Des cartes topographiques des îles accrochées aux murs donnent à la pièce un cachet plus « officiel ».

– Imagine, Mary Ann, dit mon père, ce petit chef-d'œuvre a été aménagé par la duchesse. *Thank you, darling*, poursuit-il en se tournant vers sa femme, un grand sourire aux lèvres. Tu vois sur cette table, Mary Ann, la boîte en bois ? Eh bien, elle a été fabriquée avec du bois provenant du *Victory*, le navire de l'amiral Nelson. Et là, le porte-pipes avec cinquante de celles que je préfère ; ici, un poignard de marin et un bâton de maréchal. Enfin, comme tu vois, j'ai mon petit coin avec mes trésors autour de moi.

Je comprends mieux l'exubérance bon enfant de mon père lorsqu'il s'arrête devant le lit, placé dans une encoignure un peu sombre. Le bleu royal domine sur le couvre-lit, les coussins et même la bordure de l'encadrement d'une représentation de l'île de New Providence. Ma belle-mère aussi s'anime en jetant un regard complice vers le lit. Elle chuchote quelque chose à l'oreille de mon père, leurs têtes se touchent, et elle éclate de rire. Le parfum entêtant des fleurs d'oranger se répand dans cette pièce. À les voir heureux ensemble, je les trouve beaux. Je les gêne, peut-être !

Je suis doublement émue devant trois lambrequins qui ornent le ciel de lit. Avec un peu de nostalgie, j'y vois les symboles du très noble ordre de la Jarretière, l'ordre de chevalerie auquel aspirent le plus les aristocrates anglais ; l'initiale E est brodée en gros caractères. Sur les autres étoffes, je distingue bien le blason du prince de Galles, avec ses trois plumes, et celui de l'*Order of the Thistle* écossais. Sur son bureau, des cendriers qui datent de 1936, l'année du règne de mon père, et qui portent l'inscription *Edwardus Rex*. Leur vie se construit tout de même sur l'héritage du passé.

Dans le confort de leur demeure, mon désir de solitude m'accable subitement. Je m'abstiens de tout commentaire et demande d'une voix un peu triste :

– Et ma chambre, à moi ?

J'interromps leur dialogue muet, mais ils n'en semblent aucunement troublés.

– Nous y arrivons, Mary Ann.

Ils me laissent devant une porte.

– Notre chambre est en face, dit mon père.

Ils me quittent.

J'y entre comme on accède à un refuge. Je m'appuie un instant contre le chambranle de la porte et je soupire profondément. Placé entre deux fenêtres, un grand lit à baldaquin s'impose dans une chambre très « jeune fille » ; le couvre-lit me rappelle un assemblage de fleurs aux coloris qui vont du rose le plus pâle au rose corail le plus vif ; le motif floral se répète dans les rideaux. Un tapis rose recouvre le parquet en bois exotique odorant.

Ma chambre à coucher donne sur une autre pièce, plus petite, mais aussi claire qu'une serre. Elle contient un mobilier en rotin blanc. De belles orchidées blanches décorent l'endroit. Oui, j'en ferai mon cabinet de travail et mon refuge. Une salle de bains, aussi exquise que le reste, complète mon nouveau chez-moi. Mes malles ont été déposées dans ma chambre ; je m'empresse de les défaire et de tout ranger dans les armoires et les placards.

Soudain, je chancelle ; la chaleur est étouffante dans la pièce fermée. Je me précipite vers une fenêtre. Je respire à pleins poumons. En me haussant sur la pointe des pieds, j'aperçois le dessus de la tête de Christophe Colomb. La ville de Nassau s'étale nonchalante en contrebas. Un bras d'eau sépare l'île en deux. C'est d'ailleurs de ce côté que M. Wenner-Gren a fait bâtir sa demeure, Shangri-La, dans Hog Island, une île séparée de Nassau par ce même bras d'eau...

Je vois apparaître Jim, débouchant d'une petite avenue du jardin. Il s'arrête au pied de l'escalier, lève les yeux et me fait signe de la main. Je m'empresse de le rejoindre.

– Vous faites votre ronde ?

Il soulève son chapeau de paille.

– Oui, miss Mary Ann, en quelque sorte.

– Où logez-vous ?

– Là, près des bureaux, répond-il en m'indiquant un autre bâtiment de même style que la résidence principale. J'ai une très belle vue sur les jardins et je suis bien installé. J'espère que Margaret viendra bientôt m'y rejoindre... Vous voulez visiter les jardins ?

Il m'entraîne vers la grande allée. Tout en marchant, nous bavardons, comme nous aimons toujours le faire, de tout et de rien. Et comme d'habitude, pas un mot sur sa femme. Un oiseau aux couleurs de l'arc-en-ciel sautille de branche en branche et nous accompagne alors que nous continuons de découvrir le jardin. Les plates-bandes abondent de cactées aux tiges charnues que côtoient d'énormes plantes exotiques que je n'ai encore jamais vues. Plus en avant, sur le fond des masses sombres et compactes de grandes fougères, ce sont des buissons d'hibiscus qui étalent leur profusion de fleurs orangées. Dans chaque petit coin, la nature explose de couleurs, de parfums et de lumière.

Immanquablement, nous en venons à parler de M. Wenner-Gren. Nous nous asseyons sur un banc, à l'ombre des palmiers.

– Qu'avez-vous appris encore sur lui ? Je vous en prie, je suis impatiente de savoir, Jim.

– Certes, miss Mary Ann, je glane continuellement d'autres renseignements sur cet énergumène. C'est un drôle d'homme. Il s'est rendu en Allemagne en 1939 et a rencontré Goering. Il lui a offert un bâton de maréchal, une boîte de thé chinois et une photo de lui-même, avec son autographe. Il paraît que Goering traîne son bâton partout. Il y a autre chose d'encore plus alarmant... WG est, paraît-il, l'homme de confiance de Gustav Krupp...

– J'ai lu quelque chose sur lui... L'armement et le matériel de guerre, c'est bien ça ?

– Oui, c'est bien lui ! Un nazi ! En plus d'être le fondateur de la compagnie Electrolux et son directeur en

Suède et aux États-Unis, Wenner-Gren a le monopole des armes Aktion-Bofors. Vous vous souvenez des modèles à bord de son yacht ? Il agit en tant qu'intermédiaire pour les ambitions nazies et toujours sous le couvert d'autres activités officielles en Europe de l'Ouest.

— Jim, d'où tenez-vous ces informations ? demandé-je, à moitié perdue dans mes pensées.

D'un geste théâtral, il approche son petit doigt de son oreille et me fait un clin d'œil malicieux. Je comprends que je n'en saurai pas davantage. Le petit oiseau multicolore est venu se percher juste au-dessus de nous. Il chante à gorge déployée ; ses trilles se rompent et roulent vers moi. J'ai envie de lui dire : « Merci, petit oiseau, tu me consoles. J'ai tant de soucis. »

Brusquement, Jim se lève et déclare :

— Je voudrais vous montrer ce que j'ai découvert. Un petit bout d'histoire, vous allez voir !

Je le suis le long d'allées que nous n'avons pas encore empruntées. Au passage, nous frôlons des orangers dont les fruits suspendus me font penser à Noël. Au pied des arbres, des géraniums aux couleurs vives s'épanouissent sagement. Nous remontons une légère pente avant d'arriver devant une piscine.

— Regardez, miss Mary Ann, au fond de la piscine !

— Oui, Jim, je vois les lettres E R VIII ! C'est le monogramme de mon père ?

— Eh oui ! Maintenant, pour un peu d'histoire ! Après l'abdication, le gouverneur d'alors a fait enlever le monogramme. Fort heureusement, un certain M. van Zeylan a conservé les céramiques par loyauté envers le souverain qu'il admirait. Je crois que votre père a apprécié son geste.

Je suis un peu émue devant cette marque de gloire, ce tribut au passé de mon père. Certes, il s'agit simplement d'une piscine et non pas d'un monument national, mais toute une symbolique s'y rattache. Jim garde le silence. Je remarque, dans l'ombre de son chapeau de paille, la bouche charnue et la ride accentuée à la commissure de ses lèvres. Il plisse les yeux. Il me fixe.

– Jim, pourquoi me regardez-vous ainsi ?

Il bat des paupières et secoue la tête.

– Excusez-moi, miss Mary Ann, mes pensées étaient ailleurs… Je dois vous parler… au sujet de votre sécurité.

– Mais Jim, je suis en toute sécurité ici. La résidence est gardée, et vous êtes là, n'est-ce pas !

– Je dois insister pour que vous restiez sur vos gardes. Dans ces îles, il se trame des intrigues et, vu la situation des Allemands…

Il n'achève pas sa phrase.

– J'ai d'ailleurs rendez-vous dans un quart d'heure avec votre père, dans son bureau, pour en discuter.

Mon bel oiseau se remet à chanter au-dessus de nos têtes. Soudain, il se met à piailler, puis s'envole et disparaît. Un faucon tourne dans les parages.

– Un oiseau de malheur qui brise notre petit concert…

– Miss Mary Ann, les îles abritent diverses variétés d'oiseaux et de beaux spécimens. Si cela vous intéresse, vous aurez l'occasion de les admirer à la pointe du jour ou au coucher du soleil. J'ai apporté des jumelles et si vous désirez voir des oiseaux de proie, je…

– Des condors ?

– Non, miss Mary Ann, pas de condors… pour ceux-là, il faut aller…

– Dans la cordillère des Andes ! Oui, je sais, je plaisantais. Avez-vous remarqué le tableau du magnifique condor sur le *Southern Cross* ?

– Oui.

– Rien ne vous échappe, Jim ?

– C'est une déformation professionnelle, répond-il en souriant.

La fraîcheur d'une fin de journée se fait sentir alors qu'il me raccompagne à la maison. L'air est rempli d'effluves sucrés, d'odeurs d'herbes, de fleurs.

– Je vous laisse, miss Mary Ann… à plus tard.

Ce soir, je prends mon repas seule à la grande table de la salle à manger. La duchesse s'est retirée de bonne heure, et mon père travaille. Il n'y a que le va-et-vient du personnel pour animer la résidence. Je termine cette journée chargée d'émotions sur la terrasse avant de monter me coucher. Tout est calme dehors et l'air embaume. Les grands cactus se métamorphosent sous une lune douce en personnages de cire ; les feuilles blanchissent comme des marguerites. Je voudrais tellement partager cet instant avec Claude. Mais où est-il en ce moment ? Se rapproche-t-il de moi, au milieu de l'océan, sur un grand navire qui échappe aux attaques des U-boats allemands ? Dort-il en pensant à moi ? Est-ce que j'appartiens à ses rêves comme lui prend si souvent possession des miens ?

Je n'ai pas de réponse, pas ce soir ! Quelques gouttes de pluie tombent sans bruit. J'ai sommeil. Je m'endors en imaginant le contact de sa main sur ma peau.

CHAPITRE XII

J'ai bien dormi dans ma nouvelle chambre. J'ai un peu mal à la tête et, pour un court moment, j'ai l'impression que je ne suis pas là, que je dors encore. En écarquillant les yeux, je me trouve au centre d'un grand lac de lumière filtrée par les rideaux. Je prête l'oreille. Les alentours de Government House prennent vie peu à peu. J'entends le ronronnement des voitures et le crissement de pneus sur le gravier sous mes fenêtres. Il doit s'agir des employés qui arrivent. Les bureaux sont situés sous la salle de bal. J'y ai jeté un bref coup d'œil hier... c'est une salle impressionnante. J'entrouvre les rideaux juste à temps pour assister au changement de garde ; des soldats prennent la relève de l'équipe de nuit. Je regarde le réveil. Il est huit heures.

Quelles impressions me laisse mon premier matin à Nassau ? Il y a certainement la musique des nombreux oiseaux multicolores qui voltigent d'un arbre à l'autre devant mes yeux éblouis, puis l'éclat de la lumière qui enrichit les couleurs et rend plus profonde la profondeur des ombres. Il y a le soleil. Déjà haut, il baigne Nassau sous un ciel clair et sans nuages et ses rayons obliques posent sur le grand escalier une cape de cristal.

Je regarde aussi la statue de Christophe Colomb. Je vais prendre l'habitude de le saluer chaque matin. Le cœur léger, j'entrebâille ma porte. Je vais m'esquiver vers les jardins. J'ai chaussé de légers souliers de toile à semelles feutrées et j'ai enfilé une robe de coton blanc immaculé, la taille serrée selon la mode, assez courte et sans manches. Dans le corridor, je rencontre mon père, habillé pour la ville, qui s'apprête à entrer dans ses appartements.

— Bonjour, *father* !

Il se retourne, surpris, et me sourit.

— Tu viens saluer la duchesse avec moi ?

Je lève sur lui des yeux inquisiteurs. Il parle d'une voix trop douce. J'entre avec lui dans la grande chambre aux couleurs tendres, comme le pastel des tentures, du couvre-lit et des coussins. Ma belle-mère est à demi assise dans son lit ; elle repose sur de gros oreillers dans un fouillis de soies brodées et de satin. Elle esquisse un sourire de politesse.

Je m'approche d'elle et me penche pour l'embrasser. De nouveau, elle détourne son visage. Mon père sent le besoin de l'excuser.

— La duchesse est encore souffrante, Mary Ann. Je crois qu'il est préférable de la laisser se reposer…

— Je suis navrée, madame, lui dis-je. Puis-je faire quelque chose pour vous ?

— C'est gentil, Mary Ann, répond-elle en déposant sur le plateau sa tasse de café qu'elle boit du bout des lèvres. Si vous pouviez vous occuper du pauvre Pookie qui s'ennuie tellement quand je ne suis pas bien…

— Pookie ?

– Pookie, l'un de nos chiens. Il est très câlin et adore qu'on s'occupe de lui. Il a besoin de compagnie, ce cher trésor.

– Je veux bien...

– Mlle Moulichon, ma femme de chambre, vous l'amènera d'ici une heure ! Je suppose, poursuit-elle en s'adressant à mon père, que Mary Ann doit continuer à m'appeler madame ? Qu'en pensez-vous ?

– Elle ne peut tout de même pas vous appeler Votre Grâce puisqu'elle est censée être une cousine éloignée... oui, madame fera l'affaire, *my darling*. Attends-moi, Mary Ann, nous prendrons le petit-déjeuner ensemble.

Je m'assieds à l'écart. Le petit salon contigu à la chambre est tendu du même tissu que celle-ci. Je suis dans les appartements des amants les plus célèbres du siècle. C'est un honneur qui n'est pas donné à beaucoup. Une odeur capiteuse m'enveloppe et ajoute un nouveau secret à la sérénité qui règne ici... un peu factice, me semble-t-il, peut-être n'est-ce que le « calme après la tempête ».

Je remarque avec surprise qu'un portrait de la reine Mary est accroché au mur. Est-ce le choix de la duchesse ? Veut-elle ainsi que la mère voie tout le bonheur qu'elle donne à son fils ? Cette femme hautaine, allemande de surcroît, me fixe du fond de son cadre doré. C'est ma grand-mère ! Cela me rappelle que je suis aussi de descendance allemande.

Quelque chose d'énigmatique plane dans l'atmosphère de cette chambre, quelque chose d'insondable. Je m'interroge. Ai-je pris mon père en flagrant délit lorsque, vers deux heures du matin, je crois, réveillée par des chuchotements, j'ai entrouvert la porte de ma chambre ? Sur la pointe des pieds, en robe de chambre, mon père se glissait furtivement dans la chambre de sa femme. « Tu es en retard, méchant gamin, tu seras cruellement puni…, disait la voix autoritaire de Wallis. Viens me demander pardon ! » Se donnaient-ils des rendez-vous au milieu de la nuit ? Son jeu à lui était-il d'être en retard et de subir le mécontentement de la maîtresse ?

J'attends que mon père et ma belle-mère finissent de délibérer sur leur emploi du temps pour la journée. À moi de les comprendre, je suppose. Voilà que mon père se penche sur sa femme qui s'enfonce davantage dans ses oreillers… leurs mains se joignent alors que leurs voix deviennent un murmure, un roucoulement à peine perceptible. J'ai l'impression de ne pas exister dans cette pièce.

Au moment de me laisser aller à la rêverie, j'entends appeler mon nom.

— Mary Ann, veux-tu toujours jouer durant la soirée de gala ?

— Mais oui, j'ai déjà accepté…

Ma voix est incertaine ; je regarde ma belle-mère en face.

— Je vous laisse choisir le morceau que vous jouerez, me dit-elle, et puisque vous êtes presque une virtuose, il faut faire valoir ce beau talent. Il y aura plusieurs Américains parmi nos invités, et je suis, comme vous le savez, américaine. Il sera donc convenable de jouer du Gershwin, un ou deux extraits de sa *Rhapsody in Blue*. Qu'en pensez-vous, *darling*, continue-t-elle en regardant son mari.

– Une idée géniale, *darling*!

– Alors, c'est décidé.

– Et vous me laissez carte blanche pour mon choix à moi? lui demandé-je innocemment.

– Oui, oui, répond-elle légèrement, pourvu que ça ne dépasse pas quinze minutes.

– Madame, dis-je en insistant, il n'existe que peu de pièces sérieuses pour le piano qui ne durent que quinze minutes…

– Mary Ann, parlez-en à votre père et débrouillez-vous! Avec votre belle éducation, quand même!

Je ne vois pas le rapport entre mon éducation et le choix d'une partition de piano, mais passons! Peut-être que la logique n'est pas son fort, à la belle-mère. Mon père affecte son petit air malheureux alors qu'ils reprennent leur tête-à-tête. Sa mine change lorsqu'elle saisit une de ses mains dans la sienne… il se rapproche d'elle, sans hésitation, ravi de nouveau. Je soupçonne une emprise quelque peu malsaine chez elle. Que veut-elle me prouver maintenant? Elle a volé à la cour d'Angleterre l'un des siens… cherche-t-elle aussi à me voler mon père?

Ils continuent à parler à voix basse. J'attends patiemment. Wallis a un visage singulier, sans être une beauté classique, elle a de beaux yeux, une peau lisse maintenant que sa joue est dégonflée. Elle fait preuve d'intelligence, sa mine n'est ni engageante ni très séduisante; son meilleur atout est son sourire. Elle paraît plus jeune quand elle sourit, son visage alors s'illumine et son air autoritaire s'atténue.

Je me demande s'ils se rendent compte qu'ils m'ignorent totalement. Elle s'étire, elle caresse son cou et révèle la naissance de ses seins. Ce corps si mince semble répondre aux désirs de mon père et le rendre heureux. Une de ses anciennes maîtresses, vexée par son abandon du temps qu'il était prince de Galles, l'avait qualifié de piètre amant… Wallis a su le combler, il a trouvé la femme qu'il lui fallait, et elle l'aime à sa façon.

— Viens, Mary Ann, dit-il, la duchesse va se reposer… allons déjeuner maintenant. Je ne peux tarder, car des problèmes épineux m'attendent au bureau. Je continue, *darling*, poursuit-il en souriant à sa femme, à voir à l'organisation du gala que nous préparons. Reposez-vous, *darling* !

Nous quittons la chambre, que je vois comme une espèce de paradis mesquin et trouble. Je suis un peu mal à l'aise. Mon père sera-t-il encore mon père, sans Wallis aux alentours ? Nous sommes seuls sur le palier en haut de l'escalier. Immobiles, nous nous regardons, je scrute son visage… ses yeux bleu pervenche fouillent mon regard et un charme mystérieux adoucit son visage.

— *My darling little girl*, dit-il en ouvrant ses bras, viens dire bonjour à ton vieux papa.

Sa joue douce sent bon le musc. Mes bras s'enroulent autour de son cou.

— Je vous aime, *father*, murmuré-je en resserrant mon étreinte.

— Moi aussi, *my darling little girl*… mais laisse-moi te regarder.

J'oublie le rendez-vous nocturne, la scène du corridor et mes préjugés sur ma belle-mère… mon père, de nouveau, m'appartient. Je suis heureuse.

— Allons manger, *father*.

– Tu as raison, *my darling little girl,* prenons les choses aisément…

Je l'observe discrètement en descendant l'escalier. Sa voix n'est qu'un murmure.

– Il faut faire attention…

Je m'arrête quelques secondes. Que veut-il dire ?…

– Viens, Mary Ann, continue-t-il, je disais donc, il faut faire attention, au sujet de ton identité… Le temps n'est pas propice pour te présenter…

– Au monde, *father* ?

– Oui, exactement ! Tu imagines un peu ? Tu serais le point de mire du monde entier, comme Wallis et moi… Ma chérie, oui, il faut faire attention… mais je crois que certains ont déjà des doutes !

– M. Wenner-Gren, par exemple ?

– Comment le sais-tu ?

– Instinctivement !

Nous sommes au pied de l'escalier. Sa voix devient un chuchotement.

– On l'associe aux Allemands, dit-il rêveusement, enfin, on finira bien par le savoir. Pour le moment, ce ne sont que des rumeurs. Tu verras, Mary Ann, continue-t-il d'une voix plus haute alors que des employés entrent dans la salle à manger, que les Bahamas sont un pays étrange, et je crois que tu t'y feras. Si tu le désires, tu pourras assister la Croix-Rouge, la duchesse en est la présidente.

L'évocation de ma belle-mère gâche mon plaisir d'être avec lui. Excédée, je me mords les lèvres.

– Votre Altesse Royale, puis-je vous servir votre petit-déjeuner comme avant ? demande une voix impersonnelle derrière nous.

– Oui, Isolyn, et le même pour Mlle Mayol.

Je m'assieds, un peu rigide, à la droite de mon père. Je tressaille. Je ferme les yeux et passe ma main sur mon front… le mal de tête me tenaille de nouveau… Aurai-je des nouvelles de Claude, aujourd'hui ?

– Es-tu indisposée ? s'enquiert mon père.

– Non, j'attends une lettre, vous savez !

Mes mots s'éteignent dans un murmure rauque… j'ai failli dire « *father* ». Quelle bévue j'aurais commise ! Il faut absolument que j'entre dans la peau de mon personnage ! Ma petite voix intérieure me redonne de l'espoir… « Il fait si beau, Marianne, aie confiance, la journée sera propice. » Pendant ce dialogue intérieur, mon père avale ses œufs brouillés et son pain grillé en vitesse. Il est pressé.

– La poste est parfois si irrégulière… la guerre, tu sais ! J'ai tant de préoccupations, Mary Ann. Demain, je vais rencontrer le président Roosevelt à l'île de Mayaguana et assister à une conférence. C'est important pour les Bahamas, et pour nous aussi. Prie pour moi, Mary Ann !…

Son regard est lointain. D'un geste doux, il serre ma main avant de s'éloigner…

Je me retrouve seule à la grande table. Mon humeur est plutôt changeante ce matin et j'ai soudain envie de cultiver ma tristesse. Je regarde dehors. Je me rappelle alors mon coin favori, dans le domaine des religieuses, le bosquet qui sentait bon le muguet – ou était-ce un parfum de noisette ? – où, petite, je me cachais et rêvais d'une chaise magique qui me transporterait dans un pays merveilleux… J'y suis, dans ce beau pays, et je me sens triste !

Je contemple le jardin, un peu chimérique à travers les larmes qui me brouillent la vue. Un doux frôlement sur mes jambes me tire de ma méditation. Pookie, le petit cairn de la duchesse, est à mes pieds. Son museau écrasé lui donne un air grave. Il s'assied, se relève, tourne sur lui-même à plusieurs reprises. Ses petits yeux ronds et sévères me dévisagent. Puis soudain il donne de la voix comme pour me signifier « Eh bien, grouille-toi, je suis là ! » Je lui souris.

Avec Pookie qui me suit sur les talons, je me retrouve en plein soleil ; l'haleine chaude d'une brise légère me caresse. Pookie s'élance sous un arbuste, à la poursuite d'une proie invisible, et se met à gratter le sol avec une ardeur grandissante. « Arrête, coquin, tu deviens tout sale… on va te gronder si tu continues ! »

Pookie me rappelle Boudi, le lièvre que j'avais sauvé et apprivoisé étant enfant et qui avait été mon ami. J'avais dû le remettre en liberté, malgré ma soif de son amitié et mon affection pour lui. Depuis, je n'ai pas eu d'autre animal. « Toi aussi, Pookie, tu es gentil et il me serait facile de t'aimer beaucoup, tu sais… CE SERAIT SI FACILE. »

Il pose son nez carré sur ses pattes, comme s'il se préparait à un jeu de cache-cache, et il écoute. Il a dû entendre quelque chose. En effet, Mlle Moulichon descend l'escalier de la terrasse. Elle porte une robe noire serrée à la taille et rehaussée d'un col blanc bordé de dentelle. Elle s'approche de nous.

– Bonjour, miss Mary Ann, dit-elle, comment allez-vous ce matin ?

– Très bien, je vous remercie ! Savez-vous si le courrier est arrivé ?

– Non, pas encore. Habituellement, il est apporté à la résidence vers une heure de l'après-midi, bien qu'on ne puisse toujours s'y fier !

Je la regarde avec curiosité. Elle est assez jolie, malgré un nez aquilin prononcé ; sa peau est mate. Une mèche de cheveux, plus pâle que le reste, retombe sur son front. Son regard clair et vif m'étudie.

– Pookie et moi, nous nous amusons, dis-je. Il est charmant.

– Certes ! Et il adore qu'on s'occupe de lui... Viens, Pookie, fait-elle, c'est l'heure de ta toilette.

Cette invitation doit paraître à Pookie comme quelque chose de précieux, car il court vers elle en faisant des sauts et en tournant, avant de s'arrêter à ses pieds. Puis, il reprend ses culbutes et ses gambades.

Je les regarde s'éloigner. Désœuvrée, je demeure indécise quant au programme de ma journée. Mes yeux se posent machinalement sur les plantes qui m'ont tant éblouie hier... maintenant, je regarde sous un soleil au zénith le dessin de leurs ombres japonaises. Aucun bruit, à part le chant des oiseaux, ne dérange ma solitude. Je voudrais trouver la sérénité dans mon présent.

Soudain, Jim surgit devant moi. Une odeur d'herbes foulées et de fleurs l'accompagne. Sa présence me réconforte. Il est ici pour moi.

– Vous m'emmenez en ville, Jim ?

– Si vous le désirez.

En fin de compte, je ne perdrai pas ma journée – et elle sera belle puisque Jim est à mes côtés. Le ciel entier tourne autour de nos têtes, toute la lumière de notre existence nouvelle aux Bahamas réclame notre attention. Nous marchons vers les grilles.

– Regardez, dit Jim en m'indiquant un arbre au feuillage d'un vert sombre et d'un rouge violacé, c'est un quinquina, appelé aussi un cinchona !

– Et l'écorce fournit la quinine, je suppose !

– Oui, c'est exact ! On y va, miss Mary Ann ? On prendra les *elevenses* à l'hôtel Victoria, si vous le voulez !

– Les *elevenses* ?

– Un thé ou un café vers onze heures ! Une coutume anglaise !

– Ce sera avec plaisir. Et savez-vous que le bal de Government House aura lieu dans quelques jours ?

– Oui, je sais.

Il baisse la voix.

– Surtout, miss Mary Ann, si vous parlez du duc en public, soyez prudente.

Je lui réponds sur le même ton.

– Oui, je sais, je sais, mon père m'a déjà avisée. Est-ce que le duc de Windsor aura à redire sur notre sortie en ville ? m'informé-je en reprenant une voix normale.

– Sûrement pas, miss Mary Ann, c'est lui qui l'a suggérée !

Il saisit mon bras et m'escorte ainsi sur la terrasse. Nous passons devant le soldat qui, au garde-à-vous, reste imperturbable. Je sens ses yeux nous suivre jusqu'à ce que nous tournions dans George Street. Nous marchons assez vite en descendant la côte.

– Nous sommes maintenant dans le domaine des Bay Street Boys, déclare Jim. Je vous ai parlé de ces marchands qui tiennent les rênes du gouvernement… tous richissimes !

– Comme M. Wenner-Gren, par exemple !

– Non, il ne fait pas partie de cette clique. J'ai appris qu'il a fait construire une grande conserverie à des fins d'exportation. Il procure du travail à beaucoup de jeunes qui seraient, sans lui, au chômage.

– M. Wenner-Gren est aussi un philanthrope à ses heures, Jim !

Ce sont surtout des produits britanniques qui emplissent les vitrines de Bay Street : les produits de beauté Yardley, les porcelaines de Royal Doulton, de Wedgwood ou de Royal Crown Derby, les whiskies Kings Ransom, House of Lords et Cutty Sark et les tweeds de l'Écosse. Jim me guide à travers un dédale de rues et attire mon attention sur diverses maisons en bois, peintes de différentes couleurs pâles, et sur une véritable constellation de géraniums rouges et blancs ; nous humons les parfums odorants des fruits sur les étalages au coin des rues.

– Là, miss Mary Ann, c'est assez intéressant ! Regardez, vous voyez au numéro 309 ?

– Le Bahamas Real Estate ?

– Oui ! Le propriétaire est un dénommé Harold Christie… oui, là son nom est inscrit. Il sera certainement au bal de Government House !

– Qu'a cet homme de si important ?

– Lui et Harry Oakes – ce dernier a prêté une de ses grandes maisons au duc et à la duchesse durant les travaux de réfection de Government House – travaillent ensemble. Ils sont sans doute les deux gros bonnets de Nassau, et ils fréquentent le duc de Windsor. Regardez les esquisses. Cable Beach, où le duc va, à bicyclette, faire son heure de natation, le Bahamas Country Club et le champ de course. Christie doit se faire une petite fortune juste avec son agence immobilière.

— A-t-il d'autres intérêts ? Les hommes riches ne sont jamais satisfaits, ils en veulent toujours davantage.

— Vous avez raison. C'est un peu mystérieux ! Il paraît qu'il tente, par tous les moyens, d'ouvrir des casinos aux Bahamas et, là-dessus, lui et Oakes ont des opinions divergentes. Oakes ne veut absolument pas en entendre parler et on dit que ça va mal tourner. En plus, une troisième personne s'intéresse à l'affaire, Meyer Lansky, un gangster juif américain qui est en faveur des casinos.

Nous sommes arrêtés devant le Public Building pour regarder la statue de la reine Victoria lorsqu'un discret coup de klaxon, juste à côté, me fait sursauter… M. Wenner-Gren, derrière le volant de sa voiture rangée en bordure du trottoir, nous interpelle.

— Je vous invite pour un café à l'hôtel Victoria. Dans cinq minutes ?

J'acquiesce de la tête. Il redémarre.

— Surtout, Jim, ne me lâchez pas d'une semelle ! Compris ? Je suppose que lui aussi sera au bal ?

— Sûrement !

Rien ne troublait pourtant notre belle matinée, mais Jim n'a pas l'air content.

— Il ne faut surtout pas prendre l'habitude de fréquenter M. Wenner-Gren, dit-il d'une voix forte. Il faut vraiment être prudent, en particulier ici, à Nassau.

— Mais Jim, on ne prend qu'un café ! Ce n'est pas si grave !

— Laissons passer puisque vous avez accepté !

Sa voix est de nouveau égale, je serre sa main dans la mienne.

— Ça sera peut-être amusant ! Hé, regardez là, Jim, la Royal Bank of Canada !

— La seule banque de la ville, miss Mary Ann ! Voilà, nous sommes arrivés à l'hôtel Victoria.

Mes pensées vont vers M. Wenner-Gren, et j'ai peur d'être émue. Oui, Jim a raison, je dois être prudente. Nous entrons dans la cour d'un magnifique hôtel à trois étages ; des colonnes soutiennent de longues vérandas, à demi enfouies sous une profusion d'arbres aux feuillages touffus.

— La Royal Air Force Transport Command a réquisitionné une partie de l'hôtel pour son personnel, dit Jim. Comme vous voyez, la couleur « Air Force Blue » est visible un peu partout.

Après l'agitation de Bay Street, les alentours de l'hôtel m'apparaissent plus tranquilles. Une partie de sa façade est dissimulée par un gigantesque kapokier.

— Cet arbre-là, miss Mary Ann, est franchement étrange. Les kapokiers, habituellement, sont exploités à des fins utilitaires...

— Pourquoi ?

— Le kapok, cela vous dit quelque chose ?

— Vaguement... n'est-ce pas une sorte de laine ?

— Oui, on s'en sert pour rembourrer coussins et fauteuils !

— Et cet immense et bel arbre, Jim, puis-je vous le décrire à ma façon, puisque vous y êtes tellement intéressé ?

Avec un grand geste de la main, et regardant l'arbre de haut en bas, je proclame :

— Oui, un arbre majestueux, touffu, recouvert de vigne, où s'épanouit un immense bouquet de fleurs rouges, tressant l'ombre et la lumière tel un fantôme artificiel aux contours vacillants !

Nous éclatons de rire. Derrière nous quelqu'un applaudit. M. Wenner-Gren s'approche, prend ma main dans la sienne et y pose ses lèvres. J'ouvre la bouche et ne peux que dire : « Tiens, vous êtes déjà là ! » Il tend la main à Jim.

– Vous êtes poète, miss Mary Ann ?

– Oui, j'ai mes moments de pure folie !

– Une folie merveilleuse, dit-il de sa voix grave.

Son regard intense, très bleu, me fixe avec beaucoup d'attention. Son visage aux pommettes saillantes, l'arc volontaire de ses sourcils et ses lèvres ourlées en forme de cœur me séduisent aujourd'hui. Lorsqu'il bouge, il a la souplesse d'un fauve, d'un prédateur.

– Je vous en prie, dit-il en enroulant mon bras autour du sien. Un bon café nous attend.

Je souris poliment. Comment dois-je me comporter avec lui ? Dois-je être insolente, arrogante ? Non, réservée plutôt. Je suis quand même crispée… le bras de M. Wenner-Gren serre davantage le mien. La fraîcheur de l'hôtel me détend un peu. Une bonne odeur de café et de chocolat nous accueille. Jim a son visage des jours sérieux. En voyant M. Wenner-Gren, le maître d'hôtel se précipite et nous conduit à une table où l'on a vue sur le jardin.

– Quel bonheur de vous revoir, monsieur Wenner-Gren ! s'exclame-t-il.

– Trois cafés et une sélection de vos pâtisseries, Charles.

Charles ne bouge pas, comme s'il attendait une autre commande.

– Ce sera tout pour le moment, Charles ! dit M. Wenner-Gren.

Il jette un coup d'œil aux alentours et salue de la tête deux hommes, assis un peu plus loin. Son regard impassible se reporte sur moi. Son sourire exprime une amicale familiarité. Un flot de sang me monte au visage et je détourne les yeux. Une voix courroucée, en provenance de la table voisine, me surprend.

– Non, non et non, dit l'un en assenant un coup de poing sur la table, je ne le permettrai pas. Il n'y aura pas de casinos à New Providence. Non, je n'en veux pas, vous entendez !...

Plusieurs têtes se tournent. M. Wenner-Gren se lève et se dirige vers la table de nos voisins après s'être excusé.

– Voilà Harry Oakes et Harold Christie, m'explique Jim.

– Une drôle de coïncidence, nous parlions justement d'eux !

– L'hôtel est le lieu de rendez-vous de ceux qui veulent se faire voir ou discuter affaires. Christie et Oakes préfèrent probablement le confort et les bonnes pâtisseries de l'hôtel Victoria à leurs bureaux !

– Maintenant, je reconnais M. Oakes. Je l'ai remarqué sur la photo officielle de l'ouverture de la House of Assembly où mon père siégeait pour la première fois.

– Chut, miss Mary Ann, fait Jim à voix basse, il faut dire le duc.

Je porte ma main à ma bouche. Je m'appuie contre le dossier de ma chaise, troublée…

– Dieu du ciel, murmuré-je, il va vraiment falloir que je me surveille ! Ils n'ont rien entendu, j'en suis sûre… ils sont autrement occupés… Si je me souviens bien, je crois que M. Christie figurait aussi sur la photo…

On nous apporte un plateau de friandises et les cafés. À voix basse, Jim me résume le passé d'Harold Christie.

– Né aux Bahamas, il est néanmoins issu d'une ancienne famille écossaise. Sa fortune, amassée au cours de plusieurs années de contrebande, lui permet de satisfaire ses goûts dispendieux pour les voitures et les femmes. Il a réussi à intéresser les Canadiens au développement des Bahamas et a ainsi rencontré Sir Harry Oakes… qui est devenu son acolyte et son complice. Oakes, selon les mauvaises langues, aurait *acheté* son titre grâce à des actes charitables, dont la reconstruction du St. George Hospital, près de Hyde Park Corner, à Londres.

Je hoche la tête de haut en bas. Du drôle de monde…

Axel Wenner-Gren revient enfin à notre table.

– Miss Mary Ann, je vous prie d'excuser ce contre-temps. Je le regrette, mais je ne peux rester que quelques minutes, dit-il en s'asseyant à côté de moi. Un problème s'est présenté et je dois le résoudre tout de suite.

Son sourire en coin annonce qu'il n'a pas renoncé à l'espoir de me séduire. D'un mouvement doux, sa jambe vient frôler ma jambe nue. Je l'éloigne et, d'une main tremblante, je repousse une mèche de cheveux contre mon oreille. Je crains que Jim ne se doute de quelque chose. À cet instant, un couple de petites perruches se posent sur le rebord d'une table voisine et roucoulent doucement… un tête-à-tête impromptu qui arrive à point nommé.

— Je tiens à vous remercier encore une fois pour notre magnifique voyage de l'autre jour, de Miami à Nassau ! dis-je d'une voix un peu mécanique.

— Le *Southern Cross* est à votre disposition, miss Mary Ann, dit-il, impassible, et je souhaite de tout cœur que vous acceptiez d'être mon invitée à bord. J'en serais heureux. Avec M. McNish-Porter, continue-t-il en se levant, pourquoi ne pas venir faire une excursion en mer ? Vous me le promettez ?

Je lui tends ma main, cette fois, je sens sa langue sur ma peau. Ses yeux brillent de malice lorsqu'il relève sa grande taille.

— Au revoir, McNish-Porter, continuez de veiller sur miss Mary Ann, conseille-t-il à Jim en lui serrant la main, Nassau est plein de fauves.

Avec une lenteur calculée, il rejoint Harry Oakes et Harold Christie et tous trois s'éloignent.

— Wenner-Gren est un filou, miss Mary Ann, commente Jim. Vous avez certainement remarqué la façon dont il vous regarde ?

Je ne l'interromps pas et l'interroge des yeux. Que puis-je dire qu'il ne sait déjà sans ajouter à ses tracas ? Mes propres idées sont bien assez confuses comme cela. Je m'efforce de sourire. M. Wenner-Gren m'a surprise et même bouleversée, je l'admets… je ne m'attendais pas à l'intimité de son baisemain.

— Finissons notre café et rentrons, Jim, le courrier doit être arrivé. Mais avant, je vais me permettre un autre chou à la crème… Ils sont délicieux, vous ne trouvez pas, Jim ?

– Puisque nous sommes près des boutiques, ne voulez-vous pas en profiter ? me demande-t-il, quelques minutes plus tard, en faisant signe au garçon de table d'apporter l'addition.

Le garçon s'approche et l'informe que l'addition a été réglée par Wenner-Gren.

– C'est lui qui nous a invités, après tout, murmuré-je à l'oreille de Jim. Si vous le voulez bien, j'aimerais rentrer à présent.

CHAPITRE XIII

Ah ! si au moins je n'éprouvais pas cette angoisse à l'idée de me retrouver dans l'univers clos de Wallis Windsor, la despote de Government House. Je n'ai pas envie de vivre dans son ombre. Il fait chaud, j'essuie mon front avec un mouchoir. Mais me faut-il vraiment l'apprécier ? Pourrait-elle devenir une mère pour moi ? Quelle question saugrenue ! Wallis, une mère !... Difficile à imaginer. Je m'indigne aussi de ce que mon père n'est plus roi à cause d'elle, de ce qu'il est exilé, loin de son pays, dans cette petite île...

Je ferme les yeux. « Qu'est-ce que j'ai ? Wenner-Gren t'a-t-il énervée à ce point ? Tu t'en prends à ta belle-mère à cause d'un frôlement effronté contre ta cuisse ?... Voyons donc ! » Si j'en veux à Wallis, ah oui, je lui en veux, c'est certain, mais elle reste la femme adorée de mon père. Un souffle passe dans mon esprit et balaie mes idées rebelles... « Quand je serai la femme de Claude, ce sera différent ! »

Mon père est à son travail et les domestiques vaquent à leurs occupations. Je sens le besoin d'être seule. J'ai un peu peur, je dois me l'avouer, de tomber sous l'emprise de ma belle-mère. « Oui, me dis-je, je vais m'occuper... oui, ma musique... Bien sûr... je dois m'exercer au piano. » Le courrier n'est toujours pas arrivé. On me demande mes préférences pour le déjeuner, que je vais prendre seule, et je choisis une grillade avec des pommes de terre au four et une salade.

Je vais m'asseoir sur la terrasse. Je suis encore troublée par le geste de séduction d'Axel. Il joue à un jeu dangereux et excitant. Dans ses yeux, j'ai vu une lueur de triomphe alors que sa jambe frôlait la mienne. Les hommes de son acabit se croient tout permis. Jim m'a pourtant déjà mise en garde. « Vous êtes belle, miss Mary Ann, les hommes vont vous désirer ! » Avec un peu de nostalgie, je me rappelle l'époque où, protégée par les règles rigoureuses du cloître, rien ne menaçait ma tranquillité. Mes préoccupations étaient alors bien insignifiantes à côté de celles d'aujourd'hui. Mon univers, à présent, est rempli de pièges, de tentations. Et puis, j'en suis consciente, je manque encore d'expérience dans le domaine des relations entre hommes et femmes.

Incapable de tenir en place, je retourne à l'intérieur. Il n'y a toujours pas de lettre pour moi sur le plateau d'argent. Je voudrais redevenir une petite fille et me réfugier, comme dans le temps, dans ce bosquet du domaine des religieuses... à défaut de ce havre de paix, je recherche la pénombre d'un salon. À l'étage, Mlle Moulichon parle sur un ton tranchant. La duchesse de Windsor attend ses soins. Je hausse les épaules. Les propos de Mlle Moulichon me font finalement sourire.

— Votre Grâce a insisté pour que l'on brosse ses cheveux pendant au moins une demi-heure chaque jour, dit Mlle Moulichon en élevant la voix. On peut se passer de vos commentaires, Paul. Je vous le répète encore une fois, une demi-heure !

— Quelles sont les préférences de la duchesse pour les crèmes de beauté ? demande une voix d'homme.

— Ne soyez pas impertinent. C'est l'affaire de M. Marcel. Tenez-vous-en à ce qu'on vous demande. C'est bien compris ?

— Ce n'est pas juste ! dit la voix masculine, je préférerais assister M. Marcel.

— Ça suffit ! ne me le faites pas dire deux fois ! gronde la femme de chambre. Allez, au travail, ajoute-t-elle pour clore la discussion.

Ma belle-mère reçoit les soins de plusieurs esthéticiennes qui sont gracieusement mises à sa disposition par un grand hôtel de Nassau, le Victoria je crois. Elle bénéficie aussi des services d'un coiffeur qui, deux fois la semaine, est « expédié » de New York, un hommage de Pan American Airways.

— Ah, miss Mary Ann ! s'exclame Mlle Moulichon, qui apparaît dans la porte du salon. Avez-vous fait une bonne promenade ?

— Oui, merci, dis-je. Comment savez-vous que j'étais sortie ?

— Oh, répond-elle, on sait tout ici… Government House est bien surveillée et on est au courant des allées et venues de chacun.

— Ah, je vois !

— Heureusement, et je dois préciser, bien entre nous…

— Bien entre nous, mademoiselle ?

Je suis surprise tout à coup de ma remarque. Je ne cherche pas les confidences de la femme de chambre de ma belle-mère, mais de là à me montrer hautaine... Je la devine dévouée et sans malice.

– ... je me laisse facilement aller aux commérages... pardonnez-moi, ajoute-t-elle sans faire d'embarras.

– Avant que vous ne partiez, mademoiselle Moulichon, savez-vous si... si la duchesse a laissé des partitions pour moi ?

– Oui, miss Mary Ann, je les ai déposées moi-même sur le piano.

– Merci.

Ainsi la duchesse exige que ses cheveux soient brossés une demi-heure par jour... sans parler des pommades et des massages... Je souris en me dirigeant vers la bibliothèque. « Tout ce monde autour d'elle. Wallis espère repousser le plus longtemps possible les outrages du temps. »

Le parfum entêtant de l'iris mêlé à celui, plus sucré, du melon et de l'orange pénètre par les baies ouvertes de la bibliothèque. Avant de me mettre au piano, je jette un regard sur la mer au-delà de la ville. Comme tout semble paisible. Je me sens bien tandis que je m'installe sur le tabouret et fais courir mes doigts sur le clavier. « Voilà, Marianne, un autre Beckstein... Tu es gâtée ! »

Je choisis des extraits de la *Rhapsody in Blue* et commence à jouer, lentement d'abord, lisant la musique et m'appliquant avec beaucoup d'attention.

La transcription faite pour le piano n'est pas facile à jouer, au premier abord, mais je persiste. Après une demi-heure, je m'imagine New York, la ville qui ne dort jamais, car il me semble que c'est là que Gershwin a trouvé son inspiration. L'atmosphère y est parfois froide, purifiée par la pluie, électrique et urgente... Il n'y a pas de demi-mesure chez ce musicien, mais une vitalité empreinte de passion humaine et d'audace.

Je dois parfaire mon interprétation pour le grand bal de Government House. Après deux heures d'exercice, je suis rompue mais heureuse.

Plus tard, croisant ma belle-mère dans l'un des couloirs, je lui adresse poliment la parole, armée d'un large sourire, malgré le regard sévère qu'elle affiche.

– Je vous remercie de m'avoir fait connaître la musique de Gershwin, c'est pour moi une véritable révélation.

– J'en suis très heureuse, Mary Ann ! Je suis sûre que nos invités auront beaucoup de plaisir à vous entendre jouer.

« Je crois qu'elle n'est pas si sévère… », pensé-je en la regardant s'éloigner.

J'ai accepté d'accompagner mon père à Cat Cay, une petite île à l'ouest de New Providence, qui appartient au propriétaire d'une grande agence de publicité new-yorkaise. Le duc de Windsor avait officiellement inauguré cette petite station balnéaire, dotée d'un casino et d'un terrain de golf à neuf trous et où les amateurs peuvent s'adonner à la pêche aux poissons rares. Pour le trajet entre les deux îles, nous embarquons sur le yacht de M. Sloan, l'un des plus grands actionnaires en l'Allemagne nazie. M. Sloan favorise une paix instantanée en Europe, à n'importe quel prix, même s'il faut pour cela créer une Allemagne plus grande et plus puissante.

Nous sommes reçus dans une grande résidence aux colonnades prétentieuses, la maison d'un financier richissime, sans doute. Une vingtaine de personnes, dont

Errol Flynn, l'acteur américain, sont assemblées dans le salon. J'écoute, un peu absente, la conversation qui tourne sur la politique.

– Il faut absolument mettre fin à cette idiotie dans les vieux pays, dit M. Sloan. Hitler est un homme de raison et un organisateur hors pair... il va remettre de l'ordre en Europe...

Je refuse le champagne que l'on m'offre et opte plutôt pour un verre de jus d'orange frais. La voix de mon père, avec son accent britannique, est douce en comparaison du ton plus nasillard des Américains. Il reprend avec emphase un discours qui prône le pacifisme. Son ton devient plus solennel.

– La presse n'a pas manqué de rappeler ma visite en Allemagne avant la guerre, dit-il en acceptant un autre verre de champagne. Mes revendications concernant l'entente entre les peuples d'Europe demeurent plus fortes que jamais. J'ai fait la guerre 14-18 et j'ai été témoin d'horreurs et d'atrocités, et depuis...

– Vous y avez été blessé, si je me souviens bien, dit une voix...

Pacifisme ? Neutralisme ? Hitlérisme ? La discussion se poursuit. La guerre est vraiment une affaire d'hommes ! Combien d'entre eux vont s'enrichir sous les auspices d'une Allemagne triomphante ? Je refuse de croire que mon père accepte de servir leurs buts. Je ne cherche pas à établir des comparaisons ni à démêler les intrigues. La seule chose qui importe pour moi est que l'Angleterre est en guerre et que Hitler est l'ennemi...

Je m'éclipse et sors sur la terrasse. Je suis éblouie par une lumière fluide et vaporeuse. On m'a promis un petit paradis à Cat Cay et c'est ce que j'y trouve. L'air marin nettoie mes poumons et me fait oublier pour un moment la politique d'extrême droite. Devant moi s'étale un jardin luxuriant où la lumière crue violace les œillets d'Inde et les hibiscus. J'admire la profusion de roses ivres de lumière et d'abeilles, l'abondance de clématites qui déploient leurs étoiles mauves comme une offrande au soleil.

Les yeux fatigués de lumière, je retourne dans la pénombre accueillante du salon.

– Cat Cay vous plaît, miss Mary Ann ? me demande M. Mooney qui m'a été présenté une heure auparavant.

– C'est un vrai petit paradis, et quelle tranquillité !

– Nous n'avons pas souvent le bonheur d'accueillir ici d'aussi charmantes personnes que vous, continue M. Mooney en me regardant avec intérêt. Avez-vous l'intention de demeurer longtemps parmi nous ?

– Je n'ai pas de plans définis, mais, pour le moment, je n'ai aucunement l'intention de quitter...

– Vous faites partie de la famille du duc et de la duchesse ?

Un sourire curieux se forme sur ses lèvres. J'ai l'impression bizarre que cet homme, un peu mielleux, essaie de se donner de l'importance en me posant une question personnelle.

– Indirectement, monsieur Mooney, je suis la cousine d'une cousine du côté de la famille des Windsor !

– En effet, vous avez les traits, si j'ose dire...

Le duc de Windsor s'approche de nous.

– Mary Ann, nous faisons un neuf trous au golf. Pourquoi ne nous accompagnes-tu pas ? Je te promets un panorama magnifique.

J'acquiesce de la tête. Un peu d'exercice m'aidera à secouer la torpeur qui me gagne. Je les suis, heureuse de m'occuper des nuages folâtres, du vent parfumé qui change de direction souvent, de la pluie si fine qu'on dirait une gaze légère vaporisée qui poudre mes cheveux et qui dure moins d'une minute. Je marche dans les hautes herbes qui bordent le parcours du golf et respire à pleins poumons les embruns du large. Je repense à ce que Jim m'a appris sur M. Mooney.

– Celui-là n'est pas un ami de l'Angleterre, croyez-moi, miss Mary Ann, m'a-t-il dit. Il déteste les Britanniques au plus haut point.

– Et mon père, là-dedans ?

– Votre père est sûrement au courant de ses affiliations, mais, en tant que gouverneur, il doit garder une attitude impartiale. Ce n'est un secret pour personne, la General Motors, pour qui travaille M. Mooney comme directeur, a investi cent millions de dollars en Allemagne nazie. Il va sans dire que cet argent a servi à fabriquer la machine de guerre.

– Une entreprise comme General Motors ne doit sûrement pas se mêler de la politique intérieure des pays étrangers ! ai-je répliqué.

– Vous seriez surprise, miss Mary Ann. On dit que les directeurs de GM en Europe estiment que les pays orientaux devraient relever du Japon, l'Europe, de l'Allemagne, et préconisent le démantèlement de l'empire britannique.

– Ce qui ferait bien l'affaire de M. Mooney !

– C'est un curieux personnage, comme plusieurs qui habitent ces îles. Un Irlandais et aussi le bras droit de Sloan. Lorsqu'il était officier dans la marine de réserve, il a reçu l'ordre de Mérite de l'Aigle germanique, comme Henry Ford et Charles Lindbergh avant lui. Ses sympathies se sont tournées vers la cause allemande.

– Vous êtes sûr, Jim, lui ai-je demandé, que M. Mooney est nazi ?

– Probablement. Il y a peu de temps, je sais qu'il a déclaré publiquement : « Hitler a tous les atouts ! »

Je dois tolérer tous ces hommes qui gravitent autour de mon père. Sur le parcours de golf, chacun rivalise d'adresse et exécute ses meilleurs swings. Ils discutent entre eux en marchant. L'acteur Errol Flynn, j'ignorais même son nom avant ce jour, ne l'ayant jamais vu au cinéma, regarde à plusieurs reprises dans ma direction et me sourit. Je reste impassible et détourne les yeux. Il a, quand même, une belle allure... oh ça, c'est certain, et il le sait.

Le garde du corps de mon père se tient à quelques pas de lui et porte sur son épaule son sac de golf en cuir marqué à ses initiales. Au cinquième trou, nous longeons la côte et j'entends le clapotis des vagues qui viennent s'écraser sur la plage de sable fin. À l'air de la mer se mêle le parfum des jasmins. La chaleur s'abat sur mes épaules et je vais chercher l'ombre sous un *lignum vitæ*, l'arbre national des Bahamas. En levant les yeux, je m'ébahis de voir les feuilles à la forme ovale, gorgées de sève, et la pulpe mauve des grappes de fleurs qui se déversent comme une cascade d'étoiles. Durant de longues minutes, la brise du large m'enveloppe d'un grand bien-être et je reste assise sous l'arbre qui me protège.

Je porte mon regard sur la mer qui effiloche, le long de la grève, une écume crémeuse comme une couche de neige de ma Gaspésie. Quelques flamants roses sont un peu nonchalants sous le soleil ardent de l'après-midi. Leur plumage corail contraste avec la mer turquoise. Les magnifiques échassiers inclinent gracieusement leurs têtes allongées et, de leurs becs angulaires sertis d'une ciselure qui, de loin, ressemble à de l'agate noire, ils effleurent la surface de la mer.

Au large, un vaisseau s'éloigne comme un voyageur de nuit. Je suis du regard, les yeux à demi clos, et crois reconnaître le *Southern Cross*, avec sa ligne sculptée et sa proue originale. Axel repart-il en voyage autour des îles ? À chercher des sous-marins allemands, peut-être ? La caresse effrontée de son genou contre le mien me revient en mémoire, et je souris malgré moi…

Soudain, le navire semble s'immobiliser. Un canot à moteur s'en approche. Je ne peux voir si le *Southern Cross* prend des gens à bord, mais, quoi qu'il en soit, le canot à moteur redémarre et file comme une flèche vers le rivage. Puis, il vire et contourne une pointe de l'île. « C'est fini, il a disparu », pensé-je. Je décide de quitter ma retraite et, à pas mesurés, je vais rejoindre le groupe de golfeurs. Je me sens mieux, moins accablée par la chaleur, et des idées amusantes me viennent à l'esprit. Je m'imagine une situation où Axel Wenner-Gren se penche pour accueillir sur son navire un officier du Troisième Reich, que son équipage hisse à bord, ou encore Axel lui-même qui tend la main à une jeune et belle espionne de qui il va recevoir des instructions. Il l'emmène dans sa cabine privée.

Ma pensée continue de vagabonder, j'imagine M. Mooney, qualifié d'agent subversif, donnant sa croix gammée au Suédois ou peut-être l'offre-t-il à Errol Flynn ! D'après Jim, il se paie les services d'un messager pour faciliter les échanges d'informations entre les Bahamas et le Troisième Reich et entretient des relations étroites avec Hitler lui-même.

De retour dans la villa, je demeure assise un peu à l'écart après avoir accepté une coupe de champagne. Dans la grande salle où nous sommes, les murs sont ornés de tableaux qui paraissent être des originaux. Les baies sont ouvertes sur la terrasse et je regarde les branches des palmiers qui se balancent dans la lumière oblique de cette fin d'après-midi. Au sein des groupes de messieurs, la conversation semble se centrer sur les meilleurs coups de la journée. Je comprends à travers le bourdonnement des voix que mon père a gagné. Chacun lève sa coupe pour honorer le vainqueur.

– Encore un peu de champagne, miss Mary Ann ?

– Non, je vous remercie.

Je me sens obligée de prendre part à la conversation, même s'il ne s'agit que de banalités mondaines. Rien ne suscite vraiment mon intérêt ; je joue la jeune fille gracieuse et polie. Cette conduite me convient. Mon père est décontracté ; je lis sur son visage un contentement qui me réconforte. Ses compagnons rient de ses bons mots. Mais il me tarde de rentrer et l'impatience me gagne. J'éprouve un vague malaise en prenant conscience du genre de personnes auxquelles nous sommes associés. Les histoires de Jim me tournent peut-être trop l'esprit !

De retour à Government House, je saisis mieux le conflit qui existe chez mon père, entre son rôle de gouverneur et le manque d'assurance qui le rend si souvent morose. Au cours d'une conversation à mots couverts avec sa femme, il l'informe qu'une personne, de l'Europe du Nord, a placé deux millions et demi de dollars en réserve aux Bahamas. Il dévoile aussi qu'une grande partie de ces capitaux leur est réservée sur demande, sans qu'ils aient à passer par les contrôles régissant les opérations de change.

— Il n'y a pas d'irrégularités, *darling*, répond mon père à une question de Wallis. Axel a fait la même chose pour Oakes et Mooney. Cela va tellement faciliter nos propres transactions, *darling*... Nos revenus ne nous permettent pas de nous offrir tout ce que vous désirez... Non, *darling*, insiste-t-il lorsqu'elle s'apprête à lui couper la parole... Mumsie... geint-il d'une voix penaude en lui jetant un regard languissant, ne grondez pas votre petit David... Vous verrez, tout ira bien !...

À cet instant, je trouve odieux le sourire qui se forme sur le visage de ma belle-mère et son petit rire maladroit m'énerve. Je ne peux m'empêcher d'intervenir.

— En temps de guerre, croyez-vous que c'est légal... ce que vous avez l'intention de faire ?

— Mais oui, répondent-ils en chœur sur un ton catégorique.

Je reste songeuse. Des personnages tels que Sloan, Mooney et Wenner-Gren apparaissent dans ma tête comme des oiseaux de proie. Deux millions et demi de dollars ! S'agit-il donc d'acheter le bon vouloir de mon père ? Si tout était révélé, que deviendraient sa réputation et son honneur ?

CHAPITRE XIV

Des fenêtres ouvertes, je perçois le crissement des pneus sur le gravier de la grande cour, des portes qui claquent, l'écho de voix. Un soldat dirige les chauffeurs et leurs voitures vers le parking, du côté des bureaux. Ce soir, c'est le bal. Je dois me présenter devant tous ces gens, devant la « société » de Nassau. Je suppose que nombre d'entre eux gravitent autour de l'ancien roi d'Angleterre pour satisfaire leur snobisme, pour « se faire voir » et clamer qu'ils « font partie » du cercle des Windsor. J'ai le sentiment d'assister à un rassemblement de courtisans. Malgré tout, il me faudra bien descendre, puisque mon père me l'a demandé. Un peu de sang-froid, d'audace, et tout se passera bien.

Je manque de confiance, je suis agitée, je fais les cent pas. Ma tête frôle le yucca que je cultive dans mon studio ; ses fleurs chatouillent ma joue. J'arrête de marcher un instant. Il faut que je me calme. Je suis là, toujours en attente… de quoi ? C'est bien évident… une lettre tendre qui ne requiert pas de réponse, la vision d'un paquebot qui s'approche du port.

— Ma chérie, a dit mon père, Claude est probablement à bord d'un bateau, au milieu de l'Atlantique.

N'oublie pas que nous sommes en guerre et qu'il lui est impossible d'envoyer des messages. Toute traversée doit être accomplie dans un silence radio total…

— Il doit sûrement pouvoir trouver un moyen de nous faire savoir…

— Non, Mary Ann, tu comprends bien que le réseau d'écoute est truffé d'espions qui ne demandent pas mieux que de capter un message qui puisse leur donner la situation d'un convoi ou même d'un paquebot. Ma chère petite fille, tu n'as aucune raison de t'inquiéter… Il faut attendre.

Attendre ! Je ne fais que ça. Depuis toujours, il me semble. Je reste là, immobile, à respirer doucement, regardant la lune grimper dans le ciel. Me revient l'image de la maison blanche que Claude inventait pour abriter notre amour, mais elle s'évanouit aussitôt. Que cette soirée se termine le plus vite possible…

J'apporte un soin particulier à ma toilette. Je sais que dans moins d'une heure, on me dévisagera, on me guettera et on me jugera. Je me regarde longuement dans le miroir sur pied. Ma bouche charnue dessine une moue qui dénote un manque d'aise et, sous mes cils très longs, mes yeux sont d'un vert si liquide et si clair qu'ils me gênent… surtout aujourd'hui alors que mon regard est plus tourmenté que d'habitude. Le léger maquillage que j'applique sur mon visage ne me donne pas un air plus assuré. Les artifices ne peuvent chasser mon inquiétude, seulement me rendre un peu plus belle…

J'attends avant de descendre. Les voitures circulent encore sous mes fenêtres et une odeur d'essence désagréable se mêle au parfum de jasmin et de citronnelle qui m'a rendue si heureuse à mon arrivée. Des pas pressés écrasent le gravier et des murmures de voix se perdent dans la nuit. Ma robe de bal, que je revêts pour la première fois, me sied admirablement – le décolleté du corsage est assez osé...

J'attache autour de mon cou le rang de perles que m'a offert mon père lors de notre première rencontre, en Gaspésie, et j'enfile le bracelet avec le mystérieux médaillon qui avait tant intrigué Claude. Sans vouloir réveiller ma tristesse, je répète son nom... Claude, Claude, Claude, mon tendre amour !

J'ai remonté ma longue chevelure encore un peu trop rebelle en chignon. Quelques boucles éparses retombent sur ma nuque, un peu à la Pauline Bonaparte.

Il est temps que je descende.

Je passe devant le portrait de mon grand-père, resplendissant dans ses vêtements de cérémonie. Un grand frisson me parcourt ; je m'arrête, indécise, au milieu de l'escalier. Une multitude de gens circulent entre le hall, le grand salon et les portes ouvertes de la terrasse. Je n'aperçois ni mon père ni ma belle-mère. Un mélange de parfums, légers et plus capiteux, se dégage des épaules nues des dames et vient frapper mes narines. Une demi-douzaine de garçons vêtus de rouge et blanc, les couleurs du prince de Galles, circulent parmi les invités, les uns avec des plateaux chargés de coupes de champagne, d'autres offrant des canapés et des amuse-gueules. Les sons étouffés d'une musique de danse me parviennent à travers le brouhaha des voix.

Les conversations s'interrompent ; je ne peux masquer mon irritation à sentir tous ces yeux braqués sur moi. Pourtant, je relève le menton et affronte la curiosité que je viens d'éveiller. D'un groupe de messieurs, tous en habit du soir, un seul s'avance vers moi.

– Bonsoir, monsieur Wenner-Gren, lui dis-je en lui tendant la main.

Il s'incline, me fait un long baisemain ; une mèche de ses cheveux chatouille mon bras.

– Bonsoir, milady, murmure-t-il en se redressant.

Son regard se porte sur ma poitrine, comme une caresse souveraine. Je me sens de nouveau troublée.

– Venez, miss Mary Ann, reprend M. Wenner-Gren en appuyant sur le « miss », le duc est occupé, et je me ferai un plaisir de vous escorter.

Il prend mon bras et m'entraîne vers une femme, la sienne, déjà titubante.

– *Darling*, dit-il, je te présente miss Mary Ann Mayol, une parente du duc et de la duchesse…

– Enchantée, fait-elle froidement en portant son verre à ses lèvres. Votre beauté va certainement conquérir mon mari, ajoute-t-elle en plongeant sa main dans le plateau de canapés qu'un jeune garçon lui présente.

De gros diamants scintillent à ses doigts. Ses yeux volontaires brillent étrangement dans son visage rouge et bouffi… elle ne doit pas être commode.

Ce n'est pas la première fois qu'une crainte sourde mine la confiance en moi que j'ai réussi à me donner. Le regard de Wenner-Gren se fait trop familier, il m'offense. J'ai l'impression qu'il lit en moi comme dans un livre. Je lâche son bras et m'éloigne avant qu'il me retienne.

En d'autres circonstances et en d'autres lieux, je n'hésiterais pas à fuir, à en faire à ma guise. Mais ce soir, sous les regards inquisiteurs, je reprends mon aplomb, et je tends la main à Harry Oakes et à sa femme avant même de leur être présentée.

– Comment allez-vous ? leur demandé-je, je suis Mary Ann Mayol.

Ils me saluent poliment. Harry Oakes me dévisage. Je soutiens son regard.

– Vous devez comprendre, miss Mary Ann…

Je sursaute. M. Wenner-Gren est de nouveau à mes côtés. Il prend mon bras dans sa main chaude ; j'essaie de me dégager, mais sa poigne solide semble dire « laissez-vous faire ». Il parle à voix basse et l'étreinte de sa main sur mon bras se resserre.

– … que les gens seront surpris de voir que vous ressemblez beaucoup au duc de Windsor… alors faites l'étonnée, même une cousine éloignée peut lui ressembler…

– Ce n'est qu'une coïncidence.

J'ai répliqué avec tant de ferveur qu'il en reste bouche bée. Je regarde autour de moi et, voyant certains sourires sur des visages inconnus, je lui demande de me présenter.

Je fais ainsi la connaissance des ducs de Sutherland, de Leeds et de Manchester et, entrant dans le grand salon, nous rencontrons MM. Mooney et Sloan, qui discutent avec animation.

– Je m'excuse de vous interrompre, dit M. Wenner-Gren en souriant, mais je voudrais vous présenter une grande beauté, encore inconnue de Nassau, miss Mary Ann W… pardon, Mayol.

– Nous sommes enchantés, disent-ils à l'unisson, courbant la taille l'un après l'autre afin de baiser ma main. Nous avons eu l'honneur, ajoute M. Sloan, de faire la connaissance de cette charmante demoiselle, à Cat Cay, mais nous n'avons pas eu l'occasion de nous entretenir longuement. Vous êtes française, mademoiselle Mayol ?

— Non, je suis canadienne-française.

— C'est charmant, mademoiselle. J'espère avoir le bonheur de vous revoir bientôt, continue M. Sloan en me regardant droit dans les yeux, un peu effrontément, lui aussi.

Il lève son verre et demande de porter un toast à notre hôte. Une voix mélodieuse, très française, derrière moi s'exclame :

— Cher Axel, je vous prie de me présenter à cette si belle demoiselle !

— Très bien, Alfred, mais je ne crois pas que miss Mayol ait beaucoup de temps pour un coquin comme vous. Enfin, Mary Ann, je vous présente le comte Alfred de Marigny. Alfred, miss Mary Ann Mayol !

— Enchanté, monsieur le comte.

— Mademoiselle Mayol, c'est moi qui suis ravi de faire votre connaissance, dit Alfred de Marigny en portant ma main à ses lèvres. Vous n'allez certainement pas vous laisser entraîner par ce rustre suédois, venez plutôt avec moi…

— Non, cher Alfred, dit mon père qui vient de surgir à mes côtés, elle vient avec moi.

Je l'embrasserais tant je suis heureuse de m'échapper des griffes de ces hommes encombrants. Je leur souris simplement, l'air détaché et neutre.

Dans le brouhaha des conversations, j'entends quand même Marigny qui demande :

– Mais qui est cette exquise jeune fille ?

– Un mystère…

Mon père m'entraîne vers quelques invités en me murmurant à l'oreille : « *Mary Ann, you do look magnificent !* » La musique devient plus étourdissante. Mon père me présente aux Messmore de New York, les propriétaires des Knoedler Galleries. M. Messmore raconte des histoires en prenant un faux accent écossais ou cockney et Mme Messmore est habillée et coiffée d'une manière spéciale : d'énormes perles dans le chignon déjà empanaché d'aigrettes de différentes couleurs, plusieurs colliers et anneaux et une robe arc-en-ciel ; peut-être est-ce la mode de la « saison » ? Je salue aussi les Goldsmith de Monte-Carlo accompagnés de leur fils de sept ans, James. Je parle aussi avec la duchesse de Leeds, qui se plaint amèrement que des Rolls Royce, elle a été forcée de laisser la sienne à Paris, sillonnent aujourd'hui les rues de Berlin. Ce n'est pas sans un peu de gêne que j'observe cette société affamée de plaisir, tandis que l'Europe en guerre s'écroule.

– Votre Altesse Royale, dit une voix très anglaise, Mlle Mayol vous ressemble tellement ! Puis-je me permettre de l'embrasser sur la joue ?

– Vous voilà donc, Noël ! Mary Ann, laisse-moi te présenter Noël Coward, l'un des plus grands talents du théâtre et du cinéma en Angleterre. Vous semblez déjà connaître Mary Ann, ajoute-t-il. Tu nous fais des cachotteries, ma chère cousine ?

– J'ai suivi mademoiselle pendant quelques minutes, explique Coward en s'inclinant sur ma main avant de m'embrasser sur la joue. Il faut traiter avec gentillesse le grand talent, Votre Altesse Royale !

– Vous ne péchez habituellement pas par fausse modestie, Noël. Est-ce une nouvelle habitude ?

– Pas du tout, Votre Altesse Royale... Près de vous, je me sens si soumis...

Je tâche d'ignorer le regard un peu pervers qu'ils échangent tous les deux. Leur attitude nonchalante cache mal une étrange fébrilité. Et durant une fraction de seconde, j'ai l'impression que leurs bouches voudraient se toucher. C'est extrêmement troublant.

Se tournant de nouveau vers moi, M. Coward déclare :

– Quel plaisir de vous connaître.

– Tout le plaisir est pour moi.

Je l'observe avec une immense curiosité. Son air malicieux et taquin semble ne jamais le quitter et son regard vif et pétillant est impressionnant. De sa haute taille, il nous domine. Outre mon père, c'est l'homme le plus élégant de tous ceux qui sont rassemblés ici ce soir. Dans sa main droite, il tient un long fume-cigarette en ivoire et des volutes de fumée s'en échappent à chacun de ses mouvements.

La duchesse vient nous rejoindre. Elle fait sensation dans sa robe moulante de couleur ivoire. Elle porte des gants assortis qui montent jusqu'à ses avant-bras. Des diamants brillent à son cou, à ses oreilles et à ses poignets. Je remarque, pour la première fois, combien ses hanches sont étroites et sa taille mince ; sa mâchoire large donne à son visage un aspect masculin. Quand elle rit, ses yeux se ferment et l'on ne voit que sa grande bouche au sourire figé.

– Votre Grâce, lui dit Noël Coward, comme toujours, votre réception est parfaite et, ajouterais-je, quel déploiement d'élégance et de majesté.

On ne sait jamais, avec Coward, s'il est sérieux ou non, mais ma belle-mère semble enchantée de ses bons mots. Du coin de l'œil, j'aperçois la tante de la duchesse, Bessie Merriman, que j'ai rencontrée à son arrivée à la résidence. Elle s'entretient avec M. Wenner-Gren. Au fil de notre brève conversation, hier soir sur la terrasse, Bessie m'a confié que sa nièce prend l'avion toutes les semaines pour se rendre à Puerto Rico. Je n'ai jamais su la raison d'une telle confidence de sa part. Wallis va-t-elle chercher là-bas l'élixir de jeunesse et de beauté ? Sans vouloir être malveillante, je me demande si elle trompe mon père, à moins qu'elle ait des rendez-vous clandestins avec les Allemands. Mais tante Bessie n'est peut-être rien d'autre qu'une commère malveillante.

Dehors, le son d'une cornemuse se rapproche dans la nuit calme. La pleine lune est si lumineuse qu'on voit comme en plein jour. La plupart des invités se regroupent sur la terrasse. Jim, lentement, monte l'escalier en jouant des airs écossais. Il exécute une musique plaintive, une mélodie mystérieuse et féerique de son pays natal... Jim interprète successivement *Scotland the Brave*, *Loch Lomond* et *The Scottish Soldier*. On l'applaudit et je le regarde avec un grand sourire. Il est magnifique dans sa tenue du clan des McGregor.

— *A splendid chap*, murmure Noël Coward qui m'a suivie et se tient à mes côtés.

— En effet, dis-je.

À ce moment même, Jim s'approche imperceptiblement de nous — je suis sûre qu'il me fait un clin d'œil.

Son visage respire la sérénité tandis qu'il joue. Je l'observe, émerveillée, quand il interprète un air écossais connu, *I'll Take the High Road*. Il est vêtu du kilt du tartan des McNish-Porter et du pourpoint du clan des McGregor, dont ils font partie. Les boutons de sa tunique sont en argent, et ceux du plastron de sa chemise empesée sont en onyx. Une perle de la rivière Tay, enchâssée dans une monture d'argent mat, est épinglée sous le col. Il ne porte pas la cravate, mais un nœud papillon en soie noire sur un faux col dur à pointes. Un calot Glengarrie, avec deux rubans sur l'arrière et l'écusson des McGregor sur le devant, complète le costume. Ses bas sont aussi magnifiques que le reste… des chaussettes à carreaux Argyll. À sa jambe gauche, il y a le petit poignard traditionnel, le *skean dhu* – un mot gaélique signifiant « couteau noir » –, couronné par la pierre ambre des Cairngorm. Jim s'en retourne de la même façon qu'il est arrivé, sous le crépitement des applaudissements.

Le maître d'hôtel s'avance et annonce d'une voix forte et bien timbrée :

– *Your Royal Highnesses, my lords, ladies and gentlemen, dinner is served !*

Mon père préside le repas qui se déroule dans une gaieté que je juge un peu affectée. Les verres tintent de toutes parts. Des vins millésimés accompagnent les plats : du saumon fumé en rosace avec du melon vert, une salade de langoustes rehaussée de petites tomates farcies aux piments doux et, pour finir, un sorbet aux fruits exotiques.

Demain, je penserai à autre chose… il me tarde déjà de surprendre l'aube rouge au-dessus des chèvrefeuilles mouillés de rosée. En attendant, je me prête aux mondanités comme jamais avant. Après le dîner, je suis présentée à quelques ministres du gouvernement et hauts fonctionnaires. Ma belle-mère circule d'un groupe à l'autre, élégante, sûre d'elle. Elle est, littéralement, la reine de cette soirée, c'est une femme très féminine et non la virago des rumeurs.

En m'approchant d'un autre groupe, je surprends quelques bribes de phrases qui me clouent sur place... Il est question d'un musicien qui fait une tournée en Europe. J'ai cru entendre le nom de Claude, mais je dois me tromper, c'est sans doute ma hâte de retrouver mon amoureux qui me joue des tours. D'autant plus qu'on laisse entendre que le personnage en question aurait des activités secrètes.

— Il fait du bon travail pour eux, commente une voix d'homme qui répond ensuite à une question que je n'ai pas comprise. Oui, à travers sa musique... non pas pour le moment... parlez plus bas, on vient...

M. Wenner-Gren se tourne vers moi et la conversation prend abruptement fin. J'ai blêmi, mais, dans la pénombre de cette partie de la salle de bal, personne n'aura pu le remarquer. « Mon Dieu, me dis-je, de qui parlent-ils ? Faites que ce ne soit pas de Claude. » Je me force à sourire et continue mon chemin jusqu'à ce que je sois près de mon père. Son interlocuteur l'écoute respectueusement.

— J'espère, dit mon père, que je vais pouvoir m'échapper cet été et faire voir à la duchesse le ranch que je possède près des montagnes Rocheuses.

Sa conversation est interrompue par le maître de cérémonie qui annonce à l'assemblée :

— Mlle Mayol a le plaisir de jouer du piano pour vous dans la bibliothèque.

Le dos un peu las, je regarde le clavier devant moi. J'incline la tête, les touches noires et blanches me réconfortent. Je n'ose lever les yeux sur mon auditoire ; quelques dames se sont assises, d'autres restent debout. La fumée des cigares me picote les narines et me donne presque envie d'éternuer.

Pour débuter, je joue, avec une ferveur inhabituelle, un mouvement de la *Pathétique* de Beethoven. J'y mets toute ma passion refoulée, ma passion pour Claude qui devrait être aujourd'hui à mes côtés. Je me plonge dans le passé qui s'attache à cette musique qu'il a faite sienne. M'envahit une fraîche volupté, comme celle que j'ai connue quand, sur les bords du Saint-Laurent, j'écoutais le reflux des vagues.

Un silence total suit la dernière mesure, puis des applaudissements frénétiques retentissent. Une voix me demande :

– Mademoiselle Mayol, connaissez-vous l'un de vos compatriotes, Claude Foucault ?

Je fais un signe affirmatif de la tête, ma gorge est serrée par l'émotion.

– Son jeu est admirable, comme le vôtre, mademoiselle Mayol, ajoute la voix. Je l'ai applaudi à la salle Pleyel, juste avant la guerre – un virtuose.

Je le remercie. Je tremble presque ; une larme roule le long de ma joue et je me détourne pour ne pas attirer l'attention. Puis je me lève et dis :

– Je voudrais vous jouer des extraits de la *Rhapsody in Blue* de Gershwin. Soyez indulgents, car je viens de la découvrir !

Dès les premières notes, je m'élance vers un autre univers et je n'ai plus peur. Mes mains courent sur le clavier. Je voudrais que la musique matérialise le mouvement perpétuel de la ville, l'énergie du noctambule qui reprend vie quand tombe le jour.

Après avoir salué profondément l'assistance, je me dirige vers la porte. Je suis ravie de mon interprétation… ma musique vibrait – et je m'y connais – d'une émotion touchante.

– Noël, Noël, à votre tour, jouez pour nous, réclament les invités.

M. Coward m'attrape par le bras alors que je m'éclipse.

– Vous venez avec moi, dit-il sur un ton qui ne me laisse pas le choix, nous allons jouer des duos. Et, bien entre nous, continue-t-il à voix basse en me ramenant vers le piano, vous jouez trop bien pour eux, mais ne le dites à personne.

Je m'assieds à sa gauche et, petit à petit, je parviens à suivre sa musique et l'accompagne pendant *Conversation Piece*, *Cavalcade*, et un air de sa chanson *Some Day I'll Find You*. À la fin de chaque morceau, les applaudissements crépitent. Des voix supplient :

– Noël, chantez-nous *Mad Dogs and Englishmen*.

Et il entame l'une de ses chansons les plus populaires : « *Mad dogs and Englishmen stay out in the midday sun…* » « Il n'y a que les chiens enragés et les Anglais qui restent sous le soleil de midi… » La chanson, dont les paroles sont presque intraduisibles, se moque du caractère anglais.

Le bal s'ouvre. M. Coward prend congé. Il courbe sa longue taille et baise ma main.

– *You're a lovely girl, my dear. Don't let Nassau's society spoil you !*

Et, me regardant droit dans les yeux, il ajoute :

– Vos belles prunelles cachent un grand secret... bon courage !

Je passe par la terrasse et l'escalier qui conduit au niveau supérieur pour me rendre à la salle de bal. De la terrasse, la vue est magnifique ce soir et je reste un instant à admirer le paysage. L'orchestre joue une valse de Strauss. Alfred de Marigny s'approche.

– Mademoiselle Mayol, me feriez-vous l'honneur de danser avec moi ?

– Je n'ai pas l'habitude de valser, vous savez. Vous m'avez surprise... je rêvais...

– Oui, vous sembliez perdue dans vos pensées. Il y a quelques minutes que je vous observe, dit-il en m'offrant son bras. L'orchestre attaque un petit fox-trot ; venez, cela se danse tout seul, vous verrez.

Alfred de Marigny a l'allure d'un homme du monde accompli et raffiné, mais sa façon de danser me choque. Ses bras m'enserrent trop fort et je n'apprécie pas les attouchements auxquels il tente de se livrer sur ma personne. Cela me répugne. Dès la dernière note, je le prie de m'excuser et file vers la terrasse.

Grâce à Jim, je sais déjà plusieurs choses sur Alfred de Marigny. C'est un homme à femmes, un coureur de jupons. Il a, dans l'espace de quelques mois, épousé deux femmes, la dernière se révélant encore plus riche que la première. Le couple menait une existence facile, remplie de fêtes, de courses de yacht, de mondanités, jusqu'à ce que Ruth, fatiguée de la réputation de gai luron de son mari, de sa notoriété dans le monde du yachting, l'abandonne : « Assurément, Freddie, aurait-elle dit le jour du divorce, tu n'auras plus un sou de moi. »

Je décline toutes les invitations à danser sauf celle de mon père, qui m'entraîne dans une valse sur un air de Strauss. Je sens son souffle sur mon visage et je voltige dans ses bras. Je suis heureuse.

– Votre Altesse Royale, vous dansez comme un ange…

– Et toi aussi, ma petite Mary Ann.

Il est tard et les invités commencent à s'en aller. Je crois que j'ai aussi besoin de me retirer et j'essaie de m'éclipser discrètement. Sur la terrasse, l'air est plus frais maintenant. Alfred de Marigny m'a suivie et, en l'apercevant, je me hâte vers le salon, traverse le grand hall et me dirige vers l'escalier menant à l'étage.

M. Wenner-Gren coupe ma fuite.

– Je suis venu vous dire bonsoir. Mon épouse insiste pour rentrer. Mais, avant que nous nous quittions, prenons un verre de champagne ensemble… vous voulez bien ?

« Sois charmante et tais-toi !… » pensé-je. Je penche la tête. Sans détourner ses yeux des miens, il me tend un des deux verres de champagne qu'il tient dans ses mains. Il me regarde comme s'il voulait m'hypnotiser. Les battements de mon cœur s'accélèrent. Je ne pense pas me tromper, j'en suis convaincue, il me désire. Ses yeux et tout son corps envoient des signaux que je ne peux interpréter autrement. Mais s'il croit que je vais répondre à ses avances… vraiment, quel toupet !

– Au revoir, Axel, lui dis-je en tendant ma main avant de monter l'escalier.

– Bonne nuit, milady, murmure-t-il.

Il porte encore une fois ma main contre ses lèvres.

Un frisson court le long de mes veines au contact de son baiser mouillé sur ma peau… Je retire brusquement ma main et je me sauve. « Pour qui se prend-il, murmuré-je, furieuse. Zut alors ! »

Mon esprit se cache à la façon d'un cheval que l'obstacle importune. Je n'ai pas peur d'être émue, mais j'ai peur de l'atmosphère de drame que je devine autour de moi… Il se passe tant de choses qui m'échappent encore ! À la fin de cette soirée, je n'espère rien d'autre que du repos. Je veux oublier l'image du cercle d'amis de mon père dont la renommée rend des sons fort divers.

Le lendemain, au petit-déjeuner, je lis un article écrit par le journaliste Étienne Dupuch, du *Nassau Tribune*, lui aussi convié à la réception de la veille : « Une ravissante et mystérieuse beauté parmi nous ! Est-ce une parente de la duchesse ou bien de notre gouverneur ? Sa grâce et sa musique ont conquis les invités présents à la somptueuse soirée donnée à Government House. Mlle Mayol est un atout pour notre bonne société de Nassau. Nous espérons que son séjour parmi nous sera de longue durée ! »

Je suis flattée d'avoir une place d'honneur dans ce compte rendu de la soirée, en première page, mais je remarque que ma belle-mère pince les lèvres lorsqu'elle lit ce qui a été écrit sur moi. Heureusement, M. Dupuch a aussi trempé sa plume dans du miel pour faire l'éloge de l'épouse du gouverneur.

CHAPITRE XV

Après l'effervescence des derniers jours, il me faut reprendre patience, avancer vers l'avenir sans me retourner, sans faire volte-face... mais pourquoi donc ferais-je volte-face ? Claude sera là bientôt... il entrera de nouveau dans ma vie et je l'admirerai... nous nous agenouillerons devant le printemps lui-même, ivres du parfum des abricotiers, puis nous danserons, en pleurs, enivrés de nos baisers, et je chanterai : « Enfin ! Oui, enfin ! »

Tout le monde désire la présence des Windsor, je m'en rends vite compte. Les invitations s'accumulent : un carnaval à Cuba, un mois dans l'État du Michigan, une foire campagnarde au Texas, et d'autres. Or un membre de la famille royale ne peut entrer aux États-Unis que sur l'invitation directe du président. Alors, les Américains viennent vers les Windsor. Ils assistent aux courses à Montagu Park, au Jungle Club, avec MM. Wenner-Gren et Sloan, et viennent danser au Emerald Beach. Leurs noms sont gravés sur tous les trophées des sports en vogue, tels que la course de voiliers entre Miami et Nassau, le golf au Bahamas Country Club et le polo à Clifford Park.

Pour ma part, je me tiens à l'écart des principales activités qui ont lieu durant la « saison » et qui, tout compte fait, exigent quelques efforts. J'ai besoin de sommeil... J'apprends l'art de décliner les invitations avec adresse – mon père en est déçu, mais cela ne me tourmente pas. Je n'ai aucun désir de rencontrer les Wenner-Gren, Sloan et Oakes de ce monde...

Ce matin, en passant devant le boudoir de ma belle-mère, je ne peux m'empêcher d'y jeter un coup d'œil. La duchesse est là, elle se repose, la tête appuyée sur le dossier de son fauteuil. Sa pâleur, accentuée par une petite aile de lumière qui touche le mur bleu près d'elle, m'inquiète. Elle est seule. Je m'approche.

– Madame, lui dis-je doucement, êtes-vous souffrante ?

J'ai peur de me tromper lorsqu'elle ouvre lentement les yeux... Va-t-elle me congédier, me faire une remontrance ? Elle pose sur moi un regard généreux, inoubliable, mais mesuré... Pourtant, elle ne m'aime pas, ça, je le sais.

– Oui, Mary Ann, un peu...

Elle referme les yeux. Elle tremble un peu, soupire d'une tristesse dont elle seule connaît la cause et ne bouge pas. L'angoisse se lit dans ses yeux mi-clos et sur sa bouche qui se crispe. Je n'aurais jamais imaginé que ce visage puisse exprimer un trouble si profond. Je la plains.

– Puis-je faire quelque chose pour vous, madame ?

Elle hésite, se lève et asperge un mouchoir en dentelle d'eau de Cologne qu'elle applique ensuite délicatement sur son visage et son cou. Puis, elle vient se rasseoir.

– Que puis-je faire pour vous, madame ?

– Simplement m'écouter, Mary Ann ! Ah ! Je déteste cette chaleur humide ! Les vêtements collent au corps... ma tête est lourde et je suis si fatiguée. De plus, je suis inquiète au sujet du duc de Windsor... de ses tractations financières avec Wenner-Gren, Oakes et Christie. Nous avons besoin d'une plus grande sécurité financière... nous ne sommes pas riches, continue-t-elle en levant la main. Nous devons maintenir un certain standing de vie...

Elle soupire.

– J'ai l'impression que nous sommes constamment surveillés. Et ces hommes louches autour de nous... On dit même, et c'est si grotesque, que nous sommes à la solde des Allemands ! Comment cela va-t-il se terminer ? Devrons-nous finir en résidence surveillée ?

Il est étrange de l'entendre se plaindre et je dois avouer que je préfère la femme au comportement altier et dramatique à cette femme prostrée pleurnichant sur son sort.

– Cette île des Bahamas, Mary Ann, c'est mon île d'Elbe ! Ah, pouvoir nous échapper d'ici ! Tous ces crabes qui détalent partout, ces horreurs que je déteste plus que tout au monde... et les énormes punaises de palmiers, et les fourmis partout... Hier, Mlle Moulichon a trouvé des fourmis dans un de mes pots de crème. J'en ai encore le frisson... et cet orage qui va bientôt s'abattre sur nous. Ah ! Mon Dieu !

Elle marque une pause, puis continue :

– Si nous n'avions pas de soucis financiers, notre vie serait plus facile. Le duc est incapable d'administrer nos finances. Il a été éduqué pour être roi, après tout, et

Londres oublie cela. Il mérite mieux que cet exil. Nous faisons pourtant notre possible. Son style de vie ne peut lui être enlevé, il lui revient de droit ! Enfin, soupire-t-elle en tapotant son front, nous comptons faire un voyage aux États-Unis sous peu, si Dieu le permet... Nous avons tellement besoin de changement !

Elle s'arrête, puis me demande de la laisser. En sortant, je tire le cordon pour appeler sa femme de chambre.

Comme gouverneur, mon père essaie d'introduire des réformes sociales pour favoriser la population noire des îles, mais, dit-il, « ces propositions ne pourront changer les relations raciales entre les différentes factions ». En réalité, pour mon père, les Noirs sont des personnages invisibles – il n'a pas confiance en eux.

Dans la population, il n'existe ni opinion publique ni conscience politique ; les Noirs qui ont accès aux affaires financières et politiques sont rares, leur crédit et leur influence étant très limités. Ils ne sont que cinq en politique, pour la plupart de tendance conservatrice, mais l'un d'entre eux, Milo Butler, est plus actif et plus bruyant. Il a été élu à la House of Assembly après que Harry Oakes a été nommé au Conseil législatif. Il est devenu la voix embarrassante de ses pairs. Lorsqu'il se montre trop exigeant, on le malmène. On m'a raconté qu'un jour de débats parlementaires, on l'a enfermé dans les toilettes jusqu'à ce que le scrutin soit terminé, car il avait refusé de renoncer à son opposition sur l'ordre du jour...

Je crois que mon père prend son travail au sérieux et qu'il joue son rôle de gouverneur avec dévouement.

Je l'ai vu, rouge de fureur, combattre la majorité des Blancs qui cherchait à abolir l'enseignement secondaire pour les enfants noirs ; il a remporté cette victoire mais, malheureusement, il ne peut pas comprendre la naissance d'une forte conscience sociale chez la population noire pour qui le système de gouvernement devrait changer. Mon père désire sincèrement mettre fin à leur pauvreté endémique : il veut un monde où ses plans d'agriculture, de reboisement des forêts, de construction d'écluses, d'élimination de la malaria par un contrôle serré des moustiques seraient une source de travail, surtout pour les jeunes de dix-huit à vingt-cinq ans. Par ses projets humanitaires, mon père tâche d'amorcer une nouvelle ère pour les natifs des Bahamas. Mais, m'a expliqué Jim, il aura à traiter avec les Bay Street Boys, et ce ne sera pas facile.

CHAPITRE XVI

Ma main tremble, je la porte à ma poitrine, contre mon cœur… il va éclater de douleur si j'essaie le moindrement de bouger. Un long sanglot noue ma gorge, mes membres sont de glace… j'étouffe. Je m'effondre sur mon lit. Tout s'arrête autour de moi… bien des secondes passent, puis je me force à relire le télégramme :

Claude prisonnier des Allemands Stop Ministère de la Guerre ne peut rien pour lui Stop Soupçonné d'espionnage Stop Que pouvons-nous faire Stop Signé Dr Gatineau

Ma douleur m'écrase. L'être que j'aime plus que tout au monde est dans un lieu où je ne peux le rejoindre. Il est prisonnier… prisonnier.

Une fois plus calme, ayant cessé de trembler, je regarde l'éclat ensoleillé de l'après-midi et fouille dans ma tête, dans mon cœur, dans mon âme, dans mon amour…

Je tourne dans ma tête des idées éparses, quelques-unes en lambeaux, d'autres si fragiles… mais, timidement, comme l'apparition d'un arc-en-ciel après l'orage, mon monologue se déploie et j'y vois un sourire momentané de soleil. Oui, je saurai que faire, je crois que je saurai que faire ! Et je contemple un mince espoir qui clignote…

Je quitte mon lit, mes muscles crispés sont douloureux, je suis étourdie et je me sens faible. Je reste immobile pour un moment, le temps de reprendre mon équilibre. J'étouffe dans la solitude de ma chambre, il me faut parler à quelqu'un. Personne dans le corridor. Je m'adosse au mur, soupire profondément. Mon anxiété s'atténue… je cherche encore un chemin… je me retourne… mais c'est dans mon cœur et dans ma tête qu'il s'établit, ce chemin.

La porte des appartements de mon père et de Wallis est fermée. J'espère que mon père est dans son bureau. Lentement, je passe devant les fenêtres ouvertes qui laissent entrer la chaleur ; à cette heure de la journée, les ombres sont courtes et l'air sent le gardénia… Dans mon cœur et avec Claude, je respire plutôt le parfum de ma Gaspésie. J'essuie mes yeux avant de frapper à la porte du bureau.

– Oui, entrez !

« Merci mon Dieu, mon père est là ! » Je ne cherche pas à approfondir le ton impatient de la voix. Je suis trop absorbée. J'ouvre la porte.

– C'est toi, *darling*, dit-il en me regardant brièvement, je suis…

Il se lève précipitamment et vient vers moi.

– Mary Ann, tu es pâle comme une morte. Que t'arrive-t-il ?

Les larmes aux yeux, je lui tends le télégramme.

Je me retrouve dans ses bras ; il me serre contre lui, embrasse mon visage, mes cheveux…

– *My darling, darling little girl,* ce n'est pas possible ! Quel malheur !

Les yeux de mon père s'assombrissent alors qu'il répète à plusieurs reprises : « Quel malheur ! »

Se succèdent dans mon esprit des idées folles, hardies… Je me laisse choir dans un fauteuil et lui fais part de mes plans.

– Mais c'est impossible ! s'exclame mon père. *My darling little girl,* tu ne peux pas être sérieuse ! Tu veux rencontrer Hitler pour demander la libération de Claude ? C'est absolument impossible, Mary Ann !

L'image que j'élaborais s'agrandit… je me laisse emporter vers elle, en faisant abstraction de tous les obstacles, vers cette image touchante, celle de moi-même, Mary Ann Windsor, qui aurai le courage, l'habileté de plaider, non, qui aurai le courage de chercher à accéder au monde du chancelier allemand et, là, de plaider la cause de la libération de Claude. Est-ce alors une association de pensées ?… un nom me vient à l'esprit…

– *Father,* je ne vous ai jamais demandé aucune faveur. Maintenant, je me permets de quémander humblement la possibilité de me rendre en Allemagne… oui, je dis bien en Allemagne !

– En passant par la lune, je suppose ? Mary Ann, tu ne te rends pas compte de l'énormité de ta requête. Je ne peux pas accomplir des miracles ! Nous sommes en guerre contre l'Allemagne. Tu ne l'as pas oublié ?

– En quoi, dis-je d'une voix que j'ai du mal à maîtriser, les Allemands d'aujourd'hui sont-ils si différents de ceux dont vous faisiez l'éloge il y a quelques années ?

Il s'avance vers moi. Je crois qu'il va me frapper. Il m'aide à me relever et m'attire contre lui. Je pleure contre son épaule.

— *Father*, j'adore Claude. Après vous, il est la personne la plus importante de ma vie. Pour lui, je ferais tout, mais tout au monde.

Il resserre son étreinte.

— Vous comprenez, *father*, il faut absolument que j'aille là-bas pour obtenir sa liberté. Il faut que ce soit Mary Ann Windsor, Lady Belvédère, qui se rende à Munich, ou à Berlin, ou même sur l'Obersalzberg et au « Nid d'aigle ».

— *My dear little girl*, tu sais fort bien que ce que tu demandes est impossible. Te rends-tu compte ? Tu as à peine vingt ans et tu veux que je te laisse aller en pays ennemi plaider pour la liberté d'un homme soupçonné d'espionnage. C'est comme si je signais ton arrêt de mort ! Mary Ann, non, non, je ne peux pas !

« Demain, oui, demain, pensé-je, j'en suis sûre, je surprendrai l'aube rouge au-dessus des tamaris exotiques, à travers les palmiers qui retiendront, au bout de chaque palme, une perle de rosée. À mon réveil — ma nuit sera courte, j'en ai la certitude —, j'aurai trouvé la paix d'esprit, ou du moins un début de sérénité, parce que, entre Claude et moi, je construirai un chemin de retour… oui, c'est cela, un chemin de retour. »

— *Father*, avec des laissez-passer il serait possible pour moi de circuler en pays ennemi. M. Wenner-Gren pourrait m'aider, aussi.

— Quoi ? Mary Ann, tu es folle !

Je sens en moi une hardiesse singulière, une vitalité qui m'inspire et qui me rend de plus en plus entreprenante. Je réplique avec véhémence :

– Oh non, je sais exactement ce que je dis. Je sais que votre prestige d'ancien roi compte beaucoup pour le chancelier allemand, et je saurai m'en servir ! Hitler a déjà dit de vous que vous n'étiez pas un ennemi de l'Allemagne. Oui, *father*, j'ai l'intention d'être à la hauteur de l'ancien roi des Anglais qui a frayé avec les grands de l'Allemagne nazie et, forte de cette bonne volonté, je vais demander la liberté de Claude... Il vous faut m'aider.

Je regrette mon emportement. Le visage de mon père est d'une extrême pâleur. Il s'assied lourdement à son bureau.

– Mary Ann, murmure-t-il, accablé, je ne te croyais pas si implacable.

Tout semble vieillir autour de moi... des rides profondes barrent son front, sa bouche s'affaisse... Même le soleil se cache derrière un gros nuage qui, soudainement, emplit le ciel... un orage va-t-il éclater ? Nous restons tous les deux silencieux... Je culpabilise... j'ai blessé mon père.

Un petit bruit, on dirait une volée de grains de sable projetés contre la fenêtre, vient remplir le silence de mort qui règne dans la pièce. Peu à peu il s'amplifie en un rythme fluide et sonore. Il pleut.

– Le jardin va en profiter, dit mon père à voix basse.

Je le regarde ; son air malheureux me fait mal. Je me précipite vers lui :

– Excusez-moi, *father*, je n'ai pas voulu vous blesser. Mais comprenez-moi, je suis désespérée.

– Ma pauvre chérie, il faut que tu sois raisonnable. Ta requête est si extravagante. Il n'y a pas que Hitler, il y a Goebbels et Himmler avec sa Gestapo, et, si Claude est soupçonné d'espionnage, c'est Himmler qui a autorité pour agir. Cela complique la situation.

– *Father*, Hitler est le chef et c'est à lui que je veux m'adresser...

– On pourrait négocier par les voies diplomatiques.

– Jamais de la vie, nous n'avons rien à négocier. Goebbels peut faire une publicité tapageuse s'il le désire. Moi, *father*, j'ai la certitude que Hitler m'accordera la faveur que je vais lui demander. Il faudra aussi que la Croix-Rouge intervienne...

Ma belle-mère entre, Pookie dans ses bras. Elle nous regarde tour à tour et demande :

– Que se passe-t-il ?

Je m'affaisse à nouveau dans un fauteuil. J'écoute à peine les explications que lui donne mon père, mais sa voix résonne dans ma tête. Je m'efforce d'évoquer un temps où je n'étais visible pour personne, cachée dans des recoins que moi seule connaissais... comme je les souhaite à nouveau... Les ombres s'allongent, puis reculent... un rayon de soleil perce les nuages... Y aura-t-il un arc-en-ciel ? Une voix, celle de ma belle-mère, dit :

– Mary Ann, le duc de Windsor est le représentant de la Couronne britannique et, en tant que tel, il ne peut s'engager officiellement dans une telle entreprise. Ce serait de la folie. Il est inconcevable de traiter directement avec l'ennemi.

Je regarde la bouche rehaussée de rouge, le visage pincé... je cherche sur son front mat la trace d'une lumière… non, rien ne transparaît, sauf que, sur ses cheveux, brille l'éclat d'une aile de corbeau.

– J'ai compris, depuis mon arrivée, que tout est possible dans ce pays, et mon père a des relations, madame, dont je vais me servir.

J'ai laissé traîner ma voix en prononçant le mot « madame ». Je la regarde droit dans les yeux.

– Ne soyez pas impertinente, Mary Ann, dit-elle en s'asseyant. Nous en reparlerons plus tard.

– Non, madame, pas plus tard, ni demain ni après-demain !

Je me lève et me dirige vers la porte.

– Oui, Mary Ann, intervient mon père, nous en reparlerons demain.

Je m'arrête et les observe tour à tour. Je tends ma main à Wallis en lui souhaitant une bonne nuit, et je fais de même pour mon père.

– Tu ne dînes pas avec nous ?

– Non, je vais demander à la cuisine de me préparer un plateau. Je suis fatiguée. Maintenant, si vous voulez bien m'excuser…

Wallis s'est approchée de moi. Une sorte de douceur dans sa voix me surprend.

– Mary Ann, ne soyez pas fâchée.

– Je ne suis pas fâchée, madame. Simplement résolue…

Je sors de la résidence. Je regarde le dos de Christophe Colomb, j'affronte dans ma mémoire son entreprise osée… oui, il a osé conquérir une chose impossible, lui ! J'envoie un pauvre petit sourire à mon colosse.

Lentement, je me dirige vers le bâtiment des bureaux et, de là, vers la rocaille et le petit banc où je vais souvent m'asseoir pour réfléchir.

Je force mon énergie, mon imagination, ma volonté à m'apporter du nouveau, un principe de régénération qui chasse la douleur, une émotion autre que l'abattement... « Oui, il faut que je voie Jim... oui, Jim saura me consoler... Lui comprendra. »

Les yeux baissés, je marche à pas lents. Je m'habitue à une image insensée, je tremble devant l'audace de mon projet. J'aspire l'air en suffoquant et je sanglote. Avec un geste impatient, je repousse mes cheveux qui tombent sur mon front, je relève la tête... et je sursaute. Axel Wenner-Gren se tient devant moi.

– Que faites-vous ici ? m'écrié-je sans réfléchir.

Il fixe son regard sur moi. Il ne sourit pas et continue de me dévisager.

– Je venais voir le gouverneur. Dites-moi, miss Mary Ann, ce sont des larmes qui mouillent votre joli visage ?

Dans son regard bleu, une petite lueur s'allume, ses paupières paraissent moins cernées. Il s'approche doucement.

– Puis-je faire quelque chose pour alléger ce grand chagrin ? demande-t-il en marchant à mes côtés.

D'un ton très naturel, il ajoute, avec une certaine emphase :

– Je peux accomplir beaucoup de choses, miss Mary Ann !

Je ne sais pas grand-chose sur Wenner-Gren, mais ce que j'ai appris sur lui le place au rang des maîtres chanteurs et, pourtant, j'ai la certitude que la providence l'a mis sur mon chemin. Je n'ai jamais recherché son amitié. Ce n'est d'ailleurs pas le genre d'homme qui entretient des relations désintéressées. Il n'a rien d'un philanthrope.

Sans dire un mot, je lui tends le télégramme. Il le lit, puis me le rend, toujours silencieux. J'ai la gorge nouée, mes yeux restent fixés sur lui avec une intensité grandissante. Il réfléchit.

— Est-ce à Mary Ann Windsor, Lady Belvédère, que je m'adresse ? demande-t-il finalement.

Je sais que je suis prise au piège. L'heure est désespérée et il est le seul qui pourra m'aider. Me fiant à mon instinct, consciente de l'importance de cette révélation, je fais signe que oui.

— Votre secret est en sécurité, dit-il. Je le préserve depuis votre arrivée… Claude est votre fiancé ?

Je fais de nouveau un signe affirmatif de la tête. Nous suivons une allée bordée de capucines qui monte vers la rocaille. Soudain, une petite grenouille sort de sa cachette, bondit et disparaît entre deux rochers. Je regarde l'endroit où elle a disparu quand un gros oiseau noir fonce, puis remonte haut dans le ciel. Je frissonne.

— Monsieur Wenner-Gren, dis-je, j'ai une faveur à vous demander…

— Appelez-moi Axel, je vous en prie !

Je le regarde, anxieuse, comme si je cherchais à capturer son bon vouloir et l'emporter avec moi, comme si je voulais mettre en branle des forces que lui seul possède et qui pourront faire en sorte que deux êtres qui s'aiment soient enfin réunis…

Je lui expose mon plan encore vague. Il reste silencieux, ses yeux bleus brillent d'un dangereux éclat. J'ai peur que, d'une seconde à l'autre, il s'éloigne sans me répondre ou qu'il me dise que mes idées sont tout à fait ridicules. Son regard revient vers moi, sans expression particulière, mais il esquisse un sourire difficile à interpréter.

– Quand comptez-vous entreprendre ce voyage ?

Il est six heures de l'après-midi, le moment est instable et doré ; il n'y a pas de vent, mais un léger remous agite les grandes frondaisons. Je respire profondément.

– Oh, Axel, aussitôt que possible !

Il me montre un visage fermé, presque hostile. L'incertitude me pèse tellement que j'étouffe. Ma vie est suspendue aux paroles qu'il tarde à formuler.

– Dans un jour ou deux, j'enverrai ma voiture vous chercher, vous et Jim. Mon chauffeur vous attendra devant le parc où se trouve la statue de la reine Victoria. Il vous conduira au débarcadère de ma propriété, Shangri-La. J'aurai des nouvelles…

– Axel, si vous m'aidez, je vous en serai reconnaissante toute ma vie !

– De la reconnaissance, miss Mary Ann ? Oui, je le suppose, mais aussi, il faudra autre chose… Vous pouvez faire mieux que montrer de la reconnaissance ! Ce sera notre secret !

Je soupire. Je discerne de nouveau sur ses traits cette sorte de soif sexuelle que j'y ai déjà vue. L'angoisse me serre la gorge. Je baisse la tête, puis la relève. Deux ou trois images incohérentes, implacables, défilent dans ma tête… Je ne soutiens plus son regard… je suis moins surprise… je respire vite. Je m'interroge. Mon Dieu, que dois-je faire ?

Sa grande silhouette se détache dans la pénombre. Se moque-t-il lorsqu'il dit, en se penchant vers moi :

— J'ai toujours eu un faible pour les jeunes demoiselles en détresse, surtout celles qui sont aussi belles que vous. Vous le saviez déjà ! Je vous veux !

Troublée, je n'ose lui répondre. Il continue, d'une voix un peu rauque :

— C'est ce que vous allez m'offrir en échange, miss Mary Ann... *It is business !* Votre consentement va sauver la vie de celui que vous aimez.

Il a pris ma main dans la sienne. Avant de partir, il ajoute, en posant sa bouche sur la paume de ma main :

— Vous êtes intelligente et vous savez ce que vous voulez, vous avez beaucoup de cran, miss Mary Ann ! À bientôt !

Je m'assieds lourdement... je sens mes yeux s'embuer de larmes... il a osé, il a osé ! Quelle horreur ! Quel homme abominable ! Mais... Wenner-Gren est un homme pragmatique. Un personnage comme lui cherche-t-il surtout ses plaisirs dans la nouveauté ? Il est riche et puissant, alors il peut se permettre un peu tout, les marchandages, les échanges, la mesquinerie. Comment ai-je pu imaginer qu'il en serait autrement ? Que valent le respect que je me dois et mon amour pour Claude s'il me faut accepter de jouer la scène vulgaire qu'on me propose, s'il me faut offrir mon corps à un homme affamé de moi ? J'ai fait preuve de naïveté. Mais à qui d'autre pouvais-je m'adresser ? Sloan ? Mooney ? Non, sûrement pas !

Un flot de pensées confuses se bousculent dans ma tête. Les hommes peuvent-ils donc être aussi mesquins quand l'appel de la chair est trop fort ? Je me jure pourtant qu'Axel Wenner-Gren ne trouvera pas en moi une proie facile et soumise. Il veut faire l'amour avec moi, me posséder ? Soit. Mais je m'en tiendrai à la réciprocité d'obligations, rien d'autre ! Je paierai donc ma dette par amour, mon amour pour Claude.

Et si je le suppliais encore ? Je fixe le tronc d'un arbre lointain comme si je m'attendais à voir Axel surgir et exiger sa récompense sur-le-champ… Je porte ma main à mon ventre ; mes entrailles se nouent. Je renverse la tête et je ferme les yeux. « Marianne, réveille-toi… tu es folle !… » Malgré la chaleur, une sensation de froid me traverse ; plus j'y pense, plus ma peine devient lourde alors que mes plans… Oui, mes plans ? Soudain, j'ai peur de vivre dans l'illusion, peur de mon impuissance. Je me secoue… « Non, Marianne, Wenner-Gren va tout arranger… »

Je quitte le banc près de la rocaille et je m'achemine vers l'entrée de Government House. « Il faut absolument que je trouve Jim… Oui, Jim saura me conseiller ! »

Je m'arrête en haut de l'escalier de Christophe Colomb. Mes yeux anxieux cherchent le bras d'eau entre l'île de New Providence et la Hog Island de M. Wenner-Gren. Je distingue la silhouette de l'île sur l'horizon. Il doit être là, Wenner-Gren, à tramer, à combiner *mes* projets avec ses amis nazis. Les dernières lueurs du jour qui s'accrochent aux nuages empilés en désordre donnent au ciel des couleurs d'orage. Est-ce mon avenir qui se dessine dans la nature ? « Non, Marianne, il te reste à sonder ton courage et ta volonté, il te faut accepter l'idée que ton sacrifice ne sera qu'une marque de tendresse envers Claude… »

Je suis si fatiguée. Je ne trouve Jim nulle part. Je rentre précipitamment et monte à ma chambre. Je tombe sur mon lit. Je ferme les paupières et laisse une heure passer sur les souffrances de mon âme, sur mes yeux qui ne peuvent plus pleurer. Petit à petit, le tumulte de ma pensée diminue et un calme réparateur me gagne. Je cherche dans mon cœur une prière de consolation, d'espoir et d'assurance. « Claude, me dis-je, jamais tu ne sauras... Wenner-Gren ne prendra jamais, jamais, ta place. C'est pour toi, mon amour, pour que tu me reviennes ! Mon amour, sois courageux !... » Je glisse dans notre passé commun, vers les cachotteries de mon enfance, vers la promesse de notre maison blanche, vers notre sensualité fougueuse alors qu'il me montrait à faire l'amour...

La nuit est belle, encore une fois. Il serait si bon, au milieu d'une telle nuit, d'apprécier gravement ce qui n'est pas grave... mais, hélas, ce ne sera pas pour moi ! Je cherche à retrouver ma confiance, à oublier la discorde, les catastrophes, les ravages et à ne plus penser au secret qui hante mon esprit.

Je touche à peine aux plats que la cuisine m'a préparés et dépose mon plateau dans le corridor.

Je m'assieds à ma table de travail et, comme autrefois dans les moments d'émotions intenses, je me mets à écrire... ou plutôt je voudrais écrire. Un seul mot me vient : « Claude. » La plume en l'air, je regarde fixement ce nom qui semble contenir mon passé et mon avenir. L'image de la maison blanche où nous rêvions de cacher notre amour efface peu à peu les restes de l'univers.

CHAPITRE XVII

Les jours suivants sont atroces. Je vis dans l'attente, dans la puissante lumière qui avale le moindre objet, le ressuscite, le glorifie, puis le dissout. Il me semble me mouvoir dans un monde irréel où le soleil de midi noircit les orchidées sauvages au fond du jardin et précipite sur moi une cendre grise qui m'accable. Je vis dans un état chagrin, dans une dissimulation. J'attends, patiente, impatiente, énervée, pleine d'espoir, de désespoir... j'attends. Tout baigne dans le mystère, dans le reflet de l'espoir que M. Wenner-Gren soit un sauveur, même s'il doit être aussi un vampire.

Mon père est très sérieux, ma belle-mère aussi... je sens le vide entre nous. Je regarde son visage, au-dessus de sa cravate soyeuse toujours nouée à la Windsor, et ne vois que le doux étonnement de ses yeux, puis un sourire un peu timide qui a l'air de s'excuser. J'éprouve des regrets, et je reste seule à rêver. Pourtant, un soir, il aborde le sujet.

– Mary Ann, tu sais que Wenner-Gren est un ami, un conseiller, et nous avons, dernièrement, beaucoup discuté, comme tu dois t'en douter. Je suis chargé d'assurer ton avenir et même ton bonheur... Ton bonheur !

Pour toi, il est avec Claude, tu me l'as souvent répété !
Mais pour moi, ton bonheur… Et tu désires t'embar-
quer dans une aventure qui défie la raison ! Wenner-
Gren peut t'aider ! Je suis devant un terrible dilemme.
Je ne peux consentir de bon cœur à tes plans…

— Mais je le ferai… quand même…

— Laisse-moi finir, Mary Ann. Il y a un abîme entre
ce que je représente et ce que tu entends entreprendre,
mais je connais ton entêtement. Si je refuse, tu ne me le
pardonneras jamais.

Rien ne vient troubler le silence qui suit et l'inten-
sité du moment. Nous sommes assis près des grandes
portes qui donnent sur la terrasse et ma belle-mère
demeure immobile, les mains croisées sur ses genoux.
Elle m'adresse un regard plein d'amertume. Je passe ma
main sur mon front.

— Mary Ann, dit mon père en prononçant chaque
mot lentement, Axel pense avoir trouvé un plan que ses
relations en Europe rendent possible. Son homme de
confiance, son bras droit, Rupert Einhorn, doit se ren-
dre en Suisse, puis en Allemagne. Je ne veux pas savoir
de quelles affaires il s'agit, mais Axel m'a assuré que,
grâce à ses contacts, Rupert peut voyager sans con-
trainte. Étant suisse-allemand, il bénéficie d'une cer-
taine liberté.

J'interroge mon père des yeux. Il se doute bien que
je suis émue. Je le supplie de m'en dire davantage. Mon
père reprend le fil de son explication après avoir con-
sulté sa femme du regard :

— Je dois t'avouer, Mary Ann, que ton projet m'a
rendu extrêmement malheureux, vraiment ! Je ne pou-
vais concevoir te laisser partir ainsi à l'aventure, mais

la jeunesse a tendance à ignorer l'avis de ceux qui ont plus d'expérience. Axel et moi mesurons les dangers et...

Sa phrase reste en suspens. Un oiseau pousse une trille si longue, si belle... Un bon augure ? Le calme règne et nous semblons, tous trois, appartenir mollement à la nuit. Je m'assieds toute droite dans mon fauteuil. J'attends, puis je me force à parler.

– *Father* !

– Mary Ann, *my darling little girl*, oui, j'ai consenti à te laisser partir... à une condition.

Les mots se répercutent dans ma tête. Je frissonne, incapable de détacher mes yeux de son visage...

– Je peux partir ?

– Oui, Mary Ann ! Jim t'accompagnera jusqu'à Genève et y attendra ton retour. Le plan d'Axel est simple et méticuleusement organisé. Je ne suis pas censé être au courant, car tout cela est un secret entre nous. Il m'assure que les sauf-conduits de Rupert Einhorn te permettront d'aller et venir en Allemagne. Ma chère petite fille, tu me causes tant de soucis... je vais vivre dans une horrible angoisse pendant ton absence, Mary Ann. Tu dois revenir aussitôt que ta mission est accomplie, c'est ma condition.

Je m'agenouille près de lui et prends une de ses mains dans les miennes. Je regarde monter la fumée d'un parfum qui brûle et qui répand l'odeur du géranium... ce n'est que la cigarette de mon père... Je souris... enfin !

– Je vous remercie, *father*, et vous aussi, madame, dis-je en me tournant vers ma belle-mère... je crois sincèrement que vous avez plaidé ma cause.

Elle ne répond pas et appuie sa tête contre le dossier de son fauteuil. Elle a l'air épuisée. Je me penche pour embrasser mon père. Il se lève et m'étreint avec force. L'enlacement qui dure ajoute un charme, une signification qui n'est que pour moi. J'embrasse sa joue, il me repousse. Je tends la main à ma belle-mère qui me dit, d'une voix douce :

– Embrassez-moi, Mary Ann. Bon courage !

Mon père ajoute qu'Axel m'attend, avec Jim, le lendemain matin vers dix heures. Son chauffeur doit venir nous chercher. Ce soir, le ciel boude l'orage. Sur la terrasse, je reste seule à respirer, à travers le bruit subtil d'une légère pluie, l'odeur des invisibles sapins de ma Gaspésie. « Claude, mon amour, ne désespère pas, je viens vers toi ! »

Le lendemain matin, nous débarquons à Hog Island. Je garde les traces d'une nuit d'insomnie. Je m'accroche au bras de Jim. Durant ces derniers jours, il a su calmer un peu mes incertitudes.

– La vie est vraiment étonnante et réserve de belles surprises, aimait-il me répéter pour me rassurer.

– Jim, mon avenir est bien lourd, vous ne trouvez pas ?…

– Ayez confiance, miss Mary Ann !

Bien sûr, je ne lui ai pas parlé du marché entre Wenner-Gren et moi… j'ai trop peur de sa réaction… À l'idée qu'il me faudrait peut-être m'acquitter aujourd'hui de mon obligation envers Wenner-Gren, mon cœur bondit d'affolement. « Mon Dieu, me dis-je, dans quelle chambre dois-je… ? » Je soupire profondément. Jim tapote ma main avec douceur.

Le domaine de Shangri-La est à quelques minutes de marche. Le jardin est planté d'arbres rares. En passant devant les volières, j'admire les oiseaux tropicaux au plumage coloré qui font entendre leurs chants vibrants malgré leur captivité. Je pense : « Vous aussi, vous êtes prisonniers ! »

Nous entrons dans une grande pièce confortable, le bureau de M. Wenner-Gren. Le nombre et la qualité des plaques et des photos publicitaires des firmes Electrolux et Aktion-Bofors témoignent du standing d'un grand financier international. Je me sens fébrile. Je m'approche afin de regarder de plus près un grand tableau de la cordillère des Andes, peint sous un angle différent de celui que j'ai admiré sur le *Southern Cross*. « Tiens, il n'y a pas de condor dans cette peinture… pas d'oiseau de proie, alors ? Cela veut-il dire quelque chose ? » Jim s'est assis dans un fauteuil et feuillette un journal. Je m'absorbe dans la contemplation du tableau. « Marianne – les mots s'entrechoquent dans ma tête – tu ne peux plus reculer ; les dés sont jetés, pour ainsi dire… »

– Vous aimez Machu Picchu, miss Mary Ann ? dit M. Wenner-Gren, derrière moi.

Je sursaute… mes entrailles se serrent. Si j'allais désormais être désagréable, moins douce, à moi-même et à autrui, puisque j'ai la permission de mon père ? Non, je serai polie… jusqu'à… enfin !

– Bonjour, monsieur Wenner-Gren.

– Permettez-moi de vous présenter à M. Rupert Einhorn. Rupert, miss Mary Ann, la jeune fille dont je t'ai parlé.

Nous nous regardons, M. Einhorn et moi. Les traits réguliers, assez beaux, il n'a pas l'air gai, mais il n'est pas triste non plus. Sera-t-il aussi beau à mes yeux à la fin de notre voyage ? Je lui tends la main, il la prend poliment, la serre délicatement.

– Rupert, je te présente James McNish-Porter qui vous accompagnera jusqu'à Genève.

M. Wenner-Gren est debout ; la lumière crue du soleil qui baigne cette partie de la pièce l'oblige à cligner des yeux. Il se dirige vers son bureau, pas loin d'où je suis. Je me surprends à regarder ses jambes bronzées. Il porte un short long en toile bise ; la peau de ses bras aussi est hâlée. Il a capté mon regard. Ses yeux bleus se voilent et sa bouche tressaille. Il s'assied.

D'une voix un peu trop forte, il dit :

– Je vous ai convoqués ce matin pour confirmer le projet « Europe ». Il ne reste plus qu'à faire vérifier les passeports et à obtenir les visas. Votre père m'a fait parvenir votre passeport, miss Mary Ann. M. Einhorn est au courant de tout, je ne lui ai rien caché, continue-t-il en me regardant. Dans une semaine environ, le *Southern Cross* vous déposera à Miami, et de là on vous conduira à l'aéroport. Vous devriez être de retour dans une dizaine de jours au plus tard. Bon, c'est tout pour aujourd'hui, dit-il en se levant, je vous tiendrai au courant des prochains développements. Maintenant, messieurs, si vous le permettez, j'aimerais m'entretenir en privé avec miss Mary Ann.

Mon cœur saute dans ma poitrine. Je reste assise. Jim m'interroge d'un signe et j'acquiesce de la tête. Il n'a pas le choix. Rupert Einhorn et lui sortent du salon. Je suis crispée. D'avance, je bouche mes oreilles... les mendiants d'amour, les trahis doivent faire la même chose. Je scrute son regard mesuré, celui d'un homme sûr de lui, de moi, sans sympathie… Pense-t-il déjà à la mêlée de nos jambes ?…

Il reste silencieux durant plus d'une minute. Je suis sur le point de fondre en pleurs. Sa voix de fauve m'arrive, je l'écoute en m'attendant au pire :

– Miss Mary Ann, les visas ne me seront délivrés que dans trois jours. Mais jeudi soir, à sept heures, mon chauffeur vous attendra à la sortie, au fond du jardin de Government House. Surtout, miss Mary Ann, ne manquez pas d'être au rendez-vous ! Vous serez en toute sécurité !

Ses yeux sont froids. Me méprise-t-il d'avoir accepté son marchandage ? Je respire profondément… Pourrai-je vraiment vivre avec moi-même ?

Il se lève et, galamment, ouvre la porte pour me laisser passer. Je le regarde droit dans les yeux. Oui, il y a du feu dans ses yeux… oui, il soupire d'une angoisse que je nomme tentation… Se peut-il que M. Wenner-Gren soit troublé ? Notre péché sera-t-il lourd ? Mon obligation à lui donner du plaisir sera-t-elle pénible ?

– Que voulait M. Wenner-Gren ? me demande Jim lorsque je le rejoins sur la terrasse.

– Quelques informations au sujet de mes visas, c'est tout !

– Vous êtes pâle, miss Mary Ann, vous êtes sûre qu'il n'y a pas autre chose ?

– Mais non, Jim ! Oh Jim, vous ne pouvez savoir comme j'ai hâte de partir. Il faut que nous réussissions, Jim.

Des bruits confus nous arrivent par saccades – il s'agit des cris des oiseaux prisonniers dans les volières et des sirènes des bateaux à vapeur qui filent non loin du littoral de Hog Island. La vue sur Nassau est splendide.

Mon air suppliant le trouble. Il prend ma main dans la sienne. J'ai soudain si peur de ce qui m'attend.

— Bien que je ne tienne pas M. Wenner-Gren en haute estime, j'ai la conviction qu'il a pris les précautions qui s'imposent pour assurer votre sécurité. On dit beaucoup de choses sur lui, mais, étant un grand ami de votre père, je suis sûr que vous êtes entre bonnes mains…

« Oh Jim, si vous saviez ! » ai-je envie de crier. Si mes pensées étaient moins angoissées, je les trouverais ironiques.

Je sens mes jambes fléchir sous moi. Il me soutient par le bras. À notre retour à Nassau, il m'invite au bar de l'hôtel Victoria et me force à boire un cognac.

Quand j'essaie d'imaginer ce qu'il me dirait si je lui dévoilais la réalité, je me sens de nouveau défaillir. Je le regarde par-dessus mon verre.

— Jim, je n'accepte pas que vous veniez en Europe à cause de moi.

— Et pensez-vous que je vous laisserais y aller seule avec Rupert Einhorn ?

— Après Genève…

— On verra.

— Il n'y a pas de « on verra », Jim, il faudra faire exactement ce que l'on vous demandera.

Il hoche la tête de bas en haut en souriant.

— Jim, croyez-vous que j'ai tort d'user de l'influence d'un homme tel que Wenner-Gren ?

— Miss Mary Ann, Wenner-Gren n'est pas notre ennemi, il est bien disposé envers l'ennemi, ce n'est pas la même chose !

– Et pour mon père ?

– Vous savez déjà que votre père est très fier de ses ascendances allemandes et qu'il déplore les horreurs de la guerre, mais nous ne pouvons le juger. Si vous voulez mon avis, il n'y aura pas de meilleur moment pour plaider votre cause auprès des Allemands : ils se croient invincibles et ils sont probablement plus enclins à une certaine clémence, oui, à des gestes humanitaires.

CHAPITRE XVIII

La chaleur enveloppe les îles, une chaleur tellement humide que les vêtements collent à la peau. Les quelques jours qui suivent sont capricieux, et moi, pleine d'espoir le matin, je décline jusqu'au crépuscule, dans l'angoisse d'une attente renouvelée. Je compte les jours.

Ce sera bientôt le jour. Nos visas sont-ils arrivés ? À Government House, nous parlons peu. Des silences, des ombres s'interposent entre nous tous. Une idée tourne dans mon cerveau… M. Wenner-Gren attend-il une amante pudique, effrayée par les contacts pressants ?

Jeudi arrive.

J'ai déjà fait la moitié du chemin, je ne peux reculer. J'ai développé de haute lutte un état d'esprit nouveau, une façon de voir les choses qui fait paraître moins pénible l'épreuve qui m'attend. La fantaisie de M. Wenner-Gren, même si elle me rend malheureuse, n'est qu'un prix à payer… Quand ce sera fini, je lui dirai : « Laissez-moi seule, dans l'ombre… »

En fin d'après-midi, je vais me réfugier dans ma chambre. J'ai annoncé que je prendrais mon repas seule ce soir. Mon père a dû s'habituer ces derniers temps à mes sautes d'humeur. Il me souhaite une bonne nuit.

Je me détends longuement dans un bain parfumé ; il est six heures. Une heure… rien qu'une heure ! Voir ma propre nudité m'embarrasse soudain. Cette modestie, l'état chagrin où je suis… Dissimulation ? Est-ce que je me mens à moi-même ? Cette fébrilité… Ne serais-je pas plutôt excitée par l'aventure qui m'attend, maintenant que l'heure fatidique se rapproche ? « Marianne, me dis-je, tu n'es pas sa victime. Tu demeures respectable, comme un soldat qui lutte pour une noble cause. À la guerre comme à la guerre… » Je me fatigue à me sermonner, sans parvenir à calmer mon agitation, à faire disparaître mes appréhensions.

À sept heures, je m'éclipse sans être vue par le fond du jardin. Je m'engouffre dans la voiture. Je m'enfonce dans les coussins sur la banquette arrière, je replie mon cœur flottant, vide, et m'enferme dans le mutisme. Je n'ai pas envie de faire la conversation avec le chauffeur. Certes non.

Nous entrons dans la grande cour de l'hôtel Victoria. La voiture s'arrête près d'une porte du côté opposé à l'entrée principale. Le chauffeur ouvre la portière et me remet une clé.

– C'est la suite numéro 32, au troisième.

Je regarde la clé, incrédule. Sans m'attarder, je monte les marches de l'escalier. Je trouve facilement la porte numéro 32. J'hésite… s'il y était déjà ? Le sang me monte à la tête. Je tourne la clé dans la serrure. J'entre dans une grande chambre. Personne. Un immense lit dans une alcôve est déjà ouvert pour la nuit. Je ne peux m'empêcher de trembler. Je m'approche. Une mallette en cuir est posée sur un fauteuil près de la table de chevet. Une enveloppe y est attachée… je l'ouvre. Quelques mots seulement : « Revêtez ces vêtements ! »

Mon cœur bat vite. J'empoigne pourtant la mallette et me dirige, à travers un petit salon orné de dorures et de velours, vers la salle de bains, aussi luxueuse que le reste de la suite.

Quelle saison pour le dévouement sexuel ! Je me regarde dans la grande glace. Mes joues sont en feu, mes yeux brillent étrangement. Serai-je d'égal à égal dans ma lutte avec M. Wenner-Gren ? Ou sera-t-il ce dont j'ai peur, un bourreau ? J'ouvre la mallette… je me déshabille, puis enfile de longs bas de soie noire qui montent à mi-cuisse, que retiennent des jarretières en dentelle de la même couleur. Pourquoi ces longs bas noirs ? Une exquise chemise-culotte en satin ivoire brodé me fait frémir lorsque je la revêts… Je sens la pointe de mes seins durcir sous la caresse du tissu soyeux. Puis, je m'enveloppe dans un long déshabillé assorti. Je reste plantée là, drapée dans des vêtements luxueux, à attendre un homme qui va me… Je dois ressembler à une quelconque courtisane, alors que je cherche uniquement le salut de mon bien-aimé.

J'entends un bruit. Je me précipite dans la chambre et, tournant un fauteuil vers la fenêtre, je m'y réfugie. Si on entre, je ne verrai personne. Finis les pleurs et les appréhensions, il n'y a plus en moi que froideur et détermination. Et je sais que je ne connaîtrai pas le remords après la luxure. Un jour, ce souvenir sera oublié, noyé sous le flot du bonheur avec Claude.

Une clé joue dans la serrure. Je retiens mon souffle, transie. Quelques minutes passent. J'entends le « ping » d'une bouteille de champagne qu'on débouche.

M. Wenner-Gren est debout près de moi et m'offre un verre de champagne.

– Buvons à notre rencontre, milady…

J'avale le contenu de ma coupe d'un seul trait. Il remplit mon verre une deuxième fois. Je vois sur son visage, presque beau dans la pénombre, la curiosité et le désir encore inassouvi. Son torse est nu sous son peignoir entrouvert, sa respiration est plus rapide. Cet homme qui va me posséder, je le connais à peine.

– Je ne veux pas que vous soyez nue, murmure-t-il en s'approchant de moi.

Il y a un peu de tendresse dans son geste quand il prend le verre de mes mains. Puis, il me soulève contre lui et enroule assez durement mes bras autour de son cou et mes jambes autour de ses reins. Il ne m'embrasse pas…

– Je ne toucherai pas votre bouche, souffle-t-il dans mes cheveux. Il ouvre son peignoir et je sens le contact de son sexe à travers le tissu de ma culotte. Ses mains vont et viennent sur ma taille ; il me repousse et m'attire vers lui. Son sexe est dur et me fait un peu mal. Je garde mes yeux fermés, mes mains se crispent sur ses épaules. Ses caresses se prolongent encore un moment et nous sommes toujours enlacés. Soudain, il se dégage et me laisse tomber dans le lit.

À travers mes yeux à demi ouverts, je le vois s'agenouiller en face de moi, par terre. Je ferme les yeux. Il relève mes jambes et les pose sur ses épaules. Ma culotte glisse. Mes muscles vibrent et tout mon corps tressaille. Ma peur se dissout dans l'attente. Que la nuit dorée nous accueille…

L'air est comme du velours dans la chaleur nocturne ; mes sens sont aiguisés lorsque, lentement, il me pénètre. Tout mon corps est tendu. Il m'inspire de la frayeur et fait naître en moi un instinct d'agression… Je voudrais le frapper. Il reste immobile en moi durant un long moment…

— Finissez-en, je vous prie… murmuré-je entre mes dents.

— Non, milady… vous allez jouir de moi !

Une voix intérieure crie : « Non, non, je ne veux pas… »

J'ouvre les yeux sur la nuit qui descend, l'heure la plus profonde du crépuscule, et je cherche désespérément, en regardant par la fenêtre, une étoile pressée… L'homme agenouillé devant moi recule… puis me pénètre de nouveau, lentement, encore et encore. Le rythme s'accentue petit à petit… le plaisir sourd entre mes cuisses. Non, ce n'est pas possible, pas avec lui !

Où est cette étoile ?… glisse-t-elle dans la pâleur de la nuit ? Je garde les yeux fermés. Non, je ne veux pas jouir avec lui et j'essaie de le repousser. Il me retient avec dureté. La cadence de ses mouvements augmente rapidement. Je suis vaincue, privée de toute volonté. Je me débats contre la vague de plaisir que je sens monter en moi. Ses bras forts m'attirent contre sa poitrine, son va-et-vient s'accélère… je n'en peux plus. Une ivresse puissante et la jouissance me font chavirer. J'ai du mal à respirer alors que des sons rauques montent dans ma gorge et je crie « Non, non, je ne veux pas… » Je suffoque, puis je m'abandonne. Des spasmes violents me secouent, mon corps devient rigide et je m'accroche à lui. Mon sexe palpite et je gémis longtemps. Je reprends mon souffle et mords à belles dents l'épaule contre mon visage. Il me laisse retomber sur le lit.

– *You*, petit démon ! s'exclame-t-il d'une voix éraillée.

Il se penche sur moi ; son souffle me brûle. Ses bras me soulèvent et il me retourne sur le ventre. Ma tête et mes épaules sont enfouies dans les oreillers, il remonte mes reins jusqu'à ce que je sois à genoux…

– Milady, vous aimez jouir ! dit-il.

Il est plaqué contre moi. Ses mains pétrissent mes seins à travers le satin et cette nouvelle caresse renouvelle mon énervement… la main chaude, le tissu sensuel…

Il déchire ma culotte… il me retient lorsque j'essaie de me mettre à plat ventre…

– Milady, si vous bougez je vous donne la fessée… compris ?

Je ressens une douleur cuisante contre ma cuisse. Il m'a frappée. Des larmes me montent aux yeux. Que désire-t-il encore ? Je m'aperçois qu'il n'a pas encore atteint l'orgasme.

Son sexe, de nouveau, entre en moi, profondément. La lente pénétration agit comme un baume sur mon sexe endolori, le rythme me calme, petit à petit ; de nouveau, le plaisir me submerge… et s'intensifie, encore une fois… « Non, non… C'est impossible ! » me dis-je. Une nouvelle angoisse noue ma gorge. Sa caresse continue, puis il s'arrête tout à coup. Pourtant, je voudrais qu'il ne s'arrête pas. Il s'allonge sur le dos et me force à l'enjamber. Je suis assise sur lui, son sexe est en moi, et je ne bouge pas. Je le regarde pour la première fois. Ses yeux sont fermés, son peignoir recouvre en partie ses épaules. Je distingue la morsure sur l'une. Sa peau est moite, sa bouche est gonflée…

Ses mains se posent sur ma taille et guident mes mouvements de haut en bas... de haut en bas... de haut en bas... de haut en bas... Sans que je m'en rende compte, je presse la cadence. Il écarte ses jambes alors que je me renverse en arrière, il gémit de plaisir. Tout mon corps a une vie que je ne peux plus contrôler. Je ne pense plus à rien d'autre qu'au désir qui me tenaille, et je ferai tout pour le satisfaire. Je monte, je descends de plus en plus rapidement. Je me mords les lèvres, car j'ai envie de hurler. Je chevauche son sexe... oui... oui... je suis insatiable. J'ai mis mon poing dans ma bouche pour ne pas crier, car une jouissance encore étrangère, si puissante, me fait hoqueter. Je pleure en m'affaissant contre le corps sous moi, qui tressaille et me soulève par ses spasmes très forts. Il se calme enfin.

Nous restons ainsi, quelques minutes, silencieux. Je me lève doucement. Dans la salle de bains, je me fais couler un bain et je m'y enfonce... j'y reste un long moment, fatiguée ; mes muscles, mes bras, mes jambes, mes reins, mon ventre... tous mes membres sont douloureux, mais je me sens étrangement assouvie.

Lorsque je reviens dans la chambre, Axel Wenner-Gren n'y est plus. Je lis la note qu'il a laissée sur l'oreiller. « Votre dette est payée. Mon chauffeur vous ramène quand vous le désirez ! »

Et c'est tout ? Oui, c'est tout. Ça n'a été qu'une folie passagère et, de nouveau, mon corps m'appartient et je suis de nouveau sereine ; la peur qui me hantait les jours précédents a disparu. Je sens tout de même remuer en moi, plus légers maintenant que le fait est accompli, des regrets. Je l'ai fait jouir alors que j'étais sur lui, que je le dominais. Avait-il voulu que je le domine ? Pourtant, il ne m'a rien livré de lui, excepté son corps. Si la nuit a été propice aux jeux de M. Wenner-Gren, il n'empêche que moi, en égoïste, j'y ai trouvé le plaisir que je m'étais défendu. Mon ventre se noue rien qu'à y penser. Mais ai-je perdu la partie ? Et lui ? La dette que j'ai dû payer a été annulée, mais Axel m'a conduite à l'extase.

Je me secoue, je peigne mes cheveux avec vigueur en me regardant dans la glace. Je me reconnais à peine. L'éclat de mes yeux m'effraie. Mes lèvres tremblent et je les mordille. « Marianne, qu'est-ce que tu as ? » dis-je à voix haute dans le miroir.

Je m'assieds dans le fauteuil, face à la fenêtre que j'ouvre sur l'heure parfumée du soir. Je fais un immense effort pour vider ma tête, mon âme, des attaques égoïstes de mes sens qui rongent la quiétude et la sérénité que je recherche. Je ferme les yeux, ma tête retombe sur le dossier du fauteuil. Je ne pleure pas sur ma trahison envers Claude…

Claude, c'est pour lui… oui, c'est contre sa libération que je me suis abaissée à troquer mon innocence. C'est par amour pour Claude, oui, pour aller le sauver des nazis. Je n'arrive pas à nier le plaisir que j'ai eu, mais j'en ai honte. C'eût été si facile autrement. Qu'Axel ait exercé son droit, qu'il ait voulu me posséder, passe encore, et j'aurais payé ma dette, oui, ma dette et rien de plus.

« Marianne, me dis-je, il en a été autrement. Tu ne peux expier ta honte qu'en cherchant à mettre cette aventure de côté. Tu ne dois plus rien ; peut-être que tu ne reverras plus M. Wenner-Gren… »

Avec appréhension, j'ouvre la petite porte au fond du jardin, referme les verrous. Le lieu est désert. Je vois de la lumière à l'une des fenêtres de l'appartement de Jim. « Je suis presque sûre que Jim s'est douté de quelque chose, l'autre jour. Il est si perspicace. Enfin, ma plus grande épreuve – épreuve, Marianne ? – est passée. Je verrai Jim demain ! »

Je marche lentement vers la maison, comme si je cherchais à ne pas déranger mon ombre. Les lustres du grand salon sont encore allumés. Je monte l'escalier sans faire de bruit, encore bouleversée par le retournement de la situation. Un filet de lumière brille sous la porte de la chambre de ma belle-mère et sous celle du bureau de mon père. Se préparent-ils, tous deux, à leurs jeux nocturnes ? Leurs gémissements que j'ai cru entendre déjà peuvent-ils être comparés à ceux que j'essayais, ce soir, d'étouffer dans ma gorge ?

Je ferme à demi mes rideaux, une lumière bleue éclaire mon tapis. Je m'enlise dans la nuit sans souffle, je lui appartiens, alanguie. Mon corps échauffé s'enfonce dans mon lit ; je me recouvre d'un drap et j'appelle le sommeil… il est long à venir. « Oui, j'ai perdu beaucoup de mon innocence ce soir… et, oui, j'ai honte. »

CHAPITRE XIX

Le lendemain, je reprends mon attente. Mon avenir dépend d'Axel Wenner-Gren et je frissonne rien qu'à y penser. Une partie de moi me parle d'accalmie, d'apaisement et contemple des images sereines, alors que mon moi sensuel se complaît dans d'autres images... Je me rappelle le regard d'Axel, par exemple, lorsqu'il espérait me posséder tout entière, soumise. Et maintenant, rêve-t-il encore de ce moment de volupté ? Sous moi, il est devenu un autre homme, vaincu par la félicité physique. J'ai orchestré sa jouissance. Il a disparu ensuite sans rien dire. La décence tient une si petite place dans un échange de ce genre.

Le décor change dans ma tête. D'autres images, celles d'un monde lointain et inconnu, abondent dans mon esprit et m'angoissent. Une rafale de vent brusque fait claquer une persienne. Je sursaute. Je me sens encore si loin du bonheur, si incertaine de l'avenir. Ce que je souhaite me semble inaccessible. Mon mal, c'est Claude, mon Claude prisonnier... Mon amour pour lui rend ma propre indignité plus pénible, puisque j'ai dû me soumettre au désir d'un homme pour obtenir une faveur. Je me répète que malgré mon honneur flétri, je ne suis pas déshonorée.

J'ai soif d'autres choses, du monde à l'extérieur plein de saveurs et de parfums différents, un café dans un restaurant peut-être. J'appelle Jim au téléphone et lui demande de m'amener faire une promenade près de la mer. Il sera prêt dans un quart d'heure.

Je le rejoins près de la statue de Christophe Colomb. Mes muscles sont tendus ; il me salue d'un signe de la tête deux fois répété, comme s'il répondait « oui, oui » à une pensée inexprimable. Je scrute son visage. Il a un air préoccupé.

La brise souffle de la terre et sent bon l'herbe fauchée, la menthe foulée ; un rose poudreux, du côté de la mer, remplace petit à petit le bleu qui règne depuis ce matin. Je tourne le dos à Jim pour faire face au vent ; je résiste à une vague de faiblesse et aux questions que je vois dans ses yeux. Je regarde au-dessus de l'horizon et je cherche la paix du ciel.

– Vous venez, miss Mary Ann ? dit-il simplement.

Jamais sa voix plutôt forte ne m'a paru si douce ; j'attends qu'il continue de me parler sans faire de reproches. Mon grand secret, quand même, me pèse ; il garde son air affairé et prend le chemin qui descend la côte. Nous tournons tout de suite à droite, passons devant l'église St. Andrews, puis traversons Parliament Street et nous nous retrouvons devant l'hôtel Victoria.

– Pourquoi m'emmenez-vous ici, Jim ? J'aurais voulu faire une promenade près de la mer !

– Prenons un café, miss Mary Ann. Vous aimez cet hôtel, n'est-ce pas !

Son étrange humeur m'agace. Va-t-il se permettre de me morigéner sur la seule foi de doutes qu'il essaie de dissimuler ? « Je me défendrai... c'est mon affaire, après tout ! » Je soutiens son regard. Que valent la distance et les quelques étages au-dessus de moi contre la flétrissure d'hier, ici même, dans cet hôtel ?

Le garçon de table nous apporte le café.

– Où êtes-vous allée, hier soir, miss Mary Ann ? demande Jim à voix basse.

Je soupire, indécise, en proie à une certaine sensiblerie... il s'agit plutôt d'une soif de partager mon lourd secret. Et puis, non... je n'ai pas à le faire. Jim pose un regard courroucé et interrogateur sur moi.

– Que voulez-vous dire, Jim ?

– Je vous ai vue...

Je l'observe, résolu, impatient. Comme chaque fois que j'essaie de lui cacher mes états d'âme, j'éprouve une sorte de malaise irrépressible. Perspicace, Jim a dû, encore cette fois-ci, deviner mon secret. Je ne veux pas perdre son amitié, elle a trop de valeur pour moi, et puisqu'il va m'accompagner dans ma grande aventure, il a le droit de tout savoir.

– Jim, j'ai dû payer un prix...

– À qui ?

– Jim, ne soyez pas si naïf. À qui croyez-vous ?

Il se rembrunit, pince les lèvres. Il est difficile, pour chacun d'entre nous, de mesurer la portée de nos paroles et de nos faits et gestes. Après un silence, il dit, en bredouillant :

– Vous n'êtes pas allée le rejoindre ? Pour le dîner alors ?

Nos voix basses sont à peine intelligibles. Nous n'avons presque pas bougé depuis notre entrée dans la pièce fraîche que parfument des bouquets de mimosas, placés ici et là. Des larmes d'énervement s'accrochent à mes cils.

— Non, Jim !

Il repose brusquement sa tasse, ses mains semblent vouloir repousser des obstacles invisibles. J'essuie mes yeux et, la respiration haletante, je murmure :

— Jim, je devais coucher avec lui en échange de son aide pour mon voyage en Europe. J'ai fait l'amour avec lui, ici, à l'hôtel…

Je m'appuie au dossier de ma chaise. Les images d'hier soir reviennent me tourmenter. Jim a baissé la tête. Je m'attends à la foudre de ses paroles et de son jugement. Est-il dégoûté par mon comportement ? Est-ce la fin de notre tendre camaraderie ? Ai-je perdu sa confiance ?

— Jim, je n'avais pas le choix, croyez-moi !

Il me jette un regard impitoyable. Je soupire. Son immobilité m'énerve.

— Dites quelque chose, Jim !

— Venez, miss Mary Ann, allons marcher près de la mer, dit-il en dissimulant mal sa mauvaise humeur.

Le restaurant se remplit. Nous sortons. Il arrive qu'à midi l'ombre au pied des grands arbres soit le seul bleu dans le paysage plutôt vert. Je regarde le grand kapokier que j'avais admiré quelques semaines auparavant. Hier soir, dans mon désarroi, je n'y ai même pas fait attention. Des pas qui hésitent, tout près, me font lever les yeux… Axel Wenner-Gren s'arrête net et me dévisage. Il est accompagné d'un homme que je ne connais pas. Son visage a pâli – je ne peux en douter. Mon cœur bat plus vite. Les secondes passent et personne ne parle.

Une odeur de musc s'exhale de lui, un duvet de sueur emperle sa lèvre supérieure. Finalement, il fait les présentations.

– Mil… miss Mary Ann, permettez-moi de vous présenter Franz Vogler ; Franz, miss Mary Ann Mayol et M. James McNish-Porter.

Je me force à sourire en tendant ma main, tout d'abord à M. Wenner-Gren qui la serre avec une force inaccoutumée puis à Franz Vogler qui penche sa tête et claque ses talons l'un contre l'autre.

– Enchantée, dis-je du bout des lèvres.

Pendant que nous échangeons quelques mots, un rayon de lumière pailletée de poussière brûle mes bras et mes épaules nus. La tête me tourne, j'esquisse un geste d'impatience.

– Puis-je vous offrir le café ? Franz et moi, nous nous dirigions vers le restaurant…

Mes yeux supplient Axel de ne pas m'obliger à les suivre. J'étais prête à le croiser en société, mais pas à lui faire une place dans mon intimité, ne serait-ce que dans un restaurant. Le tumulte qu'a fait naître notre rencontre d'hier soir est encore trop vif en moi, et de le revoir aujourd'hui me cause une gêne extrême. Je regarde Jim. C'est lui qui prend la parole.

– J'ai proposé à miss Mary Ann une promenade près de la mer. Si vous le permettez, nous y allons de ce pas. Nous avons déjà pris notre café. Merci de votre invitation.

Un rayon de soleil embrasse M. Wenner-Gren, sa chevelure blanche, son complet en toile écrue ; ses yeux gonflés me fixent étrangement. Mon trouble ne tient ni à la honte ni à la timidité. En fait, j'éprouve un certain plaisir à le savoir ému. D'un mouvement désinvolte, je penche la tête dans sa direction.

Il ne nous a donné aucune indication concernant notre départ… est-il encore incertain ? Me reste-t-il des jours et des jours à attendre ? L'incertitude me remplit d'amertume. « Allons voir la mer, Jim. »

Nous descendons East Street, qui mène au port, et passons devant la Nassau Public Library. Jim me dit qu'elle contient la plus belle collection d'ouvrages sur les Bahamas.

– Pour votre futur métier de journaliste, miss Mary Ann, vous devriez fouiller les endroits pareils de fond en comble…

– Oui, un de ces jours, Jim.

Prenant son rôle de guide au sérieux, et de nouveau en pleine maîtrise de ses moyens, il continue :

– Saviez-vous, miss Mary Ann, que l'hôtel Victoria a une réputation un peu spéciale depuis sa construction, en 1859 ? Il a abrité des espions, des vendeurs d'armes, des forceurs de blocus qui y vivaient comme des sultans. Il paraît qu'une légende s'y attache…

– Un endroit qui se prêtait bien à ma soirée d'hier… murmuré-je pour moi-même.

Jim me regarde et prend ma main dans la sienne.

– C'est terminé, miss Mary Ann, il faut penser à autre chose…

Il fait preuve de tant de patience et de douceur… je l'admire. Le soleil coule de haut sur sa joue bronzée, ses yeux clignotent dans la forte lumière, mais il ne cesse de m'observer. Je sais qu'il condamne mon escapade.

— Jim, vous avez vu mon père, hier soir ?

— Non, mais il m'a appelé pour me demander si je vous avais vue. Vous n'étiez pas dans votre chambre…

— Et alors ?

— Je lui ai répondu que vous vous promeniez dans le jardin…

Je me sens encore trop fragile pour lui exprimer ma gratitude, je ne peux que lui souffler un faible « merci ». Mon secret est en sécurité !

La brise du large et le clapotis des vagues nous apportent un peu de fraîcheur sous le ciel de midi. Je voudrais rire… ce serait si bon. Nous marchons dans la direction de Cable Beach. Sur la plage, mes pieds s'enfoncent dans des ornières de sable chaud et, sur un talus d'herbes drues rongées par le sel, j'aperçois, vautré sur un rocher, un iguane qui se chauffe au soleil. Je me penche pour le toucher, mais il s'échappe. « Tu es sauvage pour un habitant de Nassau », lui dis-je. Jim sourit. Je me laisse tomber sur le sable. Jim s'assied près de moi.

— Vous parliez d'une légende… ?

Il fait signe que oui, et je regarde, si près des miens, ses yeux bleus qui sont, aujourd'hui, plus bleus et plus doux que d'habitude.

— Il paraît que l'homme qui a inspiré le caractère de Rhett Butler, le héros de *Gone with the Wind* fréquentait les bars et les salons de l'hôtel Victoria.

Rhett Butler et Axel Wenner-Gren ! Pourquoi pas ? Ne sont-ils pas de la même trempe ? Et moi, ai-je été une Scarlett O'Hara ? Je secoue mes épaules.

Jim et moi goûtons une solitude parfaite. Je songe à ma vie étrange. L'inquiétude et les scrupules se mêlent toujours à mes espoirs.

– Jim, quand allons-nous partir pensez-vous ?

Je cherche sur son visage une réponse.

– Bientôt, miss Mary Ann, j'en suis sûr.

– Tout dépend de M. Wenner-Gren.

Son regard impassible et son sourire ironique – un refroidissement passager de sa sensibilité peut-être – me blessent un peu. J'ai besoin de bouger, je me lève. J'hésite longuement avant de lui poser une question.

– Que savez-vous encore sur M. Wenner-Gren, Jim ?

Une légère odeur de résine règne sur la plage, qui vient probablement des chantiers du port. Je gesticule un peu trop. Nous marchons de nouveau dans West Bay Street, qui longe le rivage. La mer, d'une couleur aigue-marine translucide, est indescriptible. Jim m'indique, au-delà du bras d'eau, la pointe ouest de Hog Island et son phare.

– Plus loin, à gauche, nous verrons le fort Charlotte, nommé ainsi en l'honneur de l'épouse du roi Georges III. Si vous le désirez, nous irons le visiter.

– Quelle érudition, Jim ! Vous allez sûrement m'apprendre aussi quand et par qui il a été construit !

– On devient sarcastique ?

Je m'impatiente.

– Jim, ce n'est pas vraiment l'histoire des monuments qui m'intéresse pour le moment ! C'est plutôt celle d'Axel, et je vous ai demandé si vous en saviez plus sur lui.

– Si vous y tenez, miss Mary Ann, je vais vous apprendre que M. Wenner-Gren est *docteur* Wenner-Gren. Un homme extrêmement riche qui est surveillé, surtout par les Américains. Que puis-je vous dire encore ? Il est pragmatique : une de ses passions est l'anthropologie et, curieusement, ses expéditions de fouilles coïncident avec les besoins de la cause nazie. Il a voulu acheter l'île Grande Bahama et y installer une entreprise qui donnerait du travail à la population du pays.

– Et...

– Le duc lui-même a plaidé auprès de Londres. Les investissements de Wenner-Gren engendreraient travail et prospérité dans les îles, ce qui fait partie du programme que votre père désire instituer comme gouverneur.

– Et...

– Je crois que Londres ne l'a pas entendu dans ce sens. Le gouvernement ne semble pas disposé à accorder des faveurs à un ami de Goering.

Le vent grandit soudainement et balaie, rapide, la moitié de l'horizon. Du sable tournoie autour de nos pieds. La mer ronfle et s'agite... je suis moi-même impatiente et... oui, là, durant cette petite tourmente autour de moi, alors que je repousse mes cheveux qui m'aveuglent, je me sens devenir d'humeur combative. « Les jeux sont faits, Marianne ! »

Ne me suis-je pas répété, au début de la soirée d'hier : « À la guerre comme à la guerre ! » Ma dette est payée, même si cela a ouvert mon cœur à la honte – j'essaie de changer l'image de pétales flétris qui hante mon imagination –, et je suis sûre de ne pas me tromper sur le but que je me suis fixé. Je partirai donc et, tout au long du voyage, je serai guidée non pas par le regret d'un amour qui n'en était pas un, mais par mon véritable amour. Je crois que je n'ai pas payé trop cher l'aide du copain de Goering.

– Dans les nues, miss Mary Ann ?

– Oui, Jim. Il y a tellement d'incertitude quant aux prochaines semaines, et, quand j'y pense, l'angoisse resurgit de plus belle. Je souffre, Jim, et je regrette… Il faut que vous m'aidiez, Jim. Je ne veux pas m'apitoyer sur moi-même ni me sentir indigne. Je dois essayer d'oublier ce qui s'est passé hier !

– Il le faut, il faut mettre tout ça de côté. Vous avez fait ce que vous pensiez qu'il fallait faire. C'est l'heure de déjeuner et je vous emmène dans un petit restaurant, loin des hordes de touristes, où l'on mange des plats locaux délicieux. Et nous parlerons.

Après ce déjeuner, je retrouve mon père dans son bureau. Ma belle-mère est à une réunion de la Croix-Rouge. Je me jette à son cou et il me serre fort contre lui.

– Mary Ann, *my darling little girl !* On ne te voit presque plus ! Qu'est-ce qui t'arrive ?

– Je ne tiens plus en place, *father* ! Jim m'a amenée faire une promenade le long du rivage…

– Oui, je sais ! Et hier ?

Je prends un air vague, plein de réticences, malgré que je sente mon cœur bondir dans ma poitrine. Je le regarde droit dans les yeux.

– Je me suis longtemps promenée dans le jardin… il faisait si beau, et j'avais besoin de solitude.

– *My darling little girl,* tu vas me quitter dans deux jours…

Je l'interromps.

– Notre voyage est arrangé ?

– Oui, *darling.* Axel m'a téléphoné il y a à peine une heure. Tout est arrangé jusque dans les moindres détails.

Je soupire… « Enfin ! » me dis-je. Je m'assieds, des larmes me montent aux yeux…

– *Darling*, tu as un grand admirateur en la personne d'Axel !

J'en ai le souffle coupé, je me sens blêmir.

– Ne prends pas cet air effarouché, Mary Ann. Oui, Axel admire, bien sûr, ta beauté, mais surtout ton courage et ton dévouement pour sauver l'homme que tu aimes !

« Mon dévouement ? Si vous saviez… ! » pensé-je.

Le regard tranquille de mon père calme mes craintes. Sa présence me fait du bien et je respire le parfum de musc qui flotte autour de lui. « Axel emploie aussi ce parfum, quelle coïncidence ! » Je résiste à une vague de faiblesse, à une tristesse presque enfantine.

– *Father*, puisqu'il est votre ami, savez-vous si M. Wenner-Gren a… enfin, son homme de confiance, je peux m'y fier ?

– Mary Ann, tu sais que je ne souhaite pas ce voyage, mais tu peux compter sur Rupert Einhorn. Il est sérieux et dévoué à Axel. Je t'assure, Mary Ann, qu'il a qualité pour faciliter ta démarche en Europe. Il possède les documents capables de te donner accès à des officiers de la Wehrmacht, à la chancellerie et au quartier général de la Gestapo. Comme Axel, c'est un homme d'affaires et il a ses entrées. Je connais votre itinéraire et je suis un peu moins inquiet, mais, *darling*, je serais heureux si tu changeais d'idée…

Je m'apprête à entreprendre quelque chose que je n'ai jamais fait et, en moi, monte une supplication, celle d'être approuvée. Je ne cherche aucunement à être une héroïne romantique qui renverse les rôles de la chevalerie…

– *Father*, il faut que j'aille là-bas, je le sens dans tout mon être. Je suis certaine que le chancelier allemand va m'écouter, je parle l'allemand couramment et...

– *My darling little girl*, viens ici, pose ta tête contre mon épaule. Là, comme ça ! Ma petite Mary Ann, murmure-t-il contre ma joue, tu es si entêtée... tu es un peu comme moi, continue-t-il en cherchant ses mots, j'ai laissé ma couronne pour celle que j'aimais, alors je ne dois pas être si surpris par tes réactions.

Je caresse ses cheveux... je me sens petite, j'ai peur qu'il puisse se douter... je ne pourrais survivre à sa désapprobation. Je serai hardie... plus rien ne ressemble aux choses de mon passé. N'ai-je pas adopté le mot d'ordre : « À la guerre comme à la guerre ! » Mon père ne se doutera jamais de rien, je protégerai mon secret.

– *Darling*, sauras-tu répondre avec confiance au chancelier allemand s'il te demande : « Pourquoi devrais-je vous accorder cette faveur ? Après tout, Claude Foucault a travaillé contre l'Allemagne ! » Tu y as pensé ?

– Que croyez-vous ? J'y pense souvent, et j'en tremble. Vous qui l'avez rencontré, est-il l'ogre qu'on dit ?

– Ce ne sont pas mes opinions qui comptent, Mary Ann ! Tu as une réponse ?

– Ou... i, j'en ai même plusieurs ! L'une est : « Parce que je suis Mary Ann Windsor. » Une autre serait : « Herr Hitler, Claude Foucault est un artiste de renommée internationale et sa libération ferait une belle publicité pour le peuple allemand. Je vous jure qu'il ne fera rien, à l'avenir, qui puisse nuire à votre pays. »

En parlant, je m'emballe, mais je garde le silence sur ma carte maîtresse, mon argument massue qui, j'en suis sûre, amènera le dénouement dont je rêve. Rêver, c'est un commencement, puis, lorsque j'entrerai dans la réalité, ce ne sera qu'un changement de place. Mais Hitler, son image ?... Oh, mon Dieu, j'y repenserai plus tard.

— Mary Ann, dit mon père en tapotant ma main, ne montre jamais que tu as peur, donne à tous une impression de maîtrise et d'autorité. Tu es audacieuse, cela se voit, et tu seras d'une sagesse exemplaire parce qu'il le faut. Ma petite chérie, continue-t-il en me serrant de nouveau contre lui, je vais être sur des charbons ardents après ton départ. N'oublie pas que toutes ces démarches doivent demeurer secrètes.

Il me regarde longuement. Ses doux yeux bleus s'embuent de larmes ; attristée, je plonge, à bras ouverts, dans notre empire à nous deux, soustrait à la vue des mortels... son amour pour moi et mon amour pour lui. Il rayonne lorsqu'il m'entoure de nouveau de ses bras. Lorsqu'il relâche son étreinte, une sorte de désespoir ternit son visage.

— *My darling little girl*, je déteste ces moments de ma vie où je sais que tu vas partir... je méprise ce temps... Je t'aime tant. Je ne peux oublier que tu es ma fille... Va, ma chérie, il faut que je me rende à une séance du gouvernement. Je suis gouverneur, après tout...

Je mets une main contre sa bouche pour arrêter le flot des phrases décousues de l'étrange tourmenté qu'est mon père, nerveux, impatient, un roi qui n'en est plus un, exilé dans cette île aux confins de son empire. Enfin, le royaume de mon père n'est-il pas les Bahamas ? Suis-je, moi, un peu... son royaume ? Je suis si triste pour lui, et triste pour moi. Je pose mon front contre le sien, et l'embrasse.

– *Father*, je vais me reposer, je suis si fatiguée, moi aussi…

Je demande à l'opératrice du central téléphonique de Nassau de me mettre en communication avec le Canada. À huit heures, Sidney, le maître d'hôtel, vient me dire que je suis en ligne avec le manoir Saint-Charles, en Gaspésie.

– Docteur Gatineau, dis-je dans l'appareil.

Une voix lointaine, comme portée par des ondes fragmentées, répond :

– Oui, mademoiselle Marianne. Avez-vous reçu mon télégramme ?

– Oui, je l'ai reçu ! Avez-vous eu d'autres nouvelles ?

– Oui, nous avons appris aujourd'hui que Claude est prisonnier à Dachau, près de Munich.

– Ah non !

J'hésite quelques instants, puis je continue, dans le crépitement de la ligne téléphonique :

– Écoutez, docteur, je n'ai que quelques minutes, des démarches se poursuivent, mais je ne peux vous en dire davantage… je vous écrirai. Merci pour vos lettres…

– Je vous remercie aussi pour les vôtres…

La voix devient de plus en plus faible.

– Au revoir, dis-je vivement avant de reposer le combiné.

Je monte à ma chambre. On m'assure que mon voyage est planifié jusque dans les moindres détails. J'affronterai celui qui a, comme l'a dit Goebbels, « la certitude inébranlable que le Troisième Reich deviendra le maître de l'Europe ». Je revois l'image de Hitler, satanique. J'essaie de m'emparer d'un fragment de l'esprit de cet homme qui détient la clé de mon bonheur.

Je cherche dans mes coupures de journaux jusqu'à ce que je trouve, dans des extraits du *Times*, celui que je cherche, Hitler. Il est là, sérieux, saluant ses soldats à Nuremberg et, sous l'article, une autre photo de lui, prise de profil. Je scrute le visage assez ordinaire en tâchant d'inventer ce qu'il me dira. Je me transporte dans le cataclysme en Europe, et j'essaie d'imaginer les conquêtes, la barbarie contre le peuple juif, la tuerie… et Dachau ! Mon Dieu, dans quel triste monde vivons-nous ? Je regarde de nouveau le visage de Hitler… Je vais plaider ma cause et il m'écoutera. « Attends, Marianne, le jour viendra… » Le fil de mes pensées est interrompu par des grattements contre ma porte.

C'est Pookie qui entre en trombe dans ma chambre. Il s'élance vers moi, saute dans mes bras, pose ses deux pattes sur mes épaules et lèche mon visage… « Cher, cher petit Pookie, mon départ te fait de la peine ? » Un son sourd roule dans sa gorge et il émet deux jappements… chez lui, ça veut dire « oui ! » Dans le corridor, la voix de ma belle-mère le réclame. Il ne bouge qu'au troisième appel, plus strident. J'ouvre la porte et il se sauve.

– Madame, Pookie est venu me saluer…

– Oui, je vois.

Ses deux cairns sur les talons, elle descend l'escalier, silencieusement.

Je ferme la porte de ma chambre.

S'il suffisait que je sorte de moi-même, que je fasse un autre don pour conserver l'espoir de réussir, je n'y manquerais pas. Un don ? Un autre don ? Quoi encore, puisque c'est déjà fait ! J'efface de ma mémoire quelques détails… et je frissonne de nouveau. J'attire des pensées noyées d'ombre et de regrets… mes entrailles se nouent…

Je regarde dehors. Mes yeux cherchent le vol patient des petits oiseaux des îles qui happent les insectes éphémères. L'air a le goût usé d'un après-midi qui s'allonge et la chaleur est grande sous un soleil de plomb.

Je m'allonge sur mon lit. Lorsque je me réveille, la nuit est déjà tombée.

Chapitre XX

Je quitte Nassau sans hésitation, malgré ma tristesse de laisser mon père. Bien sûr j'ai le droit de souffrir, mais il est préférable que je réprime mes pleurs afin qu'il ne détecte pas quelque faiblesse. En lui faisant mes adieux, j'éprouve la force de ce fil invisible qui nous lie l'un à l'autre et qui me ramènera vers lui. Ma belle-mère m'embrasse sur la joue et il me semble sentir une certaine chaleur dans son baiser. J'essaie d'ignorer les larmes dans les yeux de mon père et son air affligé.

Le moment approche où je vais revoir Axel. La tourmente de notre rencontre, j'ai presque réussi à l'effacer, comme un pardon que je me serais accordé, et qui me délivrerait du blâme. Malgré moi, je tressaille lorsque je repense à cette soirée... comme si le plaisir éprouvé n'était pas complètement éteint. Dans mon esprit, je repasse le décor du navire que je connais déjà ; tout semble paisible quand Jim et moi montons à bord. Un jeune steward nous accueille. Deux cabines ont été mises à notre disposition.

Je regarde par le hublot. Nous sortons du port. J'entends des pas qui s'approchent. Je reste figée dans l'attente. Mais les pas s'éloignent. Je respire profondément.

Est-ce que je m'attends à ce qu'Axel frappe à ma porte ? La confusion règne dans mon esprit, car je ne sais plus si je souhaite la présence d'Axel ou non. J'ai si peur de me tromper. Saurait-il me donner un regain de courage et de confiance ? Me désire-t-il encore ? Ma vanité me fait oublier que le marché entre lui et moi n'était probablement rien d'autre qu'une aventure, qu'une conquête de plus pour lui ! Je dois me rappeler que ce n'était pour moi qu'une obligation et me concentrer sur le but de mon voyage.

Mes pensées s'adoucissent devant le spectacle de la mer, un scintillement de verre glauque et turquoise sous un ciel d'un mauve très pâle à l'horizon. Les petits bateaux que nous croisons dans ces tons de pastel ressemblent à des cygnes silencieux.

— Miss Mary Ann, dit Jim à travers la porte, venez-vous sur le pont ?

J'ouvre. Je le regarde, sûr de lui. Il a l'air de très bonne humeur.

— Le temps promet une belle traversée, profitons-en.

— Vous l'avez vu… lui ?

Une ironie calme flotte sur son visage. Il pose sa main sur la mienne et la serre affectueusement.

— Oui, il est dans son bureau avec Rupert Einhorn.

Je souris faiblement. J'ai un pincement au cœur.

— Nous déjeunerons tous ensemble dans un quart d'heure, miss Mary Ann.

Je m'accoude au bastingage, distraite en apparence.

— Les mouettes nous suivent encore, Jim ! Regardez-les ! Que cherchent-elles si loin au large ?

— Probablement des bateaux de pêche. Nous allons sûrement en croiser quelques-uns.

Une bourrasque de vent fait rouler le bateau et je chancelle. Jim me retient et laisse son bras sur mon épaule.

– Miss Mary Ann, nous y sommes, nous débutons notre voyage, votre voyage…

– Une entreprise hasardeuse, Jim ! Serai-je à la hauteur ?…

– Bien sûr, vous êtes courageuse, il faut vous en convaincre.

Je respire l'air et la clarté ; l'air marin me stimule… Mon détachement apparent ne tient pas de la timidité. C'est au contraire une sorte de sans-gêne, de plaisir à imaginer autre chose. Ici, dans ce navire, personne ne prend plus rien à personne, même pas M. Wenner-Gren.

Nous continuons notre promenade le long du pont.

– Les dauphins n'y sont pas aujourd'hui, comme à notre dernière traversée.

– Non, en effet !

Dans la salle à manger, nous entrons dans le bleu universel projeté par la mer, sans ombre, car la lumière arrive de tous côtés. Au centre de la pièce ensoleillée, la table est mise pour quatre personnes. Un jeune homme se précipite pour m'offrir une chaise et m'aide à m'asseoir. J'ai peur d'être émue. J'ai peur des remarques que notre hôte va faire. Le souvenir de lui, l'autre soir, en peignoir, me poursuit…

Un léger brouhaha précède l'entrée d'Axel et de Rupert Einhorn dans la salle à manger. J'espère pouvoir garder mon sang-froid…

– Bonjour, dit-il d'une voix enjouée en prenant place en face de moi. La mer est belle pour notre traversée.

Même le son de sa voix me cause un petit choc émotionnel. Pourquoi a-t-il l'air content ? Parce que je pars ? Non, c'est ridicule ! Je me retranche derrière des paroles sans importance.

— Oui, en effet, une très belle journée, dis-je.

Rupert s'installe à ma droite, confiant, sûr de lui. Avant de s'asseoir, il me salue de la tête, je m'attendais presque à le voir claquer les talons… Pendant le repas, la conversation est banale, et je n'y trouve guère plaisir. À un moment, alors que je lève mes yeux de mon assiette, je surprends le regard d'Axel Wenner-Gren sur moi. Je sens une crispation à mes tempes. Rupert et Jim semblent s'entendre à merveille.

À la fin du repas, notre hôte demande au jeune homme qui nous a servis de nous laisser seuls. Axel s'appuie au dossier de sa chaise, hausse les épaules et passe sa main dans ses cheveux. Nulle autre expression sur son visage qu'une sévérité étrange.

— Tout est en règle, dit-il, les billets d'avion, les visas, les transits à Lisbonne, les réservations à l'hôtel Beau-Rivage, à Genève. Jim y séjournera jusqu'à votre retour. Miss Mary Ann et Rupert se rendront en Allemagne clandestinement, en empruntant une route éprouvée et sûre. Ne m'en demandez pas davantage, je ne peux vous en dévoiler plus.

Il se lève. Mon esprit est en plein tumulte. Je le regarde sans oser faire un mouvement ; ses yeux se posent sur moi, froids et brûlants à la fois. Un regard qu'on dirait insatiable. Est-il toujours un vampire ? Sans aucun doute !

— Et notre retour ? demande Jim.

– Même trajet que pour l'aller, sauf que vous passerez quelques jours à Genève pour affaires, et de même à Lisbonne. Rupert vous tiendra au courant au fur et à mesure. Il est en possession de tous les documents nécessaires.

Il baisse les yeux. Je me sens un peu plus solide en face de lui, et plus confiante. Oui, je crois aux méticuleux arrangements de M. Wenner-Gren. Oui, le temps est propice. Un doux vent entre par la porte et les hublots.

– Nous serons à Miami dans une demi-heure, dit-il en rajustant le col de sa chemise. Je vous souhaite à tous un bon voyage. Je vous verrai individuellement avant votre descente du bateau.

Ses yeux se rapetissent alors qu'il prononce ces derniers mots. Puis, il s'éclipse, suivi de Rupert.

Jim et moi revenons sur le pont. J'accueille avec plaisir le vent vivifiant du large. Nous voyons apparaître à l'horizon les silhouettes immobiles et floues des hauts édifices de Miami ; on les dirait pressés sous l'immensité du ciel. Je songe à un décor miniature sous une cloche de verre.

– M. Wenner-Gren veut vous voir, dit une voix derrière nous, vous en premier, M. McNish-Porter.

Un éclair de fauve passe brièvement dans les yeux de Jim. Il me jette un regard avant de suivre le matelot.

Je me demande pour quelle raison Axel désire voir Jim. Et moi ? Sûrement pas pour un autre *pacte*. Que reste-t-il donc entre nous à discuter ? Mon voyage ? Il est sûrement bien orchestré. Je ne veux plus y penser. Je m'accoude à la passerelle et regarde longtemps les vagues. Quelques dauphins sont au rendez-vous, enfin. Que c'est beau d'être libre et d'en faire à sa guise…

– N'est-ce pas qu'ils sont magnifiques ! s'exclame Axel Wenner-Gren derrière moi.

Je me retourne brusquement, une main contre ma poitrine.

– Excusez-moi de vous avoir fait peur, dit-il. Je ne tiens pas à ce que vous veniez dans mon bureau, milady...

Il fait du menton vers ma main gauche que je garde contre ma poitrine un très léger mouvement sauvage, comme le ferait un gros chat, un fauve.

– N'ayez crainte, continue-t-il, je ne vous demanderai rien.

Il baisse les paupières et serre les lèvres.

– Je tenais simplement à vous souhaiter un bon voyage et tout le succès que vous en espérez. Revenez bientôt, *älskling* !

Ce dernier mot est doux dans sa bouche... *älskling*. Pendant le silence qui suit, il m'interroge des yeux, comme si c'était à mon tour de dire quelque chose, par exemple lui demander la signification de *älskling*. J'ai des doutes sur les motifs qui le font agir et je ne veux pas lui donner satisfaction encore une fois.

– Je ne peux que répéter ce que j'ai déjà dit il y a quelques semaines... Axel, je vous serai reconnaissante toute ma vie pour...

Il m'interrompt d'un geste brusque ; sa voix est sourde.

– Surtout pas cela, pas de la reconnaissance, milady... j'attendais plus de vous.

Une expression presque séductrice passe sur ses traits, comme s'il allait me proposer... mais cela ne dure pas. L'homme sollicite... ou pas ? Suis-je un gibier

de choix ? Il s'approche de moi et je recule instinctive-
ment.

— Vous me hantez, notre nuit me hante… murmure-
t-il. Ce n'était pas… je ne voulais pas vous aimer… je
suis pris à mon piège… *Jag älskar dig !*

Je ne comprends pas les mots suédois et mes yeux
demeurent attachés à ses lèvres. Je perçois de nouveau
l'odeur de musc qui émane de sa personne. Il a été un
amant dans le cadre d'une transaction arrangée par lui,
et maintenant que croit-il ? Peut-on aimer son bour-
reau ?

Une grandeur atavique monte en moi. Ne suis-je
pas une Windsor, après tout ? Axel s'est attaché à moi ?
Je pourrais en rire et me réjouir d'une petite revanche.
Mais j'aurais préféré que nous en restions à notre rela-
tion d'affaires et qu'il ne tente pas de mêler l'amour à
tout ça. Mon amour, mon véritable amour est loin d'ici,
en Europe ! Un sanglot amer meurt étouffé dans ma
gorge. Une vague de mécontentement me submerge de-
vant un aveu que je ne désirais pas.

Je réponds non d'un signe impatient. Je suis quand
même émue, mon cœur bat vite… je ne me fie plus aux
apparences et j'ai hâte d'en finir avec M. Wenner-Gren.

— Milady, je vous laisse. Si jamais vous avez besoin
de quoi que ce soit, pensez à moi, je vous en prie ! Ne
croyez pas tout ce que l'on dit sur moi !

Nous sommes presque à Miami, d'où nous nous
envolerons bientôt. La traversée m'aura paru longue.

CHAPITRE XXI

Le voyage au-dessus de l'Atlantique dans le DC4 de la Pan American est long, presque dix heures de vol. Auparavant, l'escale à Miami, l'embarquement et le transit à New York se sont bien passés. Ma relation avec Wenner-Gren, une situation qui m'inquiétait, puisque je voyageais dans son yacht, ne m'attire pas d'ennuis.

J'essaie de faire table rase des derniers événements alors que je chemine vers un monde inconnu. Le vol au-dessus de l'océan me détourne du présent et me relance dans le passé... Pourtant, mon présent ne s'accorde aucunement à mon passé, mis à part les nouvelles leçons de patience que je peux en tirer...

Nous faisons escale à Lisbonne, et Rupert, qui connaît bien la ville, nous suggère une visite guidée pour remplir les six heures d'attente avant notre départ pour Genève.

À Genève, Rupert et moi ne passerons qu'une seule nuit, comme prévu. Nous sommes descendus à l'hôtel Beau-Rivage. Je suis fatiguée et fébrile. En attendant que Jim vienne me chercher pour le dîner, je prends un bain chaud. J'en ressors plus détendue. Lorsque Jim frappe à ma porte, je suis prête. Lui aussi a fait peau neuve. À la place de ses habits de voyage froissés, il a revêtu un pantalon de gabardine avec une chemise bleu pâle et un chandail de la même couleur.

— Rupert n'est pas avec vous ?

— Non, il a des rendez-vous d'affaires.

— À cette heure-ci ?

— Oh, vous savez, les grosses affaires, ça se brasse n'importe quand ! Allons dîner, si vous le voulez bien.

L'ascenseur est bondé et je suis serrée contre Jim. Je sens son souffle sur mon front. Il me reste si peu de temps avec lui avant d'affronter l'ennemi. Sa proximité me rassure, mais nous sommes déjà au rez-de-chaussée.

Il me tend la main et m'entraîne vers le restaurant Le Gentilhomme. Nous nous installons près d'une fenêtre qui donne sur le lac Léman et Jim commande une salade et une raclette avec des pommes de terre au four et une bouteille de vin suisse, le Fondant.

— Une raclette, Jim ?

— C'est une spécialité suisse, du fromage fondu et grillé que l'on fait couler sur les pommes de terre, avec du jambon des Grisons. Vous allez voir comme c'est délicieux !

— Je n'ai pas tellement faim, Jim, je suis sur les nerfs !

— Il faut que vous mangiez. Demain est un autre jour. Gardez toute votre énergie pour les moments difficiles. Ce soir, je vous demande de vous relaxer. Tout ira bien.

Il parle d'une voix égale et ses beaux yeux me fixent avec affection. Il agite une main pour m'empêcher de parler.

– J'ai raison, continue-t-il. Buvez un peu de vin, cela vous détendra.

Un petit feu brille dans son regard, il pose une main sur la mienne. Il me semble que ce soir je suis en sécurité… sa présence écarte l'idée du danger qui m'attend à partir de demain. Il me manquera quand je serai en Allemagne, et je le regrette déjà. Il s'efforce naturellement d'établir la bonne humeur ce soir.

– Nous irons marcher le long du lac avant de nous retirer pour la nuit. Il fait beau ce soir et peut-être que la grande fontaine fonctionne, même en temps de guer…

Il s'arrête par peur de m'effaroucher avec le mot guerre ? Ne sait-il pas qu'il est gravé à tout jamais dans mon âme ? Cher Jim ! Un peu distraite, je l'écoute quand même me parler de la Suisse, de ses banquiers, de ses conventions, de son horlogerie et même de la Croix-Rouge.

Quand nous sortons du restaurant, il y a des lumières partout, même sur le lac autour du grand jet d'eau qui laisse découvrir des rochers de la couleur de l'améthyste. L'air est frais, je respire à pleins poumons.

– Cette belle soirée, Jim, doit annoncer quelque chose de bien… Vous ne croyez pas ?

– Bien sûr, miss Mary Ann !

– Vous croyez, vraiment ?

Je m'arrête, baisse la tête. Quelques images confuses, incohérentes, me traversent l'esprit. Je relève la tête ; une anxiété sans nom me serre la gorge.

– Pourquoi dites-vous cela, Jim ? Vous ne savez pas, vous… !

Il ne répond pas, surpris par ma remarque acide.

— Je sais, Jim, que vous voulez m'encourager, mais…

La musique d'une valse s'échappe des fenêtres d'un grand hôtel alors que nous reprenons notre promenade. Nous sommes presque seuls, si l'on excepte quelques promeneurs isolés qui ne prennent pas garde à nous. Jim m'attire soudain dans ses bras pour quelques pas de danse.

— Dansons, miss Mary Ann, la nuit est belle, les étoiles sont belles…

Il passe une main douce sur ma joue et m'entraîne. Je me laisse emporter, je me concentre sur le rythme de notre danse, là, sur le trottoir, puis sur la chaussée et de nouveau sur le trottoir bordé d'arbres qui longe le lac. Des applaudissements discrets se font entendre quand nous cessons de valser. Deux marcheurs nous croisent et sourient. « C'est bien valsé, bonsoir ! » disent-ils. Jim me regarde et éclate de rire. Et nous recommençons. Un oiseau, au-dessus du lac, s'enfonce dans la nuit en poussant son cri étrange. La lumière orangée des grands lampadaires éclaire le visage de Jim. Je me sens tellement en sécurité avec lui !

Je me hisse sur la pointe des pieds, tout en dansant, et, sans penser, je pose mes lèvres sur les siennes…

— Merci, Jim, d'être avec moi, je serais perdue sans vous…

Jim me repousse, ses yeux se plissent et puis, violemment, il m'attire contre lui, me serre si fort que j'en ai le souffle coupé. Il m'embrasse fougueusement, longuement, puis s'écarte de moi si brusquement que j'en perds l'équilibre, mais il me retient juste à temps.

— C'est ce que vous vouliez, miss Mary Ann ? Vous n'avez pas eu assez de Wenner-Gren ? Faut-il que je sois votre souffre-douleur ?

Les larmes me montent aux yeux, puis j'éclate en sanglots.

— Non, non, Jim ! Je cherche... je cherchais un peu de réconfort. J'ai tellement...

Il refuse d'en entendre davantage et me tourne le dos. Il s'éloigne un peu. Je suis maintenant intimidée, ne trouve rien à dire et deviens de plus en plus malheureuse.

Un rire monte dans la nuit et rompt le lourd silence. Ses yeux pourraient cracher des flammes tandis qu'il revient vers moi en secouant ses épaules. Sa voix est tranchante.

— Entendez-moi bien, miss Mary Ann, j'exige qu'entre nous il n'y ait pas de... de... Je vous défends de... Enfin, Mary Ann, comment croyez-vous que je puisse continuer à être à vos côtés si vous cherchez à être... à être...

Les mots ne viennent pas, il bégaie presque. Un coup de vent ébouriffe ses cheveux, l'air frais sur mon visage sèche mes larmes.

— À être intime avec vous, Jim ? C'est ce que vous voulez dire ? C'est ce que vous croyez ? Vraiment ?

Je n'ai nullement l'intention de séduire Jim, comme il le croit. Sa réaction signale non seulement sa probité, mais aussi ses propres craintes. Je me sens déçue, seule, abandonnée. Dans moins de vingt-quatre heures, nous serons séparés, et qui sait si nous nous reverrons.

— Jim, dis-je en me rapprochant de lui, oublions cette histoire, je ne peux supporter que vous m'en vouliez.

Il avance vers moi sans mot dire. Il a l'air si triste … le temps s'est soudainement refroidi… « Continue, continue à parler, Marianne, et que la nuit dorée accueille tes paroles. »

– Vous m'êtes si cher, Jim, vous avez pris une telle place dans ma vie. Notre passé représente quelque chose, Jim, sûrement ? Je vous demande pardon de mal exprimer ce besoin que j'ai de vous, je suis maladroite. Comment vous dire que vous comptez beaucoup pour moi ? Vous avez toujours été là, avec moi… Nous sommes toujours amis, dites ?

Immobiles, nous nous observons sans parler. L'espace qui nous sépare m'apparaît immense jusqu'à ce qu'un mince sourire se forme sur son visage… alors mes préoccupations s'envolent immédiatement. Il me tend la main.

– Miss Mary Ann, il faut rentrer. Il nous faut une bonne nuit de sommeil. Demain sera une longue journée, à commencer par un voyage en train jusqu'à Zurich, où nous nous reposerons, puis une balade en voiture jusqu'au lac de Constance.

Je ressens une clémence qui se resserre sur moi à mesure que la nuit se ferme.

Je gagne ma chambre, je me prépare pour la nuit. Puis j'appelle le sommeil en me répétant, jusqu'à ce que je m'endorme : « Claude, mon amour, dors bien, Claude, mon amour, dors bien… Claude, mon amour… »

CHAPITRE XXII

Je ne me suis nullement préparée à cette nuit sur les rives du lac de Constance, nuit baignant dans une atmosphère un peu magique. Mais le vent se lève, bousculant le tableau paisible, et il me vient des images maritimes de houles déchaînées et de naufrages dans le linceul des brumes. J'imagine déjà le pire, mais il n'y a pas de brume...

Rupert m'explique que nous devons aller en canot jusqu'au bateau motorisé ancré à six cents pieds au large. Mes idées tourbillonnent, je suis attendrie... c'est un ordre des choses nouveau qui ne dépend ni de mes actions ni de ma volonté. En embarquant dans le canot, je me résigne à une collaboration étroite avec Rupert. Je dis au revoir à Jim.

— Je viendrai ici tous les jours, chaque après-midi à partir de deux heures. Je vous attendrai. Bonne chance. J'ai décidé de rester au petit village d'Aabon, tout près d'ici, plutôt que de retourner à Genève comme prévu.

Jim me tend ma valise et la mallette que Rupert garde toujours avec lui et, après un dernier salut de la main, il s'en retourne vers la voiture.

Le trajet entre la rive et le bateau ne prend que quelques minutes. Rupert m'installe sur la banquette arrière, à côté de cartons de cigarettes, d'une douzaine de bidons d'essence ainsi que d'une variété de paquets de différentes tailles. Je comprends qu'il s'agit de contrebande. Le moteur vrombit, prêt au départ. Rupert s'assied près de moi et me dit, en mettant sa main sur mon épaule :

– Nous avons une soixantaine de milles à parcourir en moins de deux heures, alors restons calmes. Le pilote nous a préparé une petite collation et du café fort. Si cela vous tente !

Je fais signe que oui.

La rive s'éloigne rapidement et des lumières se reflètent dans le lac sous un ciel sombre et sans lune. Devant nous s'étend une noirceur charbonneuse comme si l'eau même était insensible à la lumière. Le canot automobile avale la distance en tranchant la surface du lac et laisse derrière lui un sillage mousseux qui s'élargit à perte de vue.

Quelques minutes après notre départ, le pilote éteint le fanal attaché à la proue de son bateau et ne garde qu'un faible éclairage sur son cadran de bord. Les côtes allemandes se rapprochent, ensevelies dans le black-out – quel contraste avec les côtes suisses ! Dire que je vais entrer dans ce pays ennemi !

Je scrute l'obscurité. J'ai peine à distinguer les contours d'une terre, et mon cœur se serre. À quelle distance est Dachau ?

Soudain, une lumière verte clignote. Notre pilote coupe le moteur à une cinquantaine de pieds du rivage ; l'embarcation glisse silencieusement vers le faisceau de lumière et, finalement, se range le long d'une petite passerelle.

Une voiture nous attend et nous filons sans tarder vers Munich. Personne ne parle. Nous descendons devant une maison tout à fait ordinaire, dans une petite rue, où un couple d'âge moyen qui semble connaître Rupert et notre chauffeur nous accueille.

– Nous sommes très près du centre de Munich, dit Rupert derrière moi. Suivez Mme Weiss et ne craignez rien ; il y a un black-out dans toute la ville.

Je peux enfin voir le visage de notre chauffeur sous la lumière du salon où l'on nous prie d'entrer. C'est un jeune homme assez grand et blond, vêtu d'un uniforme noir. Sur le col de sa veste, je remarque le symbole de la Schutzstaffel, qui indique qu'il appartient aux SS, la police militarisée de l'Allemagne nazie. (J'ai lu quelque part qu'au cours de l'année précédente, se greffant sur cette formation, les Waffen SS avaient été créées.) Il porte de longues bottes en cuir et, à son bras gauche, il a le brassard de la svastika.

Tout à coup, je me sens prise au piège... je devine que mon temps est mesuré alors que je me crois dans un camp de nazis... « Il n'y a pas que des nazis en Allemagne ! » m'a dit Rupert. Je regarde autour de moi, Mme Weiss me sourit. Notre chauffeur SS nous observe avec, me semble-t-il, une certaine indulgence. « Pourquoi cette marque de bonté ? » pensé-je alors que quelques mots d'Henrich Himmler, le chef des SS, trottent dans ma tête : « Je sais qu'il y a des gens en Allemagne qui se sentent malades lorsqu'ils voient cette tunique noire, et nous comprenons très bien ! »

Il comprenait quoi ? Que sa police semait la frayeur ? Une grande partie du monde le savait déjà. Je ne suis vraiment pas à l'aise devant ce policier qui se tient debout près de la porte. Mes yeux se posent sur le revolver à sa ceinture. Je me rapproche instinctivement de Rupert qui s'apprête à ouvrir le colis qu'il a déposé sur la table.

– Miss Mary Ann, dit-il d'une voix égale, je vous présente M. et Mme Weiss et notre chauffeur, Hans Streischer.

Tous les trois inclinent la tête et me sourient. Hans claque ses talons. Son visage ouvert calme un peu ma crainte. Est-ce un signe si le premier Allemand que je rencontre, en pays allemand, n'est autre qu'un SS ?

Rupert extirpe de son colis du gruyère, du pain, du chocolat et une bouteille de vin. Il demande à Mme Weiss de bien vouloir nous apporter des assiettes et des verres. Peu de mots sont échangés pendant le goûter. Finalement notre chauffeur se lève, fait claquer ses talons en tendant son bras droit devant lui et lance un vibrant : « *Heil* Hitler ! » Avant de nous quitter, il nous informe qu'il sera de retour à une heure de l'après-midi pour la prochaine phase de notre itinéraire. Je regarde ma montre. Il est quatre heures trente du matin.

– Enchanté d'avoir fait votre connaissance, Fräulein ! dit-il avant de fermer la porte.

Mme Weiss m'accompagne jusqu'à ma chambre et me prie de ne pas ouvrir les persiennes à cause du blackout. Je la remercie et elle me souhaite un bon sommeil. Rupert frappe à ma porte. Je l'invite à entrer dans la chambre, mais il refuse.

– Vous voyez bien, miss Mary Ann, que tout s'annonce à merveille. Cet après-midi, nous nous rendrons à Berchtesgaden et probablement aussi à Obersalzberg, et là, nous attendrons les ordres. Les mouvements et les déplacements du Führer sont secrets, mais nous savons qu'il est à Munich en ce moment et, comme d'habitude, il va sans doute se rendre à sa retraite dans la montagne – il s'en sert pour ses réunions avec ses ministres. C'est tout ce que je sais pour le moment. Dormez bien, miss Mary Ann. Demain, si vous le désirez, je pourrai vous faire visiter quelques coins de Munich. Je connais très bien la ville !

– Rupert, je vous remercie. Je dois vous avouer que la présence de Hans m'a un peu bouleversée.

– Il est de toute confiance, miss Mary Ann. Nous sommes en sécurité avec lui ! Avec les Weiss aussi. Je les connais de longue date.

Rupert sourit et me souhaite une bonne nuit.

Je suis terriblement fatiguée mais moins désemparée. Avec effort, je bannis de mon esprit tous les Hitler, tous les Himmler et leurs bandes de coupe-jarrets, qu'il me semble connaître tant j'ai lu tout ce que je pouvais sur le régime nazi. Quand même, je ne peux m'empêcher de penser à une remarque de Hitler, tirée de l'un de ses discours, malgré l'engourdissement du sommeil : « Je crois que ce fut la volonté de Dieu d'envoyer un garçon de cet endroit d'Autriche dans le Reich, de le rendre illustre et supérieur, et de l'élever jusqu'au rôle de Führer de la nation ! »

Je frissonne sous le duvet de Mme Weiss et respire l'odeur de lavande des draps. Je m'endors en priant Dieu de m'aider à trouver dans mon cœur les mots dont je me servirai… demain… après-demain… pour ouvrir la porte de la liberté pour Claude.

À huit heures du matin, on frappe à ma porte. Je prends une douche en vitesse – il n'y a pas d'eau chaude. Du café à la chicorée et du gros pain presque noir avec un peu de graisse – le beurre est rationné – nous attendent sur la table de la salle à manger. M. et Mme Weiss n'y sont pas ; Rupert me verse une tasse de café. Je me sens plus reposée.

Mon cœur commence à palpiter d'impatience quand je pense à ce qui va se passer. Je vois le soleil filtrer par l'interstice entre les rideaux fermés et je sens le besoin de bouger. L'idée de me savoir dans la même ville que Hitler me perturbe quelque peu et je devine que ma journée ne sera pas facile. Je porte une main à mon front, et je murmure : « À la grâce de Dieu ! » Rupert me regarde.

– Nous sommes seuls dans la maison, les Weiss sont allés au marché. Comme il n'y a pas d'oreilles indiscrètes, nous pouvons parler. Avez-vous des questions ?

– J'en ai des centaines, mais je vais m'en tenir à quelques-unes. Savez-vous si Hitler a consenti à me voir ?

– Bien sûr, c'est pourquoi nous avons entrepris ce voyage ! Vous en doutez toujours ?

– D'après ce qu'on raconte sur lui… ne le dit-on pas inconstant ?

– Oui, on le dit, mais n'oubliez pas qu'il a monsieur votre père en grande estime… c'est votre meilleur atout ! Moi, miss Mary Ann, continue-t-il en me fixant droit dans les yeux, j'ai confiance !

Son regard est clair, de couleur noisette, et ses traits réguliers et animés respirent l'intelligence.

– Rupert, lui demandé-je encore, est-ce que mon père sait que nous sommes bien arrivés ?

– Oui, miss Mary Ann, j'ai téléphoné à Axel avant notre départ de Genève. Il doit lui transmettre la nouvelle.

J'ai dû pâlir un peu. Rupert se penche vers moi et m'offre une autre tasse de café. Son regard semble plus doux. Il retire sa main vivement lorsqu'elle frôle la mienne.

– Pouvez-vous communiquer avec Nassau d'ici, de l'Allemagne ? Est-ce que le réseau de M. Wenner-Gren est assez puissant ?

– Oui, miss Mary Ann, j'ai les contacts nécessaires, ne vous en faites pas !

Il m'invite à visiter la ville. Dans le vestibule, il me retient un instant.

– À partir de maintenant, parlons à mots couverts, en allemand, et sans mentionner de noms. On ne sait jamais qui est à portée de voix. N'oubliez jamais que vous êtes en pays ennemi. Si par hasard on nous pose des questions, laissez-moi y répondre. On va se promener un peu comme des touristes.

Le regard assuré de Rupert calme mes appréhensions. Oui, il m'est sympathique… oui, il faut que j'aie confiance en cet homme qui représente Axel Wenner-Gren…

– Encore un petit mot, dit-il à voix basse. Ne soyez pas surprise si je prends votre main ou votre bras, si c'est nécessaire afin de donner une impression de familiarité…

– Bien sûr, Rupert !

Je ne vois pas ce que je regarde, mon cœur est trop lourd et trop las. Je suis Rupert de près, j'écoute ses explications, mais je remarque à peine la grande activité qui règne, les soldats qui foisonnent. Comme nous, ils déambulent avec une certaine nonchalance. La mienne est factice, bien sûr. Nous débouchons sur l'esplanade Marienplatz.

En toute autre circonstance, ma curiosité naturelle serait en émoi devant le Peterkirche, la plus vieille basilique de Munich, qui date du IIe siècle, et le Beerkeller où, paraît-il, Hitler a esquissé les principes de son parti nationaliste. Mais je retiens un soupir d'ennui.

Juste avant onze heures, nous attendons avec une multitude de gens devant le Glockenspiel, le fameux carillon niché dans la tour de l'hôtel de ville, le Rathaus. Au premier tintement de onze heures, mon cœur s'allège durant quelques secondes quand les deux portes, dans les hauteurs de la tour, s'ouvrent pour laisser place à de grandes marionnettes articulées de danseurs et de chevaliers sur leurs montures.

– N'est-ce pas qu'ils sont merveilleux, miss Mary Ann ? dit Rupert en prenant mon bras.

J'acquiesce d'un signe de tête. Un peu de vent s'élève sur Marienplatz. Dans le ciel, de gros nuages sont repoussés vers les Alpes… Tant mieux, il n'y aura pas de pluie pour empêcher le Führer de se rendre à sa maison de campagne.

– Le Rathaus est d'influence flamande, explique mon compagnon, et une grande partie de la ville est de style baroque. Là, vous voyez ce bâtiment carré et lourd ? Eh bien, c'est du pur Hitler !

– Rupert, de quel côté est Dachau ?

Nous nous arrêtons de marcher. Je cherche dans Munich la certitude du retour de Claude… je cherche Claude comme si par miracle… Des larmes me montent aux yeux.

– Dachau est au nord de Munich, nous ne pouvons y aller, miss Mary Ann !

Il prend ma main dans la sienne.

– N'y pensez pas trop, il faut avoir confiance ! Maintenant c'est l'heure du déjeuner avant de rejoindre notre chauffeur, Hans Streischer.

Notre chauffeur SS est devant la porte à l'heure dite. Je fais mes adieux aux Weiss et leur promet de revenir les voir quelques jours plus tard. Sans difficulté, nous quittons Munich et faisons route vers le sud-est, en direction des Alpes de Bavière.

– Nous sommes dans le territoire de Mad Ludwig, miss Mary Ann, nous verrons peut-être un de ses châteaux en route.

Je me laisse bercer par le récit que font Rupert et Hans de la vie de Louis II, roi de Bavière, protecteur de Wagner, qui avait la folie des grandes constructions. Nous roulons sur des routes poussiéreuses – l'autoroute est en chantier – et, petit à petit, je sens s'installer une certaine familiarité dans notre voiture. J'apprends que Mad Ludwig repose dans une petite chapelle copiée sur le Saint-Sépulcre de Jérusalem, à côté du Schloss où il habitait.

Sans transition ni coupure, mon rêve hardi commence vraiment ici, dans le voisinage d'un ancien roi fou, alors que je suis à la veille d'approcher un autre genre de souverain, un dictateur qui a, lui aussi, la folie des grandeurs. Le chemin devant moi semble surgir de la nuit, de la brume de la mer... mon cœur se serre de nouveau. Le château éphémère de Ludwig se fond dans l'éloignement, bien qu'il ne soit pas si distant du restaurant où nous faisons halte, un des coins préférés du Führer, nous dit Hans en ouvrant la portière de la voiture.

Un grand calme règne dans le village qui, avec ses maisons grises et roses sous les rayons du soleil, semble dormir sur cet immense plateau fermé à l'horizon par des forêts denses et, en arrière-plan, par les Alpes. La pointe d'un clocher domine le paysage et lui donne un certain cachet romantique. Une grande cigogne, perchée au faîte du clocher, déploie ses ailes à plusieurs reprises sans prendre son vol, indifférente aux corbeaux qui, à intervalles réguliers, s'échappent du clocher et tournoient en criant au-dessus de nos têtes.

Un convoi de quatre motocyclettes et une longue voiture s'arrête en face du restaurant. Deux hommes en uniforme descendent de la voiture et s'installent à quelques tables de la nôtre avec les officiers SS.

– Le Führer doit être à Berchtesgaden, murmure Hans d'une voix où je perçois quelque timidité.

– Comment le savez-vous ? demande Rupert.

– Parce que Goebbels et Bormann sont là, près de nous, en route eux aussi pour la montagne, probablement, répond Hans, toujours à voix basse. Les ministres voyagent en convois séparés !

Je ressens un pincement au cœur. Deux de la bande de Hitler sont là, visages secs, traits durs sous les casques dont les visières brillent au soleil. Je les compare à des créatures terrifiantes. Je songe à Barbe-Bleue en observant l'homme en costume foncé qui me dévisage étrangement de ses yeux gris acier. Ce sont les yeux de Goebbels qui me causent ce malaise… ils me regardent d'une façon insolente. Je soutiens la confrontation un court instant, bien que je ne me sente pas la force de me mesurer à celui que l'on a surnommé « *Man the Beast* »… la Bête faite homme.

Parlent-ils de la pluie et du beau temps ou sont-ils à comploter conquêtes et propagandes ? À les voir avachis sur leurs sièges, je crois plutôt qu'ils n'ont d'autre désir que de savourer leurs gâteaux et de siroter leur café. Je remets mes lunettes noires et dévisage Goebbels sans en avoir l'air. Il a un visage de fouine, des joues sèches, des lèvres minces, un front plat, un menton fuyant. C'est ce même Goebbels qui a fait les frais d'une caricature, parue dans divers quotidiens, qui montrait un homme petit et estropié aux cheveux noirs et qui portait en légende : « Qui est-il ? Oh ! C'est le représentant de la race nordique, grande, blonde et aux yeux bleus. »

Ma pensée vagabonde autour de lui ; je ne suis pas émue, mais j'ai peur de ce qu'il représente. Son compagnon, Bormann, m'est inconnu. Je suis soulagée quand ils repartent et je remarque que Goebbels boitille : il a un pied bot. Dans un de ses discours, il a déclaré : « Nous qui avons été blessés pendant la guerre mondiale… » Pauvre Goebbels menteur… la malformation de son pied n'est pas due à une blessure de guerre, je l'ai lu quelque part.

Peu après le départ du convoi, nous prenons aussi la route de Berchtesgaden, en Haute-Bavière.

CHAPITRE XXIII

Nous roulons assez vite, si bien que le convoi de Goebbels nous précède de quelques minutes seulement ; des nuages de poussière flottent encore dans l'air. Nous traversons des forêts où des constructions abandonnées dégagent un air de tristesse ; plus en avant, la route se perd dans la montagne. Le temps est beau. À travers les grands arbres, on voit le feuillage jaunissant que tamise une lumière voilée.

Nous arrivons en pleine montagne. J'ai l'impression d'être dans un petit pays séparé du reste du monde. La route se serre entre les flancs rocheux et escarpés des montagnes. Une multitude de légendes, nous dit Hans, se rattachent à cette partie du pays.

– Voyez ces pics, explique-t-il en arrêtant la voiture et en pointant du doigt, ce sont les neuf pics du Watzmann. Ils font partie de la seconde plus haute chaîne de montagnes de l'Allemagne, qui culmine à près de trois mille mètres. D'après la légende, ils représentent les membres d'une famille royale tyrannique qui aurait gouverné le pays d'une façon si impitoyable que Dieu les aurait punis en les changeant en pierre.

Il redémarre et annonce que nous serons à Berchtesgaden dans un quart d'heure. La voiture avance lentement sur la route en lacets qui surplombe des précipices. Rien ici ne peut être comparé à la luminosité qui nous éblouissait à Nassau, tout est tellement différent. Nous entrons directement dans Berchtesgaden, au cœur de la ville, et traversons sans nous arrêter la grand-place, que dominent l'ancienne résidence des rois de Bavière et la Stiftskirche, une église de style roman et gothique à la fois.

– Nous devons atteindre notre destination avant cinq heures, dit Hans.

Nous filons en direction du village d'Obersalzberg et les pentes nord du Hoger Göll.

Il y a des journées inégales et malaisées qu'on met un long temps à gravir, et aujourd'hui est l'une d'elles ; il m'est difficile de cesser de réfléchir sur sa gravité… L'impatience d'arriver me tenaille moins, quand même… Pourquoi serais-je si pressé quand cette rencontre pourrait sonner le glas de l'espoir ? La responsabilité de Hans consiste à me conduire jusqu'au Führer. Sans doute, ce à quoi aspire toute mon âme, je l'ai enfermé dans le refuge des noms, loin de ma réalité… Hitler, Obersalzberg, le Nid d'aigle… Mon Dieu, faites que ce jour unique soit celui de l'espérance, de la fin de mon attente.

Nous quittons la vallée solitaire pour entrer dans un territoire protégé par une haute clôture : le complexe d'Obersalzberg, là où le Führer et ses ministres résident, en montagne. La voiture s'arrête devant l'un des quatre *Wache*, postes de garde qui défendent le domaine privé des grands de la hiérarchie nazie. Rupert présente une liasse de documents à l'officier de faction ; il les examine durant quelques minutes, puis se penche et scrute l'intérieur de la voiture. Il me demande de le suivre, avec ma valise, à l'intérieur du bâtiment de garde, où une jeune femme en uniforme m'entraîne dans une pièce plus petite.

— Une simple formalité, Fräulein, me dit-elle, je dois vous fouiller.

Elle passe ses mains le long de mes hanches et de mes jambes, le long de mon dos et de ma poitrine et, sans ajouter un mot, ouvre ma valise et en inspecte le contenu minutieusement. Toujours en silence, elle m'indique la porte et, me suivant, dit quelques mots à l'oreille de l'un des officiers assis devant un bureau.

— *Guten Tag*, Fräulein, me dit-il, vous pouvez partir.

Regardant droit devant moi, je me dirige vers la voiture et attends qu'un des gardes ouvre la portière.

— Avant que vous disiez quoi que ce soit, miss Mary Ann, ils ont fait la même chose avec moi, dit Rupert lorsque je prends place à ses côtés. Sécurité oblige, et pour cause, il y a plus de deux milles carrés de territoire privé ici.

Je suis entourée du gratin de l'Allemagne nazie. À tout moment, nous pouvons être interceptés par les élus de ces lieux qui me soupçonneront d'espionnage. Je me fie à Hans et à Rupert, sachant qu'ils sont, qu'ils seront, mes chevaliers… ou des fugitifs comme moi. Ici encore plus qu'à Munich, je me trouve en territoire ennemi, sous la surveillance étroite de la police militaire et d'Allemands endoctrinés qui défendent avec une passion aveugle la cause national-socialiste. Mon père admire cette Allemagne, son efficacité, son modernisme, mais je ne nourris pas les mêmes sympathies germanophiles que lui.

Mon instinct m'a guidée vers lui, le Führer de cette Allemagne conquérante, non comme une proie ni même une victime de la propagande nazie, mais comme une jeune femme aiguillonnée par sa volonté de sauvegarder son avenir. Me suis-je donc, ainsi, jetée dans la proverbiale « gueule du loup » ?

L'Allemagne croit à la victoire totale, à l'écrasement du reste de l'Europe. Moi ? Je ne veux croire qu'à ma victoire personnelle.

Je traverse un moment difficile, mon univers est mouvant, entraîné par le Temps. Qu'il puisse, mon Dieu, passer plus vite !

Notre voiture roule lentement à travers des fragments de paysage calme et flou sous des bouffées de brouillard qui, poussées par la brise, s'enroulent autour de la voiture. Nous croisons des colonnes de soldats partout, et les uniformes noirs de la Gestapo assombrissent davantage le paysage. Je me rapproche de Rupert sur la banquette. Il tapote ma main pour me rassurer.

Le temps s'éclaircit tandis que la voiture grimpe une dernière pente raide. À notre droite, perchée sur un faîte, Rupert m'indique la demeure du maître des lieux : le Berghof. La retraite alpine de Hitler est une grande maison de style autrichien dont une partie est enfouie dans le sol ; des lampadaires déjà illuminent la devanture… en esprit, je vois un obus qui va la détruire… Elle est là, intacte, imposante… elle reflète une sorte de plénitude presque grandiose…

Elle est gardée par de solides gaillards, une patrouille de soldats armés jusqu'aux dents qui protègent le Führer et, par là même, la grandeur de leur pays, « Deutschland *über alles* ». En ce moment où nous passons, le changement de la garde se fait au pas de l'oie.

Encore une soixantaine de pieds et notre chauffeur s'arrête sur une esplanade. La porte de l'hôtel Türken s'ouvre à chaque instant pour laisser entrer ou sortir quelques militaires, les SS de Himmler, qui résident à l'hôtel où Rupert et moi allons loger. « Nous serons bien gardés », pensé-je alors que Hans ouvre la portière arrière et me tend la main afin de m'aider à descendre.

– Nous sommes arrivés, dit Hans sur un ton qui me paraît moins amical, vous êtes les invités du Führer et vous demeurerez sous ma surveillance. Vous parlerez en allemand uniquement et ne sortirez qu'en ma compagnie. Il est impératif que je sache à tout moment où vous êtes.

D'une voix plus douce cependant, il ajoute :

– Fräulein, j'espère que votre voyage vous apportera ce que vous désirez !

Je suis surprise par cette marque de bienveillance de la part d'un SS, alors qu'il me propulse au milieu des siens, ici, à l'hôtel Türken, un agréable bâtiment tout de même, dont la haute façade comporte deux balcons en encorbellement abrités par un énorme toit saillant. Résolument – j'ai besoin de tout mon courage –, j'entre dans le vestibule de l'hôtel. Une grande activité y règne. Des regards curieux se posent immédiatement sur nous. Hans se dirige vers un comptoir où une jeune femme s'affaire à classer des documents. Précisément à ce moment, une porte s'ouvre et tout le monde se tait.

Un homme tout habillé de noir s'avance ; il a un air pincé sous son casque à visière, l'attitude altière. Il s'approche de moi. Hans se précipite à sa rencontre, claque les talons et le salue respectueusement, puis lui murmure quelques mots à l'oreille. Je regarde, fascinée, le visage mince, les lunettes qui brillent étrangement lorsqu'il secoue la tête en disant impatiemment : « *Ja, ich, weiss !* » C'est Heinrich Himmler. Hans reçoit des instructions, puis le salue en hurlant presque : « *Reichsführer, zu befehl !* »

Son regard fuyant me met mal à l'aise. J'aurais pourtant voulu lui crier : « Qu'avez-vous fait de Claude, *Schweinhund* ? » Je ne peux réprimer un mouvement de révulsion quand il se rapproche davantage de moi. Un rictus sardonique barre son visage chafouin.

– Je vous souhaite, *Meine Dame*, un bon séjour !

Il claque les talons et se raidit dans un salut nazi : « *Heil* Hitler ! » Il quitte l'hôtel, suivi de quatre gardes du corps, du moins c'est ce que je suppose, étant donné la façon dont ils l'entourent.

Dans cette demeure campagnarde aux murs ornés de tapisseries au petit point, où deux salles qui s'ouvrent sur le hall ressemblent à des bureaux de travail avec leurs pupitres, je deviens de plus en plus tendue. Rupert a pris mon bras et nous restons immobiles. Hans discute avec la jeune femme en uniforme et j'ai le sentiment qu'elle s'intéresse davantage à lui qu'aux documents qu'il lui présente. Finalement, elle nous fait signe d'approcher.

– Bienvenue à Obersalzberg, dit-elle en posant des yeux inquisiteurs sur moi. Je vous rappelle que vous devez suivre les instructions qui vous seront transmises par Hans Streischer. Rendez-vous à vos chambres res-

pectives, au premier étage ; le portier va vous y con-
duire. Le dîner est servi à sept heures.

Un son de clochette résonne dans un couloir et un
jeune militaire, qui n'a certainement pas plus de quinze
ans, se présente à nos côtés. Il s'empare de nos bagages
et se dirige vers l'escalier.

Hans sourit à la jeune femme derrière le comptoir.

– Merci, Gretchen, lui dit-il en nous faisant signe
de le suivre.

Je la regarde longuement avant de suivre Hans. Elle
respire la désinvolture confiante d'un officier, sûre d'elle-
même dans son uniforme de sergent-major ; elle est
plutôt belle, d'une blondeur aryenne. Sur les pas de
Hans et du jeune militaire, nous passons à côté d'un
groupe d'officiers SS en train de faire une partie de car-
tes ; ils boivent de la bière dans des bocks en céramique
décorés de motifs en relief. Une forte odeur de cigare
plane au-dessus d'eux. Leur attitude n'est certes pas
menaçante ; ils ont l'air décontracté. « Ils seront des
protecteurs ou bien des geôliers, cela dépendra », pensé-
je en montant l'escalier.

J'entre dans la chambre qui m'est assignée, entre
celles de Rupert et de Hans.

Je pousse un long soupir et me laisse tomber lour-
dement sur mon lit recouvert d'une literie blanche. Je
réfléchis. Pourquoi Himmler se trouve-t-il ici ?

« Marianne, tu es dans le nid de la Gestapo, c'est
bien simple ! Et il en est le chef ! »

Si l'on me demandait qui je hais le plus au monde,
je n'hésiterais pas à répondre : Heinrich Himmler, pas
plus que je n'hésiterais à le tuer si l'occasion se présen-
tait.

Pour l'heure, je suis « coincée » dans l'antre des « grands » de l'Allemagne nazie, entre deux nazis... « Calme-toi, Marianne, qui te dit que Rupert est nazi ?...» Je ne sais que penser, j'ai les nerfs à fleur de peau.

Ah, comme je voudrais un peu de calme au lieu de cet état fébrile qui empêche le repos des sens. Je questionne, j'analyse et puis tout tourbillonne dans ma tête. J'ai conscience de la situation dans laquelle je me trouve, bloquée dans le camp de la police la plus cruelle, et, que je le veuille ou non, je suis à sa merci. On me surveille, de cela je suis sûre. C'est sans doute pour cette raison que je n'ai pas été logée au Platterhof, « l'hôtel du peuple de Hitler », dont nous a parlé Hans. C'est là que les patriotes allemands désireux de rendre hommage à leur Führer bien-aimé peuvent passer une nuit, près de lui, pour un mark seulement.

Quant à moi, je suis une « invitée », tout simplement, en voyage humanitaire.

Mon imagination s'enflamme, comme elle en a l'habitude dans des situations difficiles. Il est possible que les grands d'Obersalzberg me soupçonnent d'espionnage. Quoi qu'il en soit, même dans le repaire des Goebbels, des Himmler et des Goering de ce monde, je me défendrai jusqu'au bout. Je veux rencontrer Hitler à tout prix et non ses sous-fifres.

Pour ne pas gaspiller mon énergie à échafauder toutes sortes d'hypothèses, je décide de ranger le contenu de ma valise dans l'armoire-penderie. Sur la table de chevet, je découvre un magnifique edelweiss dans un petit vase d'opaline. Je me demande si c'est l'aubergiste ou une main anonyme qui l'a déposé dans ma chambre. Quelqu'un dans cet endroit plein d'hostilité a fait preuve d'un peu d'humanité en m'offrant la petite fleur des Alpes. Je suis touchée et, pour la première fois aujourd'hui, j'esquisse un sourire. Pourtant, l'edelweiss a été proclamé la fleur du Führer, et, sur les pentes du Kehlstein dominé par le Nid d'aigle, la précieuse immortelle des neiges s'épanouit, gardée par des nazis. Ma petite fleur alpine est si belle, couverte d'un duvet blanc et laineux, et, dans la demi-pénombre de ma chambre, elle ressemble à une étoile.

De grosses gouttes de pluie s'écrasent contre ma fenêtre et interrompent le fil de mes pensées… Le paysage a presque disparu dans le brouillard. Je ne tiens plus en place. L'impatience me ronge. « Ma pauvre Marianne, dis-je tout haut, tu divagues… où crois-tu pouvoir aller ? Au Berghof, juste comme ça ? Tu veux donc te faire fusiller ? »

Des questions sans réponse s'entrechoquent dans mon esprit. Il est vital que je me calme, que je reprenne mon sang-froid. Je fais couler un bain chaud et, lentement, je me glisse dans l'eau. Un bien-être m'enveloppe alors que je me vide la tête et le cœur des soucis associés aux événements qui m'ont conduite jusqu'ici. Dehors résonne l'écho d'un chant d'oiseau, des notes hautes d'abord, puis si basses que je les compare, lorsqu'elles cessent, au glissement d'une étoile. Un oiseau chante à Obersalzberg ? Comment puis-je perdre espoir ?

À demi assoupie, je revois les tourelles de la maison blanche, au Canada, où mes rêves m'ont promis l'amour éternel de Claude et où, dans le jardin que je me propose de cultiver, des violettes refléteront la couleur de ses yeux et ma dévotion pour lui dans cet endroit embaumé par la brise salée du golfe Saint-Laurent.

Des larmes embuent mes yeux, qui roulent doucement sur mes joues. J'ai peur, si peur pour Claude qui est enfermé à Dachau... Dachau ! Une petite ville de Bavière, bâtie sur une colline, où Himmler a établi l'infâme camp de concentration. C'est pour moi une vision d'horreur. Claude y est emprisonné ! Je me sens attirée vers l'abîme... puis je me ressaisis. Non, j'ai confiance. Hitler est tout près, là, à côté, dans sa grande villa... son étendard déployé dans les hauteurs du Berghof indique sa présence. Je ne peux perdre courage maintenant, il est trop tard pour cela, et j'ai une mission à remplir : sauver Claude coûte que coûte.

La pluie cesse et, regardant par ma fenêtre la place devant l'hôtel, je ne vois qu'un brouillard et des formes irréelles qui renforcent le malaise de la journée, comme si tout était enfermé dans un air opaque et laiteux. Comme si un charme s'exerçait, un grand coup de vent soulève le brouillard et, petit à petit, le sombre azur du ciel et le coloris de la vallée animent la splendide vue devant moi. D'impalpables ténèbres, telles des apparitions, montent du bas de la montagne. Un rayon oblique du couchant ajoute une pénombre dorée autour du Berghof où règne une grande activité.

Les fanions d'une Mercedes, portant la croix gammée, claquent au vent. Des militaires se précipitent au pied de l'escalier de l'entrée principale et saluent les deux hommes qui descendent de la voiture. Le premier, plutôt corpulent, est vêtu d'un uniforme bleu pâle et semble de bonne humeur à la façon dont il frappe l'épaule de son compagnon alors qu'ils pénètrent dans l'édifice, encadrés par leurs gardes du corps. « Goering, sûrement ! pensé-je, et le bâton qu'il tient à la main droite, se peut-il que ce soit le bâton de maréchal que Wenner-Gren lui a offert ? »

Leur badine sous le bras, des officiers gantés entrent et sortent du Berghof pendant encore un bon moment.

Fatiguée, je pose mes bras contre l'appui de la fenêtre. Le ciel s'est assombri et le Berghof est plongé dans l'obscurité. Je me souviens à cet instant que c'est là que Hitler et Chamberlain ont signé les accords de Munich. « *Peace in our time !* » ont-ils déclaré. Hitler, de son côté, a dit, avec condescendance : « Il m'a paru être un vieil homme gentil, alors j'ai accepté de lui donner mon autographe ! »

On a déjà qualifié Hitler de monstre. Ce monstre a su manipuler une nation entière, attirer sa jeunesse qu'il a lancée dans la brutalité de la guerre, prônant sans relâche le culte de la force, de la violence hideuse pour sa propre consécration.

Rupert frappe à ma porte et nous descendons. Une horloge sonne sept heures en même temps que la sirène annonçant le couvre-feu déchire l'air. Un haut-parleur récite les instructions : « Gardez vos portes et volets fermés jusqu'au jour et ne laissez voir aucune lumière à l'extérieur », dicte la voix dans un allemand guttural. Malheur à ceux qui transgresseraient les règles strictes du black-out !

Les garçons de table portent un veston blanc, mais leurs pantalons ont la couleur vert-de-gris de l'uniforme militaire. Une douzaine de dîneurs sont installés dans la salle à manger ; Rupert et moi sommes les seuls civils, tous les autres portent des uniformes gris et noirs et des croix gammées. Si ma présence ici était moins dramatique, je me croirais au centre d'une scène de théâtre... en effet, tous les individus sont en place, le rideau est levé et il nous faut attendre le dénouement... Demain, peut-être ! Oui, demain, il nous sera dévoilé !

Il y a un menu unique – on nous sert d'abord une soupe de légumes, suivie par une viande de poulet avec des pommes de terre chaudes et une salade et, pour finir, une tarte aux pommes. Un vin de Moselle bien glacé accompagne notre dîner. La nourriture est simple mais bonne. Dans la salle, les voix bourdonnent, la bonne humeur règne, tous mangent avec appétit. D'épais stores recouvrent les fenêtres ; sur l'appui de l'une d'elles, deux orchidées trônent, dans des pots décorés de la svastika.

J'ai retrouvé un certain apaisement au fond de moi-même. Demain est un autre jour. Rupert ne montre aucun signe de nervosité, il semble détendu, mais ses prunelles brillent étrangement quand il pose les yeux sur notre entourage.

– Rupert, lui dis-je à voix basse, je n'ai pas l'habitude de boire, mais je dois admettre que ce vin est délicieux. J'ai l'impression que je suis moins nerveuse et plus confiante.

Il sourit et murmure :

– Avez-vous remarqué ce qui se passe chez nos voisins ? Je ne serais pas surpris d'apprendre que le cabinet de guerre est réuni en conférence autour d'un bon souper. Pourtant, Hitler n'est pas connu pour faire bonne chère, son régime est austère, bien que l'on serve de bons vins. Goering s'est bien approvisionné dans les caves françaises.

— Comment savez-vous tout cela, Rupert ?

— Je fais des affaires avec des hauts fonctionnaires du Reich...

Je l'observe. Il doit être dans la trentaine avancée. Son visage ouvert et agréable contraste avec ses activités de « marchand de la mort » !

— De quelles affaires s'agit-il, Rupert ? Suis-je trop indiscrète ?

— Pas du tout, miss Mary Ann, tout ce que je peux vous dire, c'est que je fais dans l'armement, je suis d'un pays neutre et je ne me range ni d'un côté ni de l'autre...

— Et si l'on vous demandait de choisir ?

— Nous n'en sommes pas là.

— Rupert, j'ai cru apercevoir, tout à l'heure, un officier qui m'a semblé être Goering. Il entrait au Berghof et paraissait de bonne humeur.

— C'est que les choses vont bien pour l'armée allemande en ce moment. Oui, miss Mary Ann, tout cela est favorable pour nous, le Führer lui aussi sera optimiste, peut-être même enclin à la clémence...

Notre repas terminé, nous nous dirigeons vers une pièce qui fait office de bibliothèque. Rupert s'assied à une table et ouvre un dossier en s'excusant de devoir réviser ses notes ; il doit se préparer pour son prochain rendez-vous avec le général Friedrich Fromm. À loisir, j'examine le contenu des étagères de la bibliothèque... Schiller, Goethe, des biographies de Wagner, de Mozart et de Beethoven entre autres, *Mein Kampf* de Hitler, naturellement. Je connaissais peu cet ouvrage, n'en ayant lu que des extraits. En le feuilletant, je me rends vite compte du penchant égocentrique de l'auteur, de sa rigidité intellectuelle et de son manque d'humanisme, ainsi que de la puissance de ses obsessions. N'a-t-il pas essayé, après la publication de *Mein Kampf*, de renier les thèses développées dans cet ouvrage, les qualifiant « d'idées fantaisistes conçues derrière les barreaux » ? Sans aucun doute, Hitler s'était bel et bien révélé.

Je m'arrête devant un livre de Goebbels intitulé *Michael*. Intriguée, je tourne les pages. « Puisse le ciel me préserver de Joseph Goebbels », murmuré-je en remettant le livre sur l'étagère. Il y a aussi de nombreux ouvrages sur l'architecture. Sur le mur voisin, mon regard se pose sur un dessin à l'encre, un paysage urbain, et, en m'approchant, je déchiffre la signature : « Adolf. »

Soudain, Hans surgit à mes côtés.

– Il est temps de vous retirer, Fräulein, suivez-moi !

Je me tourne vers Rupert.

– Vous venez ?

– Non, miss Mary Ann, je vais finir de travailler ici. Bonne nuit. Je vous verrai au petit-déjeuner.

Son sourire est franc et cordial. Je le quitte donc pour rejoindre le refuge de ma chambre. Devant ma porte, Hans claque ses talons. Son regard perçant et intense me gêne tout à coup. Je soupire d'aise après avoir verrouillé ma porte. Il est neuf heures du soir. Avant de me préparer pour la nuit, j'éteins la lumière et ouvre les persiennes en silence. L'humidité me transperce, le vent est tombé et les étoiles palpitent très haut dans le ciel.

Des lueurs roses dansent à l'horizon. Je regarde, émerveillée, ces reflets baigner l'Untersberg, la célèbre montagne où Charlemagne, selon la légende, dort avec ses armées, et se réveillera un jour pour restituer la gloire de l'empire germanique. Pour plusieurs, cette légende concerne plutôt Frédéric Barberousse, mais moi, j'aime mieux penser à Charlemagne. La montagne crée une vie à part, mystérieuse.

Les lueurs paraissent se dissoudre. Je scrute le firmament, à la recherche de... Mon regard revient à la montagne avant que l'aurore boréale s'éteigne tout à fait... Si le Charlemagne des légendes y dort, pourrait-il, pour moi seule qui m'apprête à mendier une grande faveur, lever son bras de guerrier et rendre le Führer raisonnable et sensé !

Je referme mes persiennes en pensant à Claude. « Claude, mon amour, dors paisiblement et oublie, dans tes rêves, l'horreur de ta prison. »

CHAPITRE XXIV

Je flotte dans un demi-sommeil. Je me crois dans mon lit de Nassau et je prête l'oreille pour entendre le chant des oiseaux qui marque habituellement mon réveil. Non, ce ne sont pas des gazouillements d'oiseaux qui me parviennent, mais des voix dures dans une langue familière et des bruits de pas qui martèlent le pavé. Je m'éveille tout à fait et je m'assieds dans mon lit, le cœur palpitant. Un filet de lumière filtre à travers les volets ; j'entends d'autres voix, et le bruit rythmé de pas reprend, des pas qui s'éloignent, puis se rapprochent.

Je trouve doucement la crémone, entrouvre les volets et risque un coup d'œil. Dans la rue devant l'hôtel et du côté du Berghof, un peu plus bas, une grande activité règne. Des soldats marchent avec fusil et baïonnette au canon, précédés par le chef de brigade qui donne ses commandements : « *Vorwärts marsch ! Abteilung kehrt !* » puis : « *Präsentiert das Gewehr !* » À ce moment précis, les soldats, comme un seul homme, s'arrêtent et, telles des statues rigides, demeurent au garde-à-vous.

En haut des marches du Berghof, un homme en grand uniforme fait son apparition. Je ne peux voir son visage, qui est caché sous une casquette bien enfoncée sur la tête. Malgré tout, je comprends, d'après l'allure de l'homme et d'après ce que j'ai vu dans les journaux, que j'ai enfin posé mon regard sur Adolf Hitler.

Malgré l'inquiétude qui se mêle à ma curiosité, je ne bouge pas de peur de trahir ma présence. Lentement, Hitler descend l'escalier, suivi par une escorte de SS, et se dirige vers une douzaine d'hommes en tenue d'officier. Lorsqu'il met pied sur la dernière marche, tous se raidissent dans le salut nazi et poussent un retentissant « *Heil* Hitler ! » Un souffle de vent me frappe au visage et je frissonne tout en continuant à observer.

Adolf Hitler me paraît moins grand dans la réalité que sur les photos de lui que j'ai vues. Comme je ne peux voir ses traits, je les imagine selon ce que j'ai étudié de sa physionomie dans les journaux.

J'ai l'impression qu'il tourne la tête vers moi... je fige... non, c'est sur la personne qui se trouve à ses côtés qu'il porte son attention... Je détends mes épaules. Alors ? Que sais-je du visage d'Adolf Hitler ? Un front fuyant sous des cheveux noirs, un nez fort, des pommettes saillantes, de petits yeux enfoncés sous l'arcade sourcilière qui exercent, a-t-on dit, une magie particulière.

La propagande de Goebbels a fait de lui un demi-dieu, « *der Führer* », un meneur d'hommes.

Pourtant Mussolini s'en était forgé une autre opinion à la suite de sa rencontre avec Hitler, en 1934. J'ai lu qu'il l'avait décrit comme « un bouffon à la sexualité suspecte, aux joues fardées, à la poignée de main flasque, faisant des contorsions faciales si marquées que sa mèche de cheveux prend des positions cocasses. C'est un gramophone qui joue sept airs seulement et, sitôt qu'ils sont terminés, il recommence ! »...

Le bouffon, le monstre est là, tout près. Il rend le salut, puis, le regard figé droit devant lui, il s'approche des officiers en rang et, sur chaque poitrine, il épingle une médaille que lui tend son officier d'ordonnance. Il serre la main de chacun. Un roulement de tambour marque la fin de la cérémonie et une fanfare de chasseurs à pied attaque des airs militaires de style wagnérien. Hitler salue de nouveau et va s'installer dans la Mercedes-Benz décapotable décorée de la svatiska. Sur le siège arrière, j'entrevois un berger allemand, le fameux Blondi, le chien de Hitler.

En tête d'un convoi de motocyclettes et de plusieurs voitures, et tandis que la fanfare continue à jouer, Hitler défile devant l'hôtel et prend la direction du sud-est vers sa retraite je suppose. Il passe sous ma fenêtre sans lever les yeux... il emporte avec lui mes chagrins et mon espoir...

Je regarde la procession qui disparaît petit à petit. Immobile au même endroit, je fixe la route déserte ; le chant d'un oiseau brise le silence revenu. Comme tout pourrait être simple s'il n'y avait pas la guerre. Aux alentours, il règne une étrange sérénité, l'humidité est fraîche...

Plus tard, pendant le petit-déjeuner que je prends en compagnie de Rupert et de Hans, j'apprends plusieurs choses. Le Führer a, en effet, décoré de la Croix de fer quelques-uns de ses officiers ayant pris part à la campagne de Russie, puis il est parti pour sa retraite en montagne, ce qui est survenu rarement ces derniers temps. Il désirait un peu de tranquillité, et la rumeur prétend que des troubles digestifs le tourmentent constamment. Comme d'habitude, il voyage avec deux secrétaires, son docteur personnel et son adjudant-major.

Hans parle de son Führer avec tant de respect qu'il est difficile d'ignorer sa dévotion. Je l'écoute ; il devient presque lyrique en parlant de lui :

— D'où il vient, personne ne peut le dire. Vient-il du palais d'un prince ?... de la chaumière d'un travailleur ? Mais peu importe, tout le monde le sait, il est le Führer, celui que nous attendions tous, celui qui a redonné à l'Allemagne sa puissance.

Je ne dis rien. J'attends le signal qui va me propulser vers le Kehlstein pour rencontrer ce phénomène authentique. Hitler a une ambition extrême, selon Hans, celle de découvrir le Saint-Graal. J'écoute distraitement Hans discuter avec Rupert des recherches allemandes en Palestine, tandis que mon esprit s'envole vers les belles légendes du roi Arthur, de Sire Galaad le pur, fils de Sire Lancelot, et de Perceval. Je ne peux imaginer Hitler dans la peau de Parsifal, le héros du dernier opéra de Wagner, qui a pu lire dans le Graal les mystères divins qui ne peuvent être exprimés dans le langage humain.

Un des garçons de table se penche vers Hans et lui murmure quelques mots à l'oreille. Hans nous prie de l'excuser et part vers la réception. Il revient quelques minutes plus tard. Souriant, il nous annonce :

— Le maréchal Goering désire vous voir au Berghof à onze heures. J'ai accepté pour vous, continue-t-il en se versant une nouvelle tasse de café.

— Ce n'était pas dans nos plans de rencontrer Herr Goering, dit Rupert en me regardant.

— Il ne s'agit pas d'un entretien officiel, répond Hans, juste une rencontre de courtoisie a-t-il dit. En attendant, j'ai la permission de vous faire voir les serres, derrière l'hôtel, et de vous emmener faire une petite promenade, si vous le désirez.

— Je ne peux refuser une telle offre, Hans, dis-je, il me tarde de me dégourdir les jambes. Néanmoins, je suis un peu surprise par la requête de Herr Goering.

— C'est un honneur, Fräulein, réplique Hans.

— Puis-je me permettre une question, Hans ?

— Je vous en prie, Fräulein.

— Vous êtes de toute évidence un jeune soldat. Est-il indiscret de vous demander pourquoi vous n'êtes pas au front ?

— J'ai été gravement blessé il y a près d'un an, dit-il en portant la main à la brochette de décorations accrochée à sa tunique. Je suis retiré du service actif – j'ai eu l'honneur d'être muté dans les SS. Je peux ainsi continuer à servir le Führer.

— Pardonnez mon ignorance, mais puis-je savoir à quel secteur vous appartenez, Schutzstaffef, Waffen SS ou Gestapo ?

Ma question a l'air de le contrarier, ses joues se colorent et je le sens sur la défensive. Je crois que je l'ai assez interrogé.

— Fräulein, je ne suis ni Gestapo ni Waffen !

Il pince les lèvres. Je lui souris promptement, pour lui montrer que je ne voulais pas le vexer.

— N'avez-vous pas parlé d'une promenade ? dis-je en me levant.

Escortée par Hans en uniforme noir avec sa casquette à visière sur la tête et par Rupert, je passe devant la réception et lance un *Guten Tag* dans la direction de

Gretchen qui me regarde. Hans s'approche d'elle et lui parle à voix basse.

Sur les marches de l'hôtel, je m'arrête. Je regarde le Berghof, le drapeau de Hitler n'y flotte plus. Le maître des lieux absent, on dirait que la tension dans l'atmosphère s'est dissipée. Quelques engins motorisés circulent encore sur l'esplanade et des militaires paradent près des casernes que j'aperçois maintenant en diagonale des grandes serres.

— Saviez-vous, Fräulein, dit Hans, que le Türkenhaus, notre hôtel, a été fréquenté, entre autres, par Brahms, Clara Schumann et le prince régent Léopold de Bavière ?

— Vraiment ?

Sur notre gauche se détache la maison de Martin Bormann, sise un peu au-dessus de l'hôtel, une grande maison de campagne à deux étages. Selon Hans, Herr Bormann, le soi-disant « propriétaire d'Obersalzberg », possède de très belles choses.

Hans s'arrête de parler. Craint-il d'avoir été indiscret ? Enfin, il continue :

— C'est grâce à Herr Bormann qu'Obersalzberg a été créé.

Je ne fais aucun commentaire.

Nous approchons des grandes serres. Je suis surprise. Des centaines de pieds de murs de verre, sur deux étages, reflètent la lumière du soleil. À l'intérieur, une chaleur humide tropicale me suffoque jusqu'à ce que je m'y habitue. Des plantes, des légumes, des fleurs et des arbres fruitiers sont cultivés ici. Une pléthore de couleurs et d'odeurs se mélangent sans façon sous les panneaux de verre et ce spectacle me ravit.

– Puis-je cueillir une fleur, Hans ?

– Bien sûr, Fräulein !

Je choisis une rose blanche, comme une offre de paix, que j'épingle sur le revers de ma veste. Mais il est temps de rendre visite à Herr Goering. En sortant, je regarde les *SS Kaserne* qui se découpent sur un fond de forêt semée d'éclats d'émeraude et de calcédoine verte et rouge, et je crois y voir les couleurs de l'espoir ! Au-dessus de nos têtes, la brise glane, en cette fin de matinée, les petits nuages éparpillés et les entraîne haut dans le ciel comme de légères boules de coton. Comme il fait beau aujourd'hui !

Lentement, je monte les marches du Berghof, comme mon père plusieurs années auparavant. Je m'efforce de garder un esprit serein, sans trop songer à ce qui va suivre. Je voudrais me persuader que tout est illusion ! Hermann Goering n'est-il pas aussi l'ami d'Axel Wenner-Gren ?

Ce héros allemand de la dernière guerre qui m'invite a déjà dit de lui-même : « Je suis ce que j'ai toujours été, le dernier homme de la Renaissance, si l'on me permet de le dire ! » Toutefois, il aimait bien le surnom d'« Homme de fer ». Un détail que j'ai lu à son sujet dans le magazine *Châtelaine* chez Mme Gatineau m'a fait sourire, un peu amèrement devrais-je ajouter : le numéro deux de la hiérarchie nazie, affirmait l'article, déteste la routine ennuyeuse du ministère et débute chaque jour de travail par une entrevue avec son barbier, son tailleur, son fournisseur d'œuvres d'art et son joaillier. C'est un viveur.

Nous pénétrons dans une grande salle baignée d'une forte lumière. Les murs sont blancs. Un magnifique plafond à caissons écrase un peu l'ensemble, mais, heureusement, deux lustres munis d'une trentaine de flammes sont allumés.

– Je vous laisse, Fräulein, Herr Einhorn. Reichsmarshall Goering sera avec vous dans quelques minutes.

Hans a disparu. Rupert se rapproche de moi et nous nous dirigeons vers l'immense fenêtre qui occupe tout un mur.

– Rupert, lui dis-je en français, Hitler aussi aime le luxe. Regardez ces Gobelins et ce tapis de Turquie. Tiens, c'est curieux, il n'y a aucune peinture de paysages, rien que des représentations de formes humaines.

Nos pieds s'enfoncent dans l'épais tapis vert pâle qui absorbe le bruit des pas. Au centre d'une grande table ronde, un pot de roses occupe la place d'honneur. Une dizaine de fauteuils rembourrés et de même teinte que le tapis complètent l'ensemble. Je me demande combien de nazis, d'hommes politiques étrangers ont pris place autour de cette table.

– Nous sommes, me dit Rupert, dans la salle de conférence du Berghof !

– Comment le savez-vous ?

– Je le sais, tout simplement…

Devant l'immense baie vitrée, mon regard embrasse tout le paysage, la lumière, le bleu du ciel, le vide face aux montagnes et, juste à cet instant, je vois s'élever la fumée d'un feu de forêt dans le lointain. Ombre parmi les ombres, l'Untersberg se dresse au fond de la vallée. Si je croyais aux superstitions celtiques, selon lesquelles les âmes des morts sont captives des choses inanimées, je dirais que c'est l'esprit de Charlemagne lui-même qui se manifeste…

Une voix derrière moi me fait tressaillir.

– Mes hommages, Fräulein !

Je me retourne. Un homme corpulent, vêtu d'un uniforme bleu pâle, s'avance vers moi. Il me tend la main.

– Herr Goering, je suis heureuse de vous rencontrer, dis-je. Permettez-moi, ajouté-je en indiquant Rupert, de vous présenter M. Rupert Einhorn.

Galant, il a pris ma main et y pose ses lèvres légèrement. Rupert lui serre la main comme à un vieil ami.

– Comment allez-vous, mon cher ?

– Très bien, je vous remercie.

« Tiens, pensé-je, ils se connaissent… Bien sûr… Wenner-Gren ! »

– Notre Führer m'a permis de vous inviter ici, dans sa maison, car la mienne est fermée. Mon épouse est à Berlin en ce moment.

Goering nous indique un endroit surélevé de trois marches recouvertes de tapis, à la droite du foyer, avec une table basse et des fauteuils. Trois coupes et une bouteille de champagne dans un seau à rafraîchir nous attendent. Je m'assieds près de notre hôte ; Rupert prend place en face de moi.

– Lady Belvédère, dit Goering lentement comme s'il cherchait ses mots, Axel Wenner-Gren, que je connais bien, m'a informé de votre visite dans notre pays. Vous avez été confiée aux bons soins de Rupert, un homme de toute confiance, à qui vous pouvez vous fier.

Il fait une pause, avale une bonne goulée d'air, puis reprend, s'adressant à Rupert et à moi :

– Mais je manque à mes devoirs d'hôte… permettez-moi de vous offrir une coupe de champagne.

– Juste un peu, lui dis-je, je vous remercie.

Les manières de Goering me laissent perplexe. Sans trop en avoir l'air, je regarde Rupert. Il esquisse un demi-sourire. Le connaissant un peu mieux, j'ai l'impression qu'il s'agit d'un sourire railleur. Je pose mes yeux sur la bouteille.

– Vous connaissez le Krug ? me demande Goering en me fixant.

« Quelle question de mauvais goût, pensé-je. Pour qui se prend-il ? » Je ne bronche pas et lui souris.

– Oui, dis-je, mon père adore ce champagne et moi aussi, d'ailleurs.

– Laissez-vous tenter alors, insiste Goering. Là où vous irez, on ne vous en offrira sûrement pas.

Un grand sourire se forme sur son visage alors qu'il me tend une coupe en cristal bien remplie.

– Quand j'ai appris votre venue, j'ai cherché l'occasion de faire votre connaissance. J'ai eu le privilège et le plaisir de rencontrer leurs Altesses Royales, le duc et la duchesse de Windsor, lors de leur visite dans notre beau pays, et, aujourd'hui, faire votre connaissance, Lady Belvédère, est pour moi un grand honneur…

Je l'interromps :

– Herr Goering, je voyage incognito.

– Je le sais, mais il n'y a rien à craindre ici. Je souhaitais vous présenter mes hommages. Votre père est un homme digne et un ami de notre pays.

– Mon père est anglais, Herr Goering.

– Oui, bien sûr, mais il n'est pas un ennemi de notre peuple.

– Moi aussi, j'ai du sang allemand, comme mon père, mais je devrais être, en réalité, une ennemie.

— L'êtes-vous ? demande-t-il en portant sa coupe à ses lèvres.

— Vous savez très bien, Herr Goering, que je ne peux répondre à cette question, et je vous prie de ne pas jouer avec mes émotions. M. Wenner-Gren a préparé pour moi ce voyage en Allemagne dans un but précis, je voudrais vous le rappeler.

Goering me regarde d'un air glacial. En ai-je trop dit ou ai-je dit quelque chose qu'il ne fallait pas dire ?

— Et si Joseph Goebbels décidait de vous garder comme otage ? De vous échanger contre Hess ? Y avez-vous pensé ? dit-il en se versant un autre verre de champagne.

— Oui, j'y ai pensé.

— Et ça ne vous fait pas peur ?

— Oui, monsieur, vous me faites tous peur, mais, et je vous jure que c'est la vérité, j'ai pris ce risque parce que je ne pouvais faire autrement.

Goering se lève et fait quelques pas en silence. Il ne cesse pas de m'observer. Il vient se rasseoir et dit d'une voix plus douce :

— Ma fille Edda a trois ans… Quand elle sera grande, je souhaite qu'elle ait autant de cran et de courage que vous. Lady Mary Ann, je vous admire et je vous offre mes excuses, ce n'est pas à moi de poser des questions. Bien, continue-t-il en faisant un signe de la main vers un garçon qui s'avance vers nous, je vais vous demander une faveur. J'aimerais faire passer à mon ami Wenner-Gren ces jumelles Zeiss dans leur étui.

Ce disant, il dépose sur la table une magnifique gaine en cuir de porc moulée dans la forme de jumelles ;

sur le dessus est incrusté un écusson aux armes des Habsbourg en métal d'or.

— Axel et moi sommes très amis, et il m'a offert dans le passé un cadeau que je porte toujours avec moi, mon bâton de maréchal ! Je crois qu'il appréciera ces jumelles au cours de ses voyages en mer.

Il est interrompu par le garçon qui lui fait savoir que Hans est là et veut lui parler.

— Mein Reichsmarshall, j'ai ordre de conduire nos invités à la Kehlsteinhaus dans deux heures. Si vous le permettez, ils devront me suivre d'ici un quart d'heure.

Goering le congédie d'un geste. Je me lève à mon tour et lui tends la main.

— Je suis sûre que M. Wenner-Gren sera enchanté de ce cadeau et je me permets de vous en remercier de sa part.

En passant près du grand piano à queue, je m'arrête et caresse du doigt l'acajou verni et brillant d'un splendide Blüthner.

— On m'a rapporté que vous étiez très bonne pianiste. Quel dommage que vous n'ayez pas le temps de jouer !

— Oui, en effet, quel dommage !

Je n'ai qu'une seule envie, quitter au plus vite l'atmosphère étouffante du Berghof. Je me sens oppressée dans les murs de Hitler... cet ensemble bourgeois et conventionnel. Ni les Gobelins, ni les tableaux, ni la richesse ne peuvent me faire oublier son propriétaire et ce qu'il représente. Une bouffée d'air frais me frappe au visage, et j'en suis reconnaissante. Avant de descendre les marches, je serre la main de Goering une dernière fois.

À peine sommes-nous sortis du Berghof que Hans m'interroge sur le contenu du colis que j'ai à la main. Je l'informe que le Reichsmarshall m'a donné une paire de jumelles que j'ai promis de remettre à l'un de ses amis aux Bahamas.

– Je peux vous les montrer si vous le désirez, lui dis-je.

Il secoue la tête.

CHAPITRE XXV

Impossible de faire marche arrière, désormais. Je lève les yeux vers le massif du Goll, le Mannlgrat et le Kehlstein. Mon regard s'arrête sur un point minuscule, haut dans le ciel. Je frissonne ; c'est le Nid d'aigle, le « trône de pierre » du Führer, solitaire et isolé. D'Obersalzberg, il me semble inaccessible.

— Allons-y, Hans, je vous prie.

Je m'assieds sur la banquette arrière de la Mercedes et Rupert prend place à mes côtés. Je crois que ma défiance doit être plus calculée, qu'il me faut m'armer d'une plus grande assurance. La voiture vire à droite après l'hôtel, dépasse les serres et les casernes. Du doigt, Hans nous indique les maisons de Bormann et de Goering, érigées sur l'une des plus belles hauteurs de l'Obersalzberg. Avant de nous engager sur la Kehlsteinstrasse qui nous amènera à destination, nous franchissons le poste de garde où on nous laisse passer après les vérifications d'usage.

— Lorsque nous reviendrons, dit Hans, je vous montrerai le Platterhof. C'est un hôtel splendide. Maintenant, nous devons grimper au moins sept cents mètres en moins de six kilomètres. Vous verrez, c'est spectaculaire !

– Hans, pouvez-vous m'éclairer sur la Kehlstein-haus. C'est, paraît-il, une maison de thé !

Ses yeux dans le rétroviseur me dévisagent un bref moment.

– Fräulein, il y a une *Teehaus* tout près du Berghof, le Mooslahnerkopf, où le Führer se rend chaque jour avec ses invités lorsqu'il séjourne au Berghof. La Kehl-steinhaus est un lieu différent et unique. On y organise des conférences et aussi des banquets. Notre Führer aime aussi s'y réfugier pour se détendre.

– Y passe-t-il la nuit ?

– Non, il n'y a pas de chambres à coucher.

– Vous le saviez, Rupert ?

– Oui, miss Mary Ann !

Il règne dans la voiture un climat assez accablant. Quelque chose demeure suspendu, équivoque, ni Hans ni Rupert ne peuvent dire le fond de leur pensée. C'est du moins mon impression du moment. Nous roulons sur la route qu'empruntent seulement les grands digni-taires nazis. J'imagine les lacets entortillés d'une botte appartenant à l'un des géants malveillants qui, selon la légende, hantent cette montagne de la Bavière. Bien que Hans conduise la voiture avec adresse, mon anxiété augmente au fur et à mesure que nous montons. Nous traversons l'ombre épaisse d'un sous-bois où la lumière pénètre à peine. Nous longeons des précipices. Les arbres s'accrochent aux pans escarpés des rochers. Le panorama est stupéfiant et grandiose.

Notre chauffeur est volubile. Il est fier et veut nous faire admirer les ouvrages herculéens des ingénieurs allemands qui ont conçu cette route, taillée à même le roc. Été comme hiver, jour et nuit, trois mille hommes ont travaillé avec acharnement pour ouvrir cette route et les cinq tunnels dans la montagne à l'aide d'explosifs.

– Fräulein, Herr Einhorn, c'est un exploit, six kilomètres à une telle altitude, sans parler de la route de service sur le versant nord. Tout cela et la Kehlsteinhaus ont été terminés en moins de douze mois. Un véritable tour de force orchestré par Herr Bormann. N'est-ce pas incroyable ?

Je demeure silencieuse tandis que Rupert émet des sons d'approbation. Tout me semble irréel. Les forêts et les landes en bas paraissent n'avoir plus d'attaches dans la légère nappe de brume. J'entends à peine les explications de Hans et son soliloque avec la voiture dont le moteur fatigue à tel point qu'il doit changer souvent de vitesse : « *Schwein Hund !* » grogne-t-il à voix basse.

Après un virage en épingle, Hans décide d'arrêter quelques instants afin de nous permettre d'admirer le paysage. Nous pouvons voir le lac du Königssee. Je profite de ce répit pour retoucher mon maquillage. Rupert sourit. Son regard bienveillant me réconforte et sa force tranquille m'émeut.

Mon bâton de rouge à lèvres rose glisse sur mes lèvres sèches. Je mise beaucoup sur mon image, sur mon physique. Je veux mettre tous les atouts de mon côté pour ma rencontre avec le Führer. Je ne sais même pas si Hitler aime vraiment les femmes. Enfin, nous approchons. Je le saurai bientôt !

La Mercedes débouche sur une plate-forme entourée d'un parapet. Quelques voitures sont garées en face d'une imposante arche en pierre taillée à même le rocher. Deux grandes portes en métal y sont encastrées. Deux soldats armés en défendent l'accès.

— Nous y sommes, dit Hans en rangeant la voiture un peu à l'écart de celles qui sont déjà garées.

Aussitôt que je pose mes pieds sur le pavé, je lève mon regard plus haut, vers le faîte de la montagne. Presque suspendu dans les airs, le fameux Nid d'aigle… Tout à coup je me rappelle un tableau que j'ai admiré sur le *Southern Cross*, qui représentait un endroit qui m'était inconnu. Je comprends à ce moment qu'il s'agissait de la Kehlsteinhaus. Je frissonne.

Les soldats au garde-à-vous saluent Hans et nous laissent passer. Je remarque que les grosses poignées des portes ont la forme de têtes de lions prêts à fondre sur leur proie imaginaire. Nous avançons à pied dans le tunnel. Habituellement, les hauts fonctionnaires se font conduire jusqu'à l'ascenseur par leur chauffeur qui ramène ensuite la voiture au parking. Mais Hans doit nous accompagner à chaque instant.

Au fur et à mesure que je me rapproche du Führer, ma détermination devient plus forte. Pourtant, mes tempes sont emprisonnées dans un étau et je souffre sans rien dire. Je ne dois pas oublier les souffrances plus cruelles que Claude endure en ce moment. Rupert a pris mon bras. Il murmure à mon oreille : « Du courage. »

Pour apprivoiser un homme de la stature de Hitler, il me faut certes du courage et un esprit intrépide. Sûre de ma cause, je ne dois laisser transparaître aucun doute et mon regard ne doit pas trahir ma frayeur, car il en va d'une vie humaine, d'une vie qui compte plus que tout à mes yeux. Je n'ai pas le droit de faillir, de ne pas réussir.

Nos pas résonnent comme dans une caverne. Le tunnel est bien éclairé, mais on sent l'humidité. Hitler, paraît-il, souffre de claustrophobie dans cet endroit ; je n'en suis pas surprise. Il me tarde aussi de voir le bout du tunnel qui, comme me l'apprend Hans, mesure cent vingt-quatre mètres de long. J'accélère le pas ; Hans et Rupert me suivent de près. Enfin, nous atteignons une rotonde avec un plafond circulaire ; sur la droite se trouve l'ascenseur, gardé par deux sentinelles. Les portes s'ouvrent et nous y entrons… je ferme les yeux, un instant éblouie par la richesse de l'intérieur. J'ai l'impression de pénétrer dans une cage doublée d'or. La lumière se reflète sur les murs et sur le plafond en cuivre jaune et en laiton. De hauts miroirs donnent une impression d'espace, un décor sans doute destiné à faire échec à la claustrophobie de Hitler. Je m'assieds sur un siège recouvert de cuir. L'humidité suffocante s'accroche à la gorge, mes nerfs tressaillent sous ma peau.

Dans moins d'une minute, je vais accéder au Nid d'aigle. Je pousse un long soupir. « Marianne, me dis-je, tu es Lady Belvédère et tu vas lui prouver ! »

Les portes de l'ascenseur s'ouvrent. Nous suivons Hans dans la Borhalle, une antichambre où deux fenêtres laissent entrer le jour. Hans nous indique une porte sous une arche. En avançant, je remarque, au fond du couloir, quelques militaires SS, revolvers à la ceinture. Ce sont les gardes du corps du Führer, je suppose. Ils nous observent.

Hans pénètre sans mot dire dans une grande salle. Je le suis, la gorge nouée. Nous sommes dans la salle à manger. Sur une longue table recouverte d'une nappe blanche le couvert est déjà mis pour une dizaine de personnes. Je compte machinalement vingt-quatre chaises tapissées d'un tissu vert émeraude, qui donne un air de gaieté au lambrissage des boiseries. En face de nous, le mur est percé de quatre fenêtres. Je me sens de plus en plus nerveuse ; je devine que l'une des deux portes sur notre gauche va s'ouvrir pour *le* laisser passer. En effet, une porte s'ouvre. Je fige. Ce n'est pas lui, mais un soldat SS, armé lui aussi, qui s'avance et nous propose une tasse de thé qui sera servi dans la Scharitzstube, si nous le désirons.

– Mein Führer sera avec vous dans une demi-heure. Des rafraîchissements seront servis dans dix minutes.

Puis il claque les talons et disparaît.

Je m'avance vers une grande ouverture d'où s'échappe une forte lumière et me trouve en haut d'un escalier de six marches. Mon entrée dans la salle ronde d'une taille impressionnante me replonge plus encore dans la réalité : le drame, l'illusion que je me fais sur ma capacité à persuader… tout est enfermé dans cette grande pièce, la Gesellschaftshalle, la salle de conférence de Hitler. Je suis certaine que c'est ici que je vais le rencontrer.

À ma droite, une cheminée en marbre rouge domine la pièce, un cadeau de Mussolini pour souligner le cinquantième anniversaire de naissance du Führer commente Hans. Un feu de bois pétille ; je m'en approche, attirée comme par un aimant. Je tends mes mains vers les flammes dont la chaleur me réconforte.

– Allons voir le panorama, dit Rupert en prenant mon bras.

Je tressaille. Son visage ne donne aucun signe de nervosité. Nous contournons une grande table ronde que recouvre une nappe bordée de fine dentelle, trônant au centre d'un épais tapis multicolore, un présent de l'empereur du Japon nous informe Hans. Je les vois tous, les grands de la hiérarchie nazie et leurs invités de marque, assis confortablement dans les fauteuils, à machiner leurs stratégies, leurs caprices facilement transformés en passions... le sort de l'Europe dépend d'eux ?

Nous nous arrêtons, Rupert et moi, à l'une des huit fenêtres de la rotonde et, côte à côte, contemplons le paysage –, c'est comme si nous étions dans un amphithéâtre. Des villes minuscules, des montagnes, des prairies et des forêts à perte de vue, tout cela que baigne la lumière douce d'une fin d'après-midi d'automne est féerique, comme une illusion. Sommes-nous dans le château de Monsalvat, habité par les chevaliers en quête du Graal, ou encore sur le mont Athos où méditent les cénobites ? Sommes-nous au bord du néant ?

Est-ce devant la splendeur de ce panorama que l'*Homo alpinis* au front barré d'une mèche de cheveux noirs, Hitler, s'est attribué la garde du « Saint-Graal aryen », le sang allemand ? Moi, je n'ai jamais rien vu de pareil... l'air argenté, cristallin et limpide donne l'impression que nous planons. Si je fermais à demi les yeux, il serait facile de croire à beaucoup de choses... Quel beau rêve !

– Le thé est servi dans la Scharitzstube, si vous voulez bien me suivre, dit une voix égale et respectueuse derrière nous.

Je me retourne ; le soldat montre un visage fermé, ses yeux se posent librement sur Rupert et moi alors qu'il agite une main vers le côté opposé. Hans nous fait savoir qu'il ne nous accompagne pas cette fois. Mon appréhension ne me quitte pas tandis que le soldat nous guide vers une porte à deux battants, voisine de celle qui donne sur la salle à manger. Nous descendons quelques marches. Nous avons, devant nous et à notre gauche, une vue différente des montagnes. Je m'assieds sur l'un des sièges alignés contre le mur, sous un tableau à la Titien.

Un service à thé en fine porcelaine est posé sur la table rectangulaire ainsi qu'une assiette de friandises. Il n'y a que deux tasses ; je suppose que le Führer ne prendra pas le thé avec nous. Ma main tremble un peu pendant que je verse le thé fumant. Je ressasse dans ma tête le discours que j'ai préparé. Je voudrais que cette entrevue soit déjà terminée.

Je bois mon thé presque avidement. J'ai la gorge sèche. Rupert ne dit rien. Il me sourit. J'esquisse un faible sourire à mon tour, pour le rassurer. Je fais quelques pas vers la porte, en partie vitrée, qui donne sur une terrasse de ce côté de la maison. Une jeune femme est allongée sur une chaise longue. Elle semble dormir, mais, lorsque deux petits terriers écossais noirs surgissent de nulle part et bondissent sur elle, elle éclate de rire.

– C'est Eva Braun et ses deux terriers, Negus et Suzi, dit Rupert derrière moi.

– Ce matin, lorsque Hitler se préparait à quitter Obersalzberg, j'ai vu un berger allemand dans sa voiture. Il doit être ici, lui aussi.

– Probablement avec son maître, dans son bureau.

– Ah oui, son bureau.

Hans apparaît en haut de l'escalier.

– Si vous voulez bien revenir dans la grande salle, le Führer vous y rejoindra sous peu.

Les cymbales d'un air de Wagner résonnent dans ma tête, je chancelle. Rupert attrape mon bras.

– Allons-y, miss Mary Ann. Respirez profondément. Vous n'avez rien à craindre. N'oubliez pas, je suis là et je peux facilement prendre part à la conversation. Vous réussirez, pour Claude !

Les larmes me montent aux yeux quand il mentionne le nom de Claude. C'est pour lui que je suis ici. Oui, il faut nous hâter, il ne faut pas faire attendre le Führer...

Je tremble de froid malgré la bonne chaleur qui règne dans la grande salle. Un murmure de voix nous parvient d'au-delà de la salle à manger. Pourtant, les murs sont construits de solides blocs de granit, jusqu'au plafond, qui est fait de poutres apparentes, en chêne, je crois.

Des pas lourds descendent l'escalier... je fige pour un court instant, puis je fais vivement un signe de croix, j'aspire une grande bouffée d'air... et je me tourne vers Adolf Hitler... je n'ai plus peur.

Sur son visage d'une grande pâleur, que je connais presque par cœur, je crois lire la fatigue d'un homme épuisé. Qui a parlé d'opiniâtreté et d'arrogance ? Pourtant, je sens l'air qui se glace sous la domination de son regard bleu et fixe. Son expression lasse, tout à coup, comme par magie, disparaît pour faire place à sa personnalité théâtrale d'homme d'État, celle des photos publicitaires et des grands discours de Nuremberg. Son adjudant-major se tient derrière lui, au repos.

– Lady Mary Ann Windsor, dit Hitler en me tendant la main. Comment allez-vous ?

– Très bien, Herr Hitler. Permettez-moi de vous présenter Herr Rupert Einhorn, un envoyé de M. Wenner-Gren, de Nassau.

– Oui, je suis au courant. Vous parlez bien l'allemand, Fräulein.

– Mon père a insisté très tôt pour que j'apprenne l'allemand, et c'est une langue que j'aime beaucoup.

Son regard ne quitte pas mon visage, sans pour autant qu'il me regarde dans les yeux – je ne baisse pas les miens. Je comprends mieux la fascination qu'il exerce sur ceux qui entrent en contact avec lui, un certain magnétisme se dégage de sa personne. Il fait preuve d'une simplicité à laquelle je ne m'attendais pas, mais sa démarche dénote aussi une force incroyable de persuasion, de conviction. Ses lèvres sont minces sous sa moustache noire bien taillée... une bouche pareille sait-elle embrasser ?

– Vous êtes venue de loin pour me demander une faveur, Fräulein, dit-il sans bouger.

Mon cœur saute dans ma poitrine.

– Oui, Herr Hitler.

– Pourquoi vous l'accorderais-je ?

Je sens mes ongles s'enfoncer dans les paumes de mes mains crispées.

– Parce que vous êtes la seule personne au monde qui puisse exaucer ma prière, dis-je d'une voix ferme, et parce que vous portez une grande amitié à mon père, le duc de Windsor...

– Vous croyez que cela suffira ?

Sa voix s'est durcie. Veut-il m'effrayer ? Veut-il que je l'implore ?

– Il le faudra, Herr Hitler, j'ai confiance en vous et je ne peux compter que sur vous !

– Vous avez obtenu la permission de Son Altesse Royale pour venir ici ?

– Pas officiellement, Herr Hitler. Mais il a eu confiance en son ami, M. Wenner-Gren...

Il fait un geste d'impatience. Mon Dieu, faites qu'il ne s'énerve pas trop... Il porte son regard sur Rupert.

– Et vous, Herr Einhorn, quel est votre rôle ici ?

– J'ai accompagné mademoiselle, et je suis un associé de M. Wenner-Gren.

Hitler hoche la tête. Ses yeux bleus se posent sur moi... enfin. Son regard me transperce comme une lame. Éprouve-t-il un plaisir sadique à me savoir émue, dans ses griffes ? Les minutes qui s'écoulent me paraissent interminables.

– Qu'attendez-vous de moi, vraiment ? demande-t-il encore.

– Si j'ose me permettre, Herr Hitler... Vous avez déjà dit de mon père qu'il n'est pas un ennemi de l'Allemagne. J'ai lu dans la presse que...

– Il ne faut pas se fier à la presse, Fräulein, surtout pas la vôtre !

Dois-je le contredire ? Oui, je n'ai pas le choix... « À la guerre comme à la guerre... » Je respire profondément.

– Herr Hitler, on a parlé d'un projet de réinstaller mon père comme monarque... alors, de le savoir redevable d'une faveur accordée à un membre de sa famille devrait compter pour quelque chose...

Je me prépare à une réponse cinglante. Un silence total empèse l'atmosphère. Je tremble imperceptiblement, tout mon corps est tendu. Je sens mes yeux s'embuer.

– Quel âge avez-vous ? demande-t-il d'une voix plus douce mais réellement sans charme.

– Vingt ans.

– Et vous osez faire la loi à Adolf Hitler ?

La voix, devenue gutturale, est froide, sans aucune émotion. Je sens la main de Rupert sur mon bras. Les images changent autour de moi et, de nouveau, je regarde Hitler.

– Non, Herr Hitler, je ne me le permettrais pas. Je ne me considère pas comme votre ennemie, je suis venue vous demander la grâce de Claude Foucault, car je tiens à lui plus que tout au monde... On ne peut enfermer un génie musical comme lui.

Dans mon cœur, c'est la tempête. Je n'ose plus bouger, comme si le moindre mouvement pouvait compromettre le moment de sa décision.

– Herr Foucault sera libéré et remis aux soins de la Croix-Rouge, dit Hitler. Vous pouvez rentrer dans votre pays. Partez dès aujourd'hui ! *Auf Wiedersehen,* Lady Belvédère.

Inclinant raidement la tête, il tourne les talons et nous quitte, suivi de son adjudant. Ses épaules courbées semblent porter le poids de l'Europe entière.

Je demeure immobile, fixant du regard les six marches de l'escalier. Une prière s'élève dans mon cœur, je souhaite que Hitler ait donné une date, un endroit, une certitude...

Des larmes coulent le long de mon visage. Je vois à peine le rideau d'un soleil poudreux qui continue de baigner l'intérieur du Nid d'aigle... Dans ma tête, je crois entendre une musique et des mots nouveaux : « C'est la guerre, c'est l'été... toujours l'été et toujours la guerre, et la salle isolée sourit... »

– Miss Mary Ann, vous avez réussi, le Führer a acquiescé à votre demande. Je suis heureux pour vous.

Je me tourne vers lui – j'avais presque oublié sa présence. J'essuie mes yeux.

– Oui, Rupert, je le crois, je l'espère.

– Miss Mary Ann, vous devez le croire. Venez, nous allons trouver Hans et rentrer. Nous parlerons dans la voiture.

Une dernière fois, je remplis mes yeux de la vue de ces montagnes qui ont été les témoins de mon aventure et je les vois jonchées d'œillets et d'edelweiss parmi les forêts que le soleil teinte d'émeraudes, de pierres de lune et de lapis-lazuli.

– Venez, miss Mary Ann, dit Rupert en touchant mon bras.

Je le suis après être descendue dans le salon de thé afin de récupérer mon sac à main. Par la porte, je vois de nouveau les deux petits chiens sur les genoux de la jeune femme toujours sur la terrasse. En m'apercevant, elle me sourit. Je lui rends son sourire.

Hans nous attend près de l'ascenseur. La porte se referme sur le Nid d'aigle.

CHAPITRE XXVI

La route du retour est bien différente, rien qu'une immense étendue d'espace et de temps où toute vie me laisse indifférente, excepté celle de Claude. Je cherche une image optimiste dans mon cœur, mais je ne réussis qu'à confondre silence et frémissement intérieur, fatigue et félicité, un espoir et un regret. Oui, j'ai obtenu la promesse de Hitler, mais ce n'est qu'une promesse. J'aurais voulu me présenter aux portes de Dachau avec un sauf-conduit signé par le Führer, autorisant la libération de Claude. Je sais que je rêve de l'impossible. L'ignoble Himmler a son prisonnier, mais, et il me l'a promis, Hitler seul a le pouvoir de lui donner sa liberté.

Chaque instant me rapproche de Claude maintenant. Je mords mes lèvres pour ne pas pleurer… « Tu es là, Claude, n'est-ce pas, tu es là ? Il faut avoir confiance, mon amour, tu seras libre bientôt. »

Je baisse la vitre de la portière et respire à pleins poumons, en saccades, comme s'il m'était difficile d'absorber l'air frais du dehors. Un grand vent s'est levé en fin d'après-midi. Il a emporté les nuages qui s'étaient amoncelés au sommet des montagnes. Il souffle du nord, de l'Autriche, et semble annoncer déjà la neige, la saison froide qui s'est déjà installée sur les grandes Alpes.

Aujourd'hui, la nature s'est faite plus belle encore, les oiseaux chantent mieux dans les grands arbres, les hautes épinettes ressemblent davantage à une multitude de clochers qui se moquent du vent qui les secoue.

La voix de Rupert me ramène au moment présent.

– Ce geste du Führer, sa promesse, a une belle chance de réussir, miss Mary Ann. Si le duc de Windsor ne fait aucune remarque antinazie en public, je ne vois aucune raison pour qu'il en soit autrement.

Je le regarde avec une plus grande attention, comme si je sortais d'un rêve. Il a parlé en français, je réponds dans la même langue.

– Oui, je le crois aussi. Rupert, je vous serai reconnaissante toute ma vie de ce que vous avez fait pour moi. Je dois avouer que j'ai eu des doutes. Merci, Rupert. Oui, Hitler va tenir sa promesse, j'en suis sûre.

– Il faut toutefois rester prudents. Hans a entendu des rumeurs. Le ministre de la Propagande aurait échafaudé des plans pour vous échanger contre Hess, qui est emprisonné en Écosse, et projeté une publicité tapageuse, mais, heureusement, le chancelier n'a pas accepté. Hess en Écosse est vraisemblablement une délivrance.

Je croise le regard de Hans dans le rétroviseur. Lorsque nous cessons de parler, il nous adresse la parole :

– Je dois vous ramener à Obersalzberg où vous ramasserez vos bagages et, de là, nous irons vers le lac de Constance. Vous prendrez le même bateau, qui vous ramènera en Suisse.

– Sans même dire au revoir à Mme Weiss, Hans ?

– Vous ne devez parler à personne. Il faut quitter le pays le plus tôt possible. Votre sécurité en dépend.

Suis-je donc plus en danger maintenant qu'avant mon entrevue ? Hitler m'a dit, lui aussi, de partir aujourd'hui même.

De Berchtesgaden, nous filons directement vers l'ouest, en passant la frontière entre l'Allemagne et l'Autriche. Hans est pressé. La nuit est avancée quand nous arrivons à notre point de rendez-vous, sur les rives du lac de Constance, à quelques milles de Bregenz. Le bateau attend.

Devant le grand espace du lac, surveillé par quelques militaires, j'essaie de maîtriser l'extrême détresse qui m'envahit… Aurais-je pu faire autre chose afin d'amener Claude avec moi ? Insister ? Auprès de qui ? Hitler ?

Et Himmler qui a probablement lancé sa Gestapo à mes trousses ! « Partez aujourd'hui », a dit le Führer. À travers les larmes qui coulent sur mon visage, je crois voir derrière nous la masse des arbres se changer en spectres sous les rayons blêmes d'une pleine lune.

– Vous devez monter, Fräulein, dit Hans en prenant mon bras.

Je me dégage. Dans son uniforme noir de SS, il se confond avec la nuit. Hans a été courtois et m'a rendu la confiance que j'avais placée en lui. Je lui tends la main et lui offre un petit briquet que mon père m'a donné parce que je le trouvais joli.

– *Danke Schön*, Hans.

Je grimpe à bord du bateau. Il me remercie avec un sourire étonné. Rupert embarque et nos bagages sont installés sur la banquette, à l'arrière.

Nous voguons vers la Suisse. Dans ma tête résonnent les mots d'Adolf Hitler : « Herr Foucault sera libéré et remis aux soins de la Croix-Rouge ! » Je me représente l'image claire d'une croix rouge comme un trait d'union entre le pays que je quitte et celui qui m'accueillera au retour.

En regardant les côtes obscures du pays que nous venons de quitter, d'autres mots de Hitler me viennent à l'esprit : « Le perdant de cette guerre sera celui qui fera les plus grandes maladresses. » Pressent-il que ce sera lui ? Devant nous les lumières de la Suisse. Jim nous attend avec une voiture. Je saute à son cou.

– Oh Jim, si vous saviez comme je suis heureuse de vous revoir. Il y a une éternité. Jim, il a consenti… mais j'espère qu'il va tenir parole… non, je sais qu'il va le faire.

Jim m'embrasse. Il serre la main de Rupert. Ce dernier tend une enveloppe au garçon qui tient les amarres du bateau, les pieds dans l'eau. Tout est réglé. Le lac est désert. On entend juste le ressac léger sur son rivage.

– Mademoiselle Marianne, je suis si heureux de vous revoir, dit Jim.

Nous marchons tous les deux vers la voiture. Rupert nous rejoint. Jim a pris mon bras et le serre contre lui. S'adressant à Rupert, il lui demande :

– Bon voyage ?

– Oui, Jim, dans les circonstances. On vous racontera.

Nos bagages s'entassent dans le coffre de la voiture. Zurich est notre prochaine escale. Rupert y a des rendez-vous d'affaires. Durant le trajet, je raconte en détail tous les épisodes de notre séjour en Allemagne. Jim ne m'interrompt pas, se contentant de hocher la tête. Nous nous arrêtons dans un café pour nous rafraîchir. Puis, c'est Zurich, un bain chaud et un sommeil si profond que la sonnerie du téléphone retentit plusieurs fois avant de me réveiller. Finalement, je décroche et ayant mis le combiné contre mon oreille, j'attends.

— Mademoiselle Marianne, dit la voix de Jim, il est dix heures.

— C'est vous, Jim, où suis-je ?

— Vous êtes au Bauraulac, mademoiselle, à Zurich.

— J'ai dormi si profondément, Jim.

— Notre train pour Genève part à deux heures. Puis, nous prendrons l'avion à destination de Lisbonne. Rupert est déjà sorti pour mener ses affaires et il viendra nous rejoindre directement à la gare. Je vous attends en bas pour le petit-déjeuner. Je dois vous parler de vive voix.

Dans la salle à manger, Jim me met au courant de sa démarche. Il a téléphoné à Nassau avant de se retirer dans sa chambre pour la nuit. Le duc et la duchesse sont sur le point de partir pour un voyage officiel aux États-Unis et une visite au Canada. Mon père souhaite que je me rende directement en Gaspésie, chez le docteur Gatineau, et que j'aille ensuite le retrouver à son ranch, à Calgary, lorsqu'ils y seront. En dernier lieu, je les accompagnerai à New York et à Washington et rentrerai à Nassau avec eux.

Il fait bon prendre une pareille leçon de planification. Quel style ! Mais qu'en est-il de mon grand trouble, de ma guerre, de mon amer séjour dans un pays ennemi, mon voyage en enfer ? Mes pensées se refroidissent, je me détourne du présent… mais elles ne se raccordent pas à ce passé récent. Mon père n'aurait-il pas dû, puisque je l'ai conquis, cet enfer, me murmurer dans le récepteur du téléphone : « *Well done, darling !* » Non ! Plutôt, je reçois des directives par l'intermédiaire d'un tiers et aucune marque d'affection personnelle. Il me faudra patienter. À Calgary peut-être ?

– J'aurais voulu parler à mon père, Jim, même au milieu de la nuit...

– Il n'a pas voulu vous réveiller et, en plus, il était en pleine séance avec le gouvernement.

La réalité ne me convient pas. L'horizon est brumeux ; je vois le paysage trembler comme à travers des larmes.

– Mon père était trop pressé alors...

– Non, miss Mary Ann. Je vous assure qu'il est heureux et fier de votre réussite.

– Et je dois faire exactement ce qu'il désire, c'est-à-dire me rendre en Gaspésie et attendre ses ordres ?

Jim me regarde. Lui parlerai-je encore de mon expédition en Allemagne alors que j'ai eu si peur de partir sans lui et que j'ai été si heureuse de revenir vers lui ?

Cher Jim !

– ... il était en pleine séance, je vous le répète, miss Mary Ann, et il n'a pas voulu vous réveiller, vous sachant exténuée.

La réalité impose un cadre conventionnel... je reste avec mes doutes et mon impuissance. Je dois rentrer au Canada. Des cloches carillonnent au loin. Le beau temps s'installe sur Zurich ; les fleurs du parterre, sous la fenêtre de la salle à manger, donnent au sol une teinte plus précieuse, plus attendrissante que les fleurs mêmes.

Rien, ici, ne peut être comparé aux aspérités de la Haute-Bavière.

CHAPITRE XXVII

Lisbonne est une ville cosmopolite et dynamique en ces temps de guerre. Dans la grande salle d'attente de l'aérogare, de nombreux uniformes circulent autour de nous. Ils représentent un monde étrange, en marge de la guerre. Notre séjour est de courte durée à Lisbonne. Jim, Rupert et moi attendons de passer à la douane avant notre départ pour New York. Ma gorge se noue lorsque je revis, en pensée, les émotions fortes de ces derniers jours. Elles attestent peut-être ma force de caractère, alors que j'aurais pu… Quoi ? Mourir ?

Dans l'aérogare de Lisbonne, je me crois libérée de mon combat. Enfin, je peux envisager un avenir plus concret, je peux compter les jours. Plutôt qu'un goût d'amertume, l'attente aura un goût d'espoir. Je suis consciente aussi d'être en ce moment dans un pays étranger qui, bien que neutre, penche, si l'on en croit la propagande, vers le fascisme.

Il n'y a pas si longtemps, le passage de mon père et de ma belle-mère ici a suscité une grande agitation. Les factions antibritanniques se sont acharnées, a-t-on dit, à les affoler, cherchant à les persuader que les Anglais désiraient les éliminer, tout cela pour les forcer à retourner vers une Espagne franquiste pro-nazie. Un rapport envoyé aux services de renseignements alliés avait semé de nouveau le doute sur la loyauté de mon père : « Les Allemands espèrent la coopération du duc et de la duchesse de Windsor, laquelle désire devenir reine d'Angleterre, et se proposent de former un gouvernement d'opposition avec le duc à sa tête, de changer l'opinion publique par la propagande jusqu'à ce que le roi George VI abdique en faveur de son frère, l'ex-roi Édouard VIII. » Mon père s'est trouvé au centre d'une intrigue, qui n'était sans doute pas innocente. Néanmoins, il a entretenu d'excellentes relations avec Salazar, le premier ministre portugais, ainsi qu'avec le banquier Espirito Santo, entre autres, qui ont tenté de le convaincre de rester en Europe pour veiller « sur les intérêts de l'Empire britannique ».

Presque deux ans plus tard, je suis dans cette même ville. Instinctivement, je me sens vulnérable sans le soutien d'appuis forts dans cette capitale où se jouent tant d'intrigues. Au moins, mon père conservait un profil international et sa présence ne passait jamais inaperçue. Chacun de ses mouvements était passé à la loupe. Moi, au contraire, je cherche l'anonymat, assise sagement entre Jim et Rupert qui lisent leurs journaux.

Depuis quelques minutes, j'observe deux hommes habillés de noir qui vont et viennent lentement dans l'aérogare. Ils affichent un air d'insouciance, mais leurs regards se portent souvent sur nous. Alors qu'une vague de passagers les refoule vers la sortie, ils luttent pour se dégager, puis se dirigent rapidement vers nous. Leur main droite est enfoncée dans la poche de leur veston. Jim s'interpose pour me protéger des deux individus

qui, avec un fort accent étranger, m'intiment de les sui-
vre :

— Lady Belvédère, veuillez nous suivre. Obéissez,
nous sommes armés.

— Messieurs, dit Jim, avant toute chose, vous devez
passer par moi !

— C'est facile, rétorque l'un des hommes en sortant
à demi son arme de sa poche.

Jim fait un pas en avant. Il durcit le ton.

— Qui êtes-vous, messieurs ? Qui vous envoie ?

Mes sens sont en alerte. Mes mains sont moites.
Devant mes yeux surgissent des images de cachot que je
repousse vite. « Tel père, telle fille », me dis-je, mais on
n'avait pas forcé mon père. Pour moi, c'est différent ! Je
me lève à mon tour.

— Restez assise, miss Mary Ann, ces messieurs font
certainement erreur. Ils vont repartir sans créer de pro-
blèmes. N'est-ce pas, messieurs ?

Je suis transie de peur. Mes yeux sont fixés sur la
poche du veston de l'attaquant.

— Nous ne vous voulons aucun mal, dit celui qui
semble être le porte-parole. Nous désirons que Lady
Belvédère soit notre invitée…

Un rire sec lui coupe la parole.

— Votre invitée !

La voix de Jim a ce timbre sourd qui me rappelle la
tentative d'enlèvement dont j'ai été victime à six ans.
Jim porte toujours un revolver sur lui. J'essaie de me
persuader qu'il est maître de la situation et qu'il saura
manipuler ces deux hommes. Je m'attends aux mots
durs, aux plaintes, à une explosion… mais peut-être
mon heure a-t-elle sonné et c'en serait fini ?

– Et qui est cet hôte si aimable, si ce n'est pas trop vous demander ? continue Jim, sarcastique.

Lentement, sa main s'enfonce dans sa veste.

– Stop, ne faites aucun mouvement, sinon… Nous ne voulons aucunement vous faire du mal, croyez-moi ! Je vous propose de sortir de l'aérogare. Vous, messieurs, vous partirez de votre côté et mademoiselle viendra avec nous. Vous comprenez que le moindre geste malencontreux mettra la vie de mademoiselle en danger. Je crois avoir été clair, n'est-ce pas ?

La voix de baryton de celui qui profère ces menaces, basse pour ne pas attirer l'attention, est rauque et autoritaire. Il s'approche de Jim, il pourrait presque le toucher. Vif comme l'éclair, Jim étire le bras et le frappe ; une lutte corps à corps s'engage, que vient surprendre une voix de tonnerre qui retentit à côté de moi :

– Halte-là ! crie Rupert.

Je me tourne vers lui. Il braque un revolver sur les deux hommes. Il replie son pardessus sur son bras droit pour dissimuler l'arme.

– Messieurs, posez lentement vos armes par terre, oui, très lentement et tout de suite.

Rupert parle d'une voix éraillée, une voix que je ne lui connaissais pas. Je regarde avec soulagement les deux gaillards qui se penchent, trop lentement peut-être… Brusquement, le premier se redresse et s'élance vers moi. Jim se jette sur lui, un coup de feu éclate, et Jim s'écroule.

Je pousse un cri. Jim !… Jim !… Il est là, à mes pieds, les yeux fermés. Sa veste est tachée de sang à l'épaule. Je tombe à genoux à côté de lui et prends sa tête entre mes mains. Est-il inconscient ou… mort ?

Je me penche sur Jim, indifférente à la confusion autour de moi. J'entends une deuxième détonation. Mon agresseur s'effondre dans un hurlement de souffrance, blessé à la jambe. Son complice détale à toute vitesse.

Mon visage contre le visage de Jim, je murmure :

– Jim, Jim, ne mourez pas ! Jim… ouvrez vos yeux, *please.*

Au-dessus de nos têtes, des voix donnent des ordres en portugais. Des coups de sifflet longs m'assourdissent. Mes yeux ne se détachent pas du visage de Jim. Lentement, ses paupières bougent, ses lèvres s'entrouvrent et, dans un soupir, il chuchote :

– Je vous aime… Mary Ann…

Ses yeux se referment. Pendant un instant encore, il me serre la main, comme s'il me disait adieu. Les larmes embuent mes yeux. Le chagrin me suffoque. Je chancelle.

Dans le trou noir qui suit, vaguement, je sens des bras forts qui me soutiennent. Un mince rayon de lumière bleue colle à mes paupières entrouvertes et je distingue le visage de Rupert qui se penche vers moi. Un souffle d'air emplit mes poumons.

– Rupert… Jim est mort ?

Rupert semble appartenir à la nuit… je me force à concentrer mon regard sur son visage…

– Non, miss Mary Ann, il a reçu une balle à l'épaule. Il a perdu beaucoup de sang. Il revient à lui, n'ayez pas peur, miss Mary Ann.

– Vous en êtes sûr, Rupert ?

Jim a besoin de moi. Je me secoue et me lève avec un peu de difficulté. Rupert m'aide. Je tremble de tout mon corps.

Des ambulanciers arrivent. Ils enveloppent Jim de couvertures et le placent sur une civière. Un médecin un peu essoufflé les rejoint et s'occupe de Jim. Ce dernier ouvre les yeux quelques secondes, nous adresse un léger sourire, puis glisse de nouveau dans le coma. Son visage est très pâle, une larme glisse de ses yeux et va se perdre dans sa chevelure. En sanglotant je répète : « Jim, Jim… »

Le docteur nous fait signe de nous éloigner. Ses gestes sont vifs et précis.

– Sa blessure n'est pas trop grave, nous fait-il comprendre dans un mélange de portugais et de français. Il a reçu un coup sur la tête, il est en état de choc. Nous l'emmenons à l'hôpital Santa Maria.

Je suis heureuse que Rupert se charge de tout expliquer aux deux policiers. Ils me regardent d'un drôle d'air et chuchotent entre eux.

– Vous ne leur avez pas dit qui je suis, Rupert ? murmuré-je.

– Non, miss Mary Ann, je leur ai simplement expliqué que nous revenons d'un voyage en Suisse et je me suis permis de leur dire que vous êtes ma compagne.

Rupert hésite. Je remarque une étrange lueur dans son regard. Il sourit, puis reprend :

– Je leur ai expliqué que je suis en voyage d'affaires, que Jim est mon secrétaire et que vous rentrez au Canada. Je leur ai fait comprendre que je n'en savais pas plus qu'eux à propos des deux énergumènes qui vous ont attaqués.

Avec un policier sur ses talons à qui il donne des renseignements, Rupert téléphone au consulat britannique. Le consulat britannique s'occupe des affaires canadiennes en temps de guerre et nous obtenons un visa pour une semaine.

À l'hôtel Borges où nous descendons, nous prenons deux chambres contiguës. Avant que nous partions pour l'hôpital, Rupert téléphone à Nassau. Il ne peut joindre mon père, mais, en revanche, M. Wenner-Gren est à son bureau. Je laisse Rupert à sa conversation et regarde par la fenêtre. Voilà une fin d'après-midi qui n'offre qu'un ciel bas plein de petites nues, un après-midi calme… mais pas pour moi. Je passe ma main sur mon front… Mon Dieu, que peut-il advenir encore ? Claude dans un camp de concentration, Jim blessé, mon père absent et maintenant Rupert et moi abandonnés dans ce petit hôtel.

La voix de Rupert m'arrive, lointaine…

– Miss Mary Ann, le téléphone.

Mécaniquement, je prends le combiné de ses mains et j'attends. Rupert me fait un signe de la main et quitte ma chambre. J'entends un souffle, puis la voix grave d'Axel Wenner-Gren.

– Je suis heureux pour vous, Mary Ann, que vous ayez obtenu ce que vous désiriez…

Je sens mon cœur qui bat la chamade et mon ventre qui se crispe. Comme dans un éclair, je revois son visage chaviré alors que je lui payais ma dette… je repense à l'extase contre laquelle je m'étais défendue. Je m'essaie à la dérision… Je me raidis.

– Monsieur Wenner-Gren, j'ai chèrement payé ce voyage et entre nous…

Il m'interrompt.

– Non, Mary Ann, pas de sarcasme aujourd'hui. Ce qu'il y a eu entre nous a été merveilleux.

Il cesse de parler, et moi… j'attends. Avec lui, le temps s'était arrêté ; il avait endormi mon esprit et contenté mon corps, et je lui en veux aujourd'hui. Mais aussi, c'est grâce à lui que j'ai réussi.

– Axel, je ne veux plus en parler. Tout ce que j'espère, c'est que votre ami Hitler tiendra sa promesse et que Claude me sera rendu.

Je respire plus vite, je crois étouffer. Je continue d'une voix glaciale :

– Je suppose que ce sont ceux de sa bande qui ont failli tuer Jim… à cause de moi, à cause de vous ?

Un long silence, un long soupir, je ferme les yeux, puis une voix sourde résonne à mon oreille :

– Milady…

La ligne téléphonique est mauvaise pendant quelques secondes, puis la voix lointaine reprend :

– Je vous jure que je ne sais rien de ce malheureux incident. Je le regrette infiniment. Il m'est impossible d'expliquer l'attentat contre vous et Jim. Je vous en prie, Mary Ann, écoutez-moi, et si vous le jugez bon, raccrochez sans me répondre. Vous êtes à Lisbonne pour quelques jours et, d'après Rupert, Jim n'est pas en danger. Il va me tenir au courant et je transmettrai les nouvelles à votre père. Mary Ann, croyez-moi, je ne trahirai pas notre secret, et si jamais je peux faire quelque chose pour vous…

La voix hésite avant de poursuivre :

– … sans aucune contrepartie, je vous le promets, vous pourrez compter sur moi. Je vous en prie, croyez-moi !

Déjà, je ne l'écoute plus. Saurait-il, ce séducteur, réinventer son amour et les tourments de la chair ?

Maintenant, je suis seule et je préfère souffrir sans demander d'aide… surtout pas à lui ! Je raccroche. C'est un sursaut vers la délivrance. Mais, malgré tout, un souvenir lancinant demeure en moi, comme une brûlure à la hauteur de mes reins. Je laisse croître mon mal. Non, il ne m'a pas envoûtée… Il ne faut pas. Je ferme les yeux.

J'arpente ma chambre, deux larmes coulent sur mes joues, mais je refuse de me laisser aller à une crise de larmes. « Je n'ai jamais su ce qu'il pensait, ses paroles sont aussi surprenantes que cette force que je lui ai vue lorsque… lorsque nous avons… »

Je m'assieds sur mon lit. Je mordille mes lèvres, je ne peux résister à l'assaut des larmes qui me serrent la gorge et je pleure. Je suis si lasse. Une grande mélancolie me submerge. Mais, doucement, j'éprouve un amer contentement à me distancer du souvenir d'Axel Wenner-Gren… j'ai tellement de choses à quoi penser, et, pourtant…

« Jim saurait, lui, me consoler. Jim, il faut que je voie Jim… »

Il dort, Jim, dans son lit d'hôpital ; une infirmière est assise à son chevet. Il a le bras droit en écharpe et il porte un gros pansement à l'épaule. Je frissonne en regardant le goutte-à-goutte enfoncé dans le creux de son autre bras. Sa blessure n'est pas très grave, mais le coup qu'il a eu à la tête nécessite un repos au lit.

Trois jours plus tard, Jim sort de l'hôpital et nous reprenons la route de l'aéroport. L'incident qui nous a retenus à Lisbonne passe sous silence, comme si rien ne s'était produit.

J'ai tellement peur que Jim, à cause de sa blessure, ne me quitte après sa convalescence.

CHAPITRE XXVIII

Je contemple, en rêvant, l'immensité de la mer, dont la surface unie reflète le soleil. L'ombre de notre avion s'en détache comme un oiseau de proie et donne une autre dimension à l'espace entre ciel et mer : un retour, mais aussi une arrivée, un refuge… La route de la liberté ?

Je me tourne vers Jim qui est assis à mes côtés. La compagnie aérienne Pan American s'est montrée très arrangeante. Nous avons obtenu un salon privé en première classe. Rupert est assis en face de nous et s'occupe de ses dossiers. Jim semble avoir laissé derrière lui la tourmente que nous venons de vivre. Son visage est calme mais très pâle. Une grande fatigue lui creuse les joues. Ses yeux me regardent… Un rayon de soleil à travers le hublot y trempe un rayon doux. Sa bouche s'entrouvre comme s'il allait dire quelque chose, puis il sourit.

— Vous êtes sûr que vous n'avez pas mal, Jim ? dis-je.

Il secoue la tête et s'enfonce davantage dans les oreillers que l'hôtesse de l'air lui a apportés. Cher Jim, il ne s'est jamais plaint et, comme toujours, il m'a donné, même sur son lit d'hôpital, des preuves de son attachement… Jim père poule, mon ange gardien ! Les mots qu'il a murmurés avant de sombrer dans l'inconscience après le coup de feu qui l'a blessé, je les mets au compte d'une confusion d'idées à la suite d'un choc trop violent. Il n'empêche que je ne pourrai jamais oublier son regard à ce moment.

Jim s'est assoupi. Peut-être devrais-je essayer de dormir moi aussi. Toutes ces émotions m'ont fatiguée et j'ai souffert d'insomnie ces dernières nuits. Je ferme les yeux et me laisse bercer par le vrombissement des hélices. Je me réjouis du succès de ma mission et, comme je le fais si souvent, je laisse mes pensées s'envoler vers Claude... « Mon amour, ces jours difficiles que nous traversons seront récompensés par ton retour... le moment si doux où je te prendrai dans mes bras... »

À New York, je dis adieu à Rupert qui rentre à Nassau. Il prend la main que je lui tends, y dépose ses lèvres.

– Miss Mary Ann, vous accompagner a été un honneur et mon admiration pour vous a grandi chaque jour de notre aventure. Si je peux me permettre de vous le dire, je suis fier de vous !

Reviennent à mon esprit tous les souvenirs sombres mais encore bien vivants de ces dix derniers jours. Je lis sur le visage de Rupert une expression où se mêlent la considération et l'amitié. Je ne sais pas grand-chose de plus sur mon « mentor »... C'est un homme secret. J'attendais de lui du courage et du savoir-faire et il ne m'a pas déçue. Un lien plus fort que je ne le croyais s'est forgé entre nous. Je le remercie d'avoir été le compagnon idéal pour une telle mission. Je lui fais promettre que nous nous reverrons à Nassau. Il nous quitte, après nous avoir serré la main.

Jim et moi passons la nuit à New York. L'avion pour Montréal doit décoller à onze heures le lendemain matin. Il est huit heures du soir. Un taxi nous conduit à un hôtel près de l'aéroport.

J'aide Jim à se préparer pour la nuit. D'abord, je lui fais avaler deux comprimés, un analgésique contre la douleur et un autre pour l'aider à dormir. Il rouspète, mais j'insiste, car à chaque mouvement son visage se crispe. Je l'aide à enlever son veston, déboutonne sa chemise que je dégage de son pantalon. Doucement, je tire la manche gauche, puis, très lentement, la droite. Ses yeux ne quittent pas mon visage. Une petite lueur danse au fond de son regard. Ma main se dirige vers la ceinture de son pantalon. Sa main gauche retient mon poignet.

— Non, miss Mary Ann, surtout pas !

— Mais Jim, laissez-moi vous aider, vous n'avez plus vos infirmières ici !

— Non… pas vous, surtout pas vous… Permettez… je dois m'asseoir…

Il vacille un peu, je le soutiens quand il veut s'asseoir.

— Le voyage m'a fatigué plus que je ne le croyais, murmure-t-il en appuyant sa tête contre le dossier du fauteuil.

— Probablement, Jim. Je vais vous donner un coup de main pour revêtir votre pyjama et vous mettre au lit. Pas de sottises, Jim. Je ne vais pas vous séduire ce soir, vous savez !

Je regrette aussitôt ma remarque. Il fronce les sourcils et ferme les yeux. Je lui ôte son pantalon et son slip. Il est nu. En érection. Troublée, je lève les yeux. Les cernes autour de ses yeux trahissent son épuisement et la douleur que seuls ceux qui sont contraints de souffrir en silence peuvent éprouver. J'ai envie de le serrer dans mes bras, mais ce geste pourrait être mal interprété.

Il respire profondément pendant que je l'aide à enfiler le pantalon de son pyjama. Il se lève et je noue le ruban qui resserre le pyjama autour de sa taille. Il tressaille. Il ouvre ses yeux fiévreux, ses lèvres tremblent… Il semble m'implorer.

— Vous me voyez dans un piteux état, miss Mary Ann, je ne peux… excusez-moi, je n'ai pas l'habitude qu'on me déshabille… Si vous saviez…

— Jim, je vous en prie, ne soyons pas dramatiques.

Je le regarde longuement, mon cœur se gonfle. Cher Jim, je l'aime bien pourtant…

— Considérez-moi comme votre infirmière et, par le fait même, il va falloir que vous fassiez ce que je vous dis… Vous avez compris, Jim ?

Il sourit d'un air comique, puis il rit, doucement. Je ne garde pas mon sérieux longtemps et nous rions ensemble. Je me sens de nouveau en sécurité près de lui. Son visage redevient grave, il reprend ses excuses :

— Moi qui ai toujours su garder mon sang-froid dans toutes les situations, me voilà comme un enfant. Pardonnez-moi… miss Mary Ann… excusez mon…

Je l'interromps.

— Vous pardonner ? Moi ? Oh Jim, je n'ai rien à vous pardonner ! C'est plutôt moi qui devrais vous demander…

– Excusez mon… mon désir… dit-il. Sûrement vous avez… remarqué… Excusez-moi… je crois que vos comprimés m'ont rendu un peu… étrange.

– Venez, Jim, je vous aide à vous mettre au lit, dis-je vivement en prenant son bras. Vous avez vraiment mauvaise mine. Là, doucement… allongez-vous. C'est cela.

En touchant l'oreiller, son visage se détend davantage. Il prend ma main dans la sienne.

– Allez vous reposer, miss Mary Ann. Je me sens un peu mieux et je vais dormir. Avant que vous ne partiez…

– Oui, Jim.

J'éprouve maintenant un sentiment d'exilée et une grande fatigue qui n'exige rien d'autre qu'un long sommeil. Au cours de ces heures, laissée à moi-même, j'ai dû me montrer forte et ferme alors que, fragile, j'avais besoin de la protection de Jim. Je crois que je vais m'écrouler. La main de Jim est chaude, ses yeux se ferment à demi et il murmure :

– Embrassez-moi, miss Mary Ann… j'en serais si… heureux.

Je me penche vers lui, il ouvre grands les yeux, je regarde ses lèvres et y dépose un baiser. Sa bouche a le goût de l'orange qu'il a mangée plus tôt. Je me relève.

– *Thank you… thank you ! I… love… Mary Ann… my love…*

Sa tête s'enfonce dans son oreiller, se tourne vers le mur, et il s'endort… ou fait semblant. Je n'insiste pas.

J'ouvre la fenêtre de ma chambre avec effort et tends mon front à la pluie fine qui voyage dans l'air du soir comme une fumée. Des lumières clignotent, vagues, dans un gris triste. Mon âme s'élance au-delà de cette trêve, cherchant le bienfait, la détente de mes jeunes années tourmentées, que je réclame naïvement. « Claude là-bas… mon Dieu, veillez sur lui. Et Jim qui est blessé, il faut que je le ramène à Margaret… Encore un jour ou deux, puis je m'écroulerai… »

Bien que je sois exténuée, je n'arrive pas à m'endormir. J'essaie de lire, de me distraire, mais tous mes souvenirs s'entassent les uns sur les autres en une masse où je ne peux distinguer les plus récents et les plus anciens.

Je me réveille en sursaut au petit matin. J'ai un bref moment d'incertitude… Je vois à travers les rideaux que le jour est levé et je comprends que je faisais un cauchemar. La voix d'Heinrich Himmler résonne encore dans ma tête… il dit qu'il est « une épée de justice implacable », sa bouche se tord hideusement, il agite des clés, ce sont les clés du camp de Dachau.

Je veux chasser ces images horribles qui me font mal. Je me lève en hâte pour boire un verre d'eau. Écartant les rideaux, je cherche les pics du Kehlstein ou de l'Untersberg… je vois la ville grouillante de New York.

Au manoir Saint-Charles, Arsène arrête la voiture. À peine ai-je posé les pieds sur le gravier que je suis bousculée par Rubi, le terre-neuve, qui manque de me renverser en mettant ses deux grosses pattes avant sur mes épaules ; il me lèche la joue, puis il aboie de bonheur. « Ça va, mon cher Rubi », lui dis-je en caressant sa grosse tête.

Je prends le bras de Jim. Mme Gatineau vient à notre rencontre. Elle m'étreint.

– Comme je suis heureuse de vous revoir ici, Marianne !

Elle se tourne vers Jim, l'embrasse.

— Vous ne souffrez pas trop ?

— Non, madame, répond-il. Mlle Mary Ann s'est bien occupée de moi. J'ai même bien dormi dans le wagon-lit.

— Allons, entrez. Béatrice vous a préparé un goûter. Une minute, Jim, Arsène va vous aider…

— Je vous en prie, madame, je suis encore capable, tout de même… Margaret est-elle là ? demande-t-il en s'appuyant contre le chambranle de la porte.

— Venez vous asseoir, Jim… Non, Margaret n'est pas ici, elle vous attend à Percé où elle a loué un chalet pour votre convalescence. Arsène vous y conduira demain. Ce soir, vous coucherez ici.

Je sens que Jim est désolé. Il n'a pas vu Margaret depuis longtemps. Je le regarde ; une lumière bleue colle à son front et à ses joues et j'ai l'impression qu'il tremble.

— Peut-être devriez-vous vous reposer, Jim, lui dis-je. N'oubliez pas, je suis toujours votre infirmière !

— Non, pas tout de suite. Je voudrais bien boire une bonne tasse de thé, comme seule Béatrice sait le faire, comme celui que nous buvons en Écosse.

Calé au creux d'un fauteuil, Jim semble s'éloigner. Je le vois encore alors que je le déshabillais l'autre soir… une petite pointe de jalousie s'infiltre en moi. Oui, Jim appartient à Margaret… mais il m'aime.

Mme Gatineau s'affaire. Un sourire erre sur ses lèvres. Elle est pâle et elle a beaucoup maigri. Le fardeau de son grand chagrin, je le vois sur ses épaules un peu voûtées et les rides autour de ses yeux.

— Mon mari ne va pas tarder à rentrer, dit-elle en passant des friandises avec les tasses de thé. Nous l'attendrons, si vous le permettez, avant que vous nous racontiez votre voyage. C'est incroyable. Je ne trouve pas les mots ; vous avez eu tous les deux tant de courage, d'audace, de foi aussi. Entreprendre un tel voyage, rien qu'à y penser j'en ai le souffle coupé. Ah ! voilà Pierre qui arrive, poursuit-elle en déposant la théière sur le plateau de service.

Le docteur arrive en trombe et me serre dans ses bras à m'étouffer.

— Quelle héroïne avons-nous en visite ! Et vous, Jim, continue-t-il en lui tendant la main, une balle à l'épaule ! Je vous examinerai avant le coucher, mais vous n'avez pas mauvaise mine quand même. À propos, mille mercis pour vos appels ; la ligne n'était pas très bonne, mais nous vous saurons toujours gré de nous avoir tenus au courant… merci encore.

Arsène et Béatrice se joignent à nous et je dois, dans ses moindres détails, faire le récit de notre aventure.

— Après avoir quitté le Nid d'aigle, quelle impression vous reste-t-il ? demande Béatrice.

Ses yeux ne me quittent pas et ses mains sont croisées contre sa poitrine.

— C'est un autre univers, le lieu d'idées inquiétantes, un endroit de ténèbres malgré la forte lumière. On y sent une grande et froide énergie vouée au service de Hitler. C'est un monde fermé, au faîte du monde où, j'en ai la certitude, aucun arc-en-ciel ne peut briller.

— Vous n'aviez pas peur ?

— Certainement j'ai eu peur. L'incertitude, surtout, me rongeait. Et, lorsque j'ai jeté un dernier regard sur le Nid d'aigle avant de repartir, je l'ai vu comme un mirage et c'était comme s'il ne pouvait que faire partie d'un monde occulte... soudain, une grande nuée l'a voilé et il m'est devenu invisible.

Béatrice se signe.

– Que le Seigneur vous bénisse, mademoiselle Marianne, et espérons que M. Claude nous reviendra sous peu, sain et sauf.

Sur ce, elle quitte le salon suivie d'Arsène. Pierre Gatineau tient la main de sa femme dans la sienne ; sur leur visage des larmes glissent. On dirait qu'ils ne s'en rendent pas compte. Ils viennent vers moi, me tendent les bras et m'expriment toute leur gratitude.

– Jamais nous n'oublierons ce que vous avez fait pour Claude, Marianne, murmure le docteur.

Il est cinq heures de l'après-midi et le jour commence à tomber.

Le lendemain, un grand vent souffle. Il a séché la pluie que j'ai entendue tomber pendant la nuit. Quelques nuages gonflés comme des ballons se tassent à l'horizon. Le vent, d'habitude, refroidit mes pensées... elles sont de glace aujourd'hui, car Jim doit me quitter. Je ne veux pas qu'il me laisse, qu'il m'abandonne, mais je sais qu'il va le faire. Sa femme a déjà tout planifier... oui, Jim aura besoin d'elle, elle va le guider vers la guérison complète. Elle l'aidera à enfiler son pyjama, il ouvrira sa bouche pour recevoir son baiser à elle... Elle saura balayer ses doutes. « C'est à cause d'elle que tu es blessé, dira-t-elle, maintenant j'en fais mon affaire... ! »

Je le sens, Jim veut se détacher de moi et mettre une certaine distance entre nous. Il a refusé que je l'accompagne jusqu'à Percé. Il désire s'y rendre seul avec

Arsène. Sa déclaration d'amour lorsque nous étions seuls refoule et condamne tout entre nous.

Je voudrais savoir s'il reviendra. Je n'ose poser la question de peur de sa réponse. Sur le perron du manoir des Gatineau, qu'éclaire un rayon de soleil timide, je lui dis au revoir et non adieu. Son ombre se referme sur mon ombre quand il penche son visage vers le mien et qu'il embrasse ma joue. Je pose mes lèvres au coin de sa bouche. Son regard plonge dans le mien.

– Jamais je ne vous oublierai, Jim. Jamais !

Le paysage tremble devant mes yeux qui s'emplissent de larmes. Il ne dit rien et se tourne vers M. et Mme Gatineau qui l'accompagnent en bas des marches. Il leur serre la main, puis, un peu maladroitement, il entre dans la voiture. Arsène ferme la portière. Jim ne regarde pas en arrière.

Je reprends vite mes habitudes au manoir, mais nous traînons tous un cœur lourd. Nous vivons plus que jamais dans l'attente. Je m'applique à faire preuve de sérénité devant le docteur et sa femme. Je confonds parfois silence et grand bruissement intérieur, fatigue et contentement, mais j'ai tellement de regrets et aussi tant d'espoirs… les uns issus du passé encore proche et les autres qui naissent dans le présent qui, parfois, s'éclaire temporairement. Je peux alors pénétrer dans les rares parties de moi-même restées presque étrangères à mon chagrin.

Je vais rendre visite à mère Saint-Ignace, au pensionnat. Ma tante m'accueille avec une grande émotion ; elle a appris ma démarche en Allemagne. Mon souvenir d'elle est encore fidèle. Depuis mon retour, sa présence prend une grande importance pour moi.

– Tu as été une cachottière de garder tes fiançailles secrètes, Marianne, me dit-elle lorsque nous sommes assises toutes les deux dans son bureau.

– Ce n'était pas officiel, ma tante, alors, nous attendions…

De nouveau, je raconte et raconte… d'une voix que je veux égale. Je passe sous silence une partie de mon histoire avec Wenner-Gren, bien entendu. Ma tante m'observe sans sourciller pendant tout mon récit. Si elle savait !

– J'ai du mal à accepter qu'Edward t'ait laissée partir ainsi, dit-elle.

– Il a d'abord refusé, au tout début. Comme il a une grande confiance dans son ami Wenner-Gren, il a finalement accepté ses arrangements…

– Ce Wenner-Gren, est-ce un philanthrope ?

Je souris bravement afin de cacher une amère envie de rire.

– Oui, je suppose qu'on peut dire de lui qu'il l'est, à sa façon… il peut se le permettre, il est très riche !

Peut-être que je me trompe, mais j'ai l'impression qu'elle conserve des doutes sur ce passage. Elle n'ajoute rien, ni sur mon père ni sur mon voyage. Elle souhaite que mon fiancé revienne vite. Pas de questions indiscrètes, pas de dramatisation ; ma tante garde pour elle sa curiosité et je lui en suis reconnaissante. Je voudrais aborder le sujet de Jim avec elle.

– Ma tante, je crois que l'heure est venue de considérer ma vie sans Jim à mes côtés, n'est-ce pas ? Il ne m'a rien confirmé, mais je pense que sa femme va insister pour qu'il cesse son service. Après tout, c'est à cause de moi qu'il a été blessé. Je m'en veux aussi pour cela.

Mère Saint-Ignace reste silencieuse. Je l'observe avec attention. Je demeure impassible en attendant sa réponse – une parcelle du passé resurgit dans ma mémoire, quand elle avait tremblé, soupirant d'une angoisse que je connais, que je peux nommer aujourd'hui « tentation et désir ». Pourrait-elle imaginer les moments sublimes que j'ai connus dans les bras de Claude... et aussi dans ceux d'Axel Wenner-Gren ? Je secoue la tête, imperceptiblement.

– Marianne, est-ce si grave ? Tu as vingt ans et tu vas retrouver ton père, et bientôt Claude. Tu sauras aller ton petit bonhomme de chemin sans Jim, crois-moi. Il a été un réconfort, un ange gardien, il a assuré ta sécurité, et, pour cela, nous lui serons toujours reconnaissants.

Elle redresse son dos un peu voûté et ajoute :

– Lorsque tu partiras en voyage, un policier local à la retraite t'accompagnera. Le docteur Gatineau a pris de nouvelles dispositions. Les derniers événements nous ont prouvé que tu as encore besoin d'être protégée. Ma petite Marianne, ton patrimoine est un peu lourd pour tes frêles épaules de jeune femme...

Je me promène le long de *ma* mer et j'éprouve un peu de bonheur à retrouver l'état ancien de ces lieux dans la nature un peu nerveuse d'un automne qui approche. Le temps est incertain et quelques nuages s'accumulent, mais la mer garde ses mille reflets larges comme des feuilles d'algues marines. Lorsque les vagues viennent s'abattre à mes pieds, j'y vois le gage d'un bonheur à venir. Comme s'il était un message, un rayon doré, qui ne dure que quelques secondes, vient me frapper en plein visage. « Claude est libéré, j'en suis sûr », pensé-je. Des taches jaunes tourbillonnent autour de moi et disparaissent, poussées par le vent léger.

Il y a longtemps que je n'ai pas si bien souri.

Mon père m'appelle de Washington. Il est satisfait de son voyage. Il ne peut me parler très longtemps, car on l'attend pour une réception.

— *Darling*, tiens-moi au courant au sujet de Claude, et, *darling*, n'oublie pas que tu viens nous rejoindre à mon ranch. Nous aurons une semaine entière... nous parlerons. Il faut que je me sauve. *I love you !*

Je trouve difficile d'avoir un père comme le mien et je conviens que je supporte parfois mal cette situation. Les gens du monde, dans une certaine mesure, font aussi partie de sa maison, de son travail, de sa vie... et c'est ce qui l'intéresse pour le moment, ses brillantes amitiés, le réconfort que lui procurent le fait d'être un « personnage de marque » et les divertissements princiers offerts par ses hôtes américains. J'imagine ma belle-mère pérorant avec ses pairs. Lui donnent-ils le titre auquel elle aspire : Son Altesse Royale ? Je n'ai pas à chercher à les excuser, ils m'ignorent parce qu'ils ont autre chose à faire et ils deviennent, du coup, incorporés à ma tristesse.

CHAPITRE XXIX

Le téléphone sonne. Je réponds avec empressement. Une voix m'informe qu'un télégramme est arrivé.

À monsieur et madame Gatineau – Saint-Florent – Québec Canada Monsieur Claude Foucault a été remis à nos soins Stop Est hospitalisé Stop Blessures aux mains Stop Bon moral Stop Reçoit soins spécialisés Stop Écrivez Croix-Rouge Genève Numéro 240 Stop Signé J Chevalier directeur Croix-Rouge Genève Suisse

C'est un miracle ! Les mots si patiemment attendus se transforment en mille pensées tumultueuses... Le docteur Gatineau lit et relit le télégramme. Mme Gatineau s'effondre dans un fauteuil, cache son visage dans ses mains et éclate en sanglots. Je me répète la courte phrase qui transperce mon cœur... « blessures aux mains »... Je tremble, ma gorge est nouée et je me réfugie près de la fenêtre. La liberté de Claude n'aura donc pas cette douceur espérée... Himmler aura eu sa revanche quand même ?

Je rassemble mes forces pour lutter contre les larmes que je sens monter et qui gonflent mes paupières.

« Claude est libre… Dieu soit loué… » Je me répète inlassablement ces mots, qui devraient marquer le début de mon bonheur, pour oublier les « blessures aux mains » du télégramme. Je penche la tête et croise les mains contre mon front… Comme je souffre… Je murmure des mots anciens, pénibles… tel un soldat qui tombe en combattant. Mon cœur bat si fort que mes tempes en sont douloureuses. Je regarde Mme Gatineau qui pleure et sourit dans les bras de son mari. Je me rapproche d'eux. Ils m'enserrent. Je ferme les yeux et j'ai l'impression de devenir lourde. Je chancelle. Le docteur me retient contre lui.

– Marianne, murmure Mme Gatineau, vous nous avez rendu Claude… Comment vous remercier ? Hitler a tenu sa promesse. Claude est libéré…

J'attache mon esprit à ces mots… « Claude est libéré… » C'est ce qui compte… Je veux arrêter de penser pour quelques secondes… Il est enfin libre, sain et sauf, même si le message annonce aussi cette horrible nouvelle. « Blessures aux mains… » De nouveau, ces mots déchirent l'atmosphère et effacent l'espérance de notre univers si plein de promesses. Mon Dieu, la musique, c'est sa vie !

Je m'échappe et je cours dans le parc. Je me retrouve dans un tableau coloré et j'écoute le pépiement des oiseaux qui me racontent, je le suppose, l'approche de l'automne et leur prochain départ vers le sud. À travers les branches plus dégarnies de certains arbres, je regarde la mer, réelle, vivante sous une vapeur blanchâtre. Au loin, une baleine lance ses jets d'eau et s'élance dans cette bruine… Son corps noir et verni brille à peine.

Je contemple la mer où la baleine ne marque qu'un temps d'arrêt dans la progression des choses… Ma pensée défaillante pourra-t-elle garder cette impression et retenir ce souvenir, cette affirmation de liberté, d'impulsion et de mouvement ? Cette image imprévue doit peut-être m'indiquer que l'existence de Claude, maintenant sous la protection et les soins de la Croix-Rouge, reprend son essor ?

« Claude est libre… » C'est la seule vérité qui compte, la victoire dans notre combat.

J'arrive près de la maison de Jim. J'aurais tant voulu le lui dire. Je frappe à la porte, bien que je sache qu'il n'y a personne. Là, immobile, le dos appuyé contre cette porte close, je laisse mon regard errer sur le parc où règne un calme profond qui, petit à petit, m'enveloppe d'un peu de douceur… mes muscles crispés se détendent, enfin. Sans aucun effort, près du petit monde de Jim, je pense aux autres mondes que j'ai connue en compagnie de mon ange gardien… le pensionnat, Nassau, Lisbonne… ils appartiennent à un univers en marge de mon amour pour Claude. Le meilleur, je le revois plus clairement, nous étions à Québec, je m'étais soustraite à sa garde, j'embrassais les mains de Claude. Les mains de Claude…

Je m'assieds sur les marches du perron. Je lève les yeux, le cœur battant, tandis que ma pensée m'amène vers une autre parcelle de ma vie… j'ai cru mourir à l'idée de perdre Claude ; maintenant, ce péril n'existe plus. Seule reste l'urgence de le retrouver. Je ne pleure plus… Oh ! que demain me voie plus sereine, toute au bonheur de comprendre que Claude n'est plus inaccessible.

Je demeure ainsi, assise, jusqu'à ce que la lune, dans son premier quartier, rase l'horizon. Courbe et rougeâtre, elle verse un peu de lumière sur le paysage. Le crépuscule tombe ; la nuit qui s'avance ne submerge pas tout à fait la masse des arbres ; le manoir, dans le lointain, semble faiblement luminescent ; je désire entrer dans cette nuit douce comme dans une retraite, un refuge sûr.

Je me sens moins isolée lorsque le chien terre-neuve bondit sur moi. Il s'assied à mes pieds, puis me donne sa patte. Rubi, je le sens, comprend mon état d'esprit et fait preuve de sympathie… ses babines se retroussent et forment une sorte de sourire. Bien sûr, il existe un lien commun entre nous et les animaux… ils aiment autant que nous le bonheur. Si je pleurais devant lui, Rubi deviendrait très inquiet, j'en suis sûre. J'attire sa grosse tête sur mes genoux et de sa gorge sort un gémissement. Il lève sa tête, son regard se tourne vers le manoir… « Oui, Rubi, je vais rentrer… » Le vent qui m'apporte l'odeur de la mer m'avertit que la nuit s'installe et que l'air est plus froid que l'eau. Je frissonne.

Je rentre. Le docteur et Mme Gatineau se sont retirés dans leur chambre de bonne heure. Béatrice m'attend avec une grande tasse de chocolat chaud.

– Buvez tout ça avant de vous coucher, mademoiselle Marianne. Dormez bien et que Dieu vous bénisse !

Les jours suivants sont agités. Nous ne parlons pas de Claude, mais je sens que chaque silence, chaque regard échangé, chaque espace entre nous parle de lui. Il nous manque les mots, les arguments essentiels, alors que nous nous enlisons doucement dans une autre attente, celle de nouvelles en provenance de Genève. L'aura de Claude nous suit partout. J'essaie de donner forme dans mon cœur à la progression d'une guérison, d'un miracle, mais je ne sais que répéter : « Claude n'est plus en danger ! Merci mon Dieu ! »

Les communications avec l'Europe en guerre sont très difficiles à obtenir de la Gaspésie. À Nassau – nous devrions y être dans moins de deux semaines –, je me servirai du réseau diplomatique de mon père. Ensuite, l'éloignement entre Claude et moi sera fini puisque j'irai le chercher. Cette fois-ci, mon père me laissera partir sans discuter… en fait, si je réfléchis davantage, je crois qu'il ne me permettra pas de partir sans Jim pour me protéger. Je l'entends déjà dire : « *My darling little girl,* c'est trop dangereux ! La première fois, avec Jim et Rupert, ça pouvait aller. Quand Claude sera prêt à revenir, les autorités de la Croix-Rouge ne manqueront pas… » etc.

On verra bien.

Je soupèse la valeur des mots, je les range dans mon esprit avant d'écrire à Claude. Je refoule les souvenirs de ces derniers temps… le camp, les blessures. Pour mon bien-aimé, j'attire vers moi la bienfaisante lueur de l'espoir.

Je lui écris, à l'adresse de la Croix-Rouge à Genève, donnée par M. Chevalier. Ma missive s'ajoute à celles des autres membres de la famille :

Mon Claude, mon fiancé,

C'est peine perdue que d'évoquer les malheurs récents, ils sont tapis au fond de nous désormais et nous n'y pouvons rien. Tu as souffert, mon amour, et moi aussi, et ce n'est qu'avec la douceur de la tendresse qui vit toujours dans mon cœur et avec ton courage à toi que les angoisses passées seront à tout jamais bannies.

La beauté est en toi, Claude, et j'en appelle à ta détermination dans un langage de foi, d'espoir et d'amour. Ta volonté peut tout dominer, conquérir ces événements cruels et en faire un temps où la certitude de ta guérison et ton retour vers moi seront un nouveau et merveilleux recommencement.

Je vais rejoindre mon père pendant son voyage aux États-Unis et au Canada. Je serai de retour à Nassau dans quelques semaines. Je t'écrirai.

Je t'aime, Claude, ne l'oublie jamais.

Ta Princesse qui n'est plus inconnue, Marianne

Je pars aujourd'hui rejoindre mon père dans son ranch à Calgary. Je vais aussi reprendre le rôle de la cousine éloignée qui m'a été attribué. Il sera bon de revoir mon père. J'ai confiance dans son indulgence… il sera mon refuge. J'ai besoin de lui. Je le sais, au ranch, l'espace sera plus réduit qu'à la résidence du gouverneur, à Nassau, et je devrai y vivre dans l'ombre immédiate de sa femme. Wallis ! Je la méprise toujours un peu… Je me promets de comprendre, un jour, l'emprise qu'elle exerce sur mon père, cette domination, ce joug qui semble le contenter.

Je me lève tôt. Surtout en ce jour, je désire avoir le manoir à moi seule. Au petit matin, je revois mieux Claude *chez lui* et j'essaie de recréer l'atmosphère qui régnait après qu'il avait passé la nuit avec moi, dans mon lit. Mes mains chaudes touchent sa poitrine. Le bleu d'avant l'aube, insondable et poudré, se fait rose alors que je regarde sa superbe nudité, les courbes de son corps qui lui confèrent tant de sensualité… Une douce fraîcheur s'attache à nous… Claude respire doucement et murmure : « Ma chérie. » Il appartient encore à la nuit tandis que je m'approche de nouveau de l'amour et de l'apprentissage de l'amour…

Mon corps et mon cœur se rebiffent. Autour de moi, je ne vois qu'un bleu d'adieu, étouffé… La faim que j'ai de lui, mon amant, mon fiancé, devra patienter. Machinalement, je me lève et prépare mon bain.

Je me sépare à nouveau de ma famille adoptive avec, cette fois-ci, un peu moins de peine et la promesse de nous écrire souvent. Quant à ma tante, son calme et sa sérénité, comme une essence précieuse, me forcent à regarder du côté du ciel.

Notre voyage sera long. M. et Mme Gautier, mes nouveaux « gardes du corps », m'accompagnent. Tous les deux sont prévenants et j'ai confiance en eux. Comme Jim et Rupert, M. Gautier est armé. J'ai remarqué le revolver dans un étui accroché à sa ceinture lorsqu'il s'est levé pour ouvrir la fenêtre de notre compartiment. « Rien de plus normal, pensé-je, c'est un ex-policier, après tout. »

De Montréal, nous prenons l'avion pour Calgary. La métropole s'éveille dans cette luminosité diaphane qui suit habituellement un orage… il a plu toute la nuit. Le soleil monte à l'horizon lorsque nous nous dirigeons vers Dorval. Les feuilles d'automne commencent déjà à joncher les parterres.

De mon hublot, j'admire les immenses plaines de l'Ouest canadien. À perte de vue s'étend un espace uniforme et doré, taillé ici et là par des nervures droites menant à l'infini, ou à des amalgames de bourgs, ou à des lacs et des rivières limpides de la couleur du ciel. Où il y a des forêts, on voit diverses teintes de vert modelées par la lumière. À l'ouest, des nuages denses attirent les regards vers la majesté des montagnes Rocheuses. Enfin, c'est la descente vers Calgary. Là nous attend une voiture, qui nous conduit à quarante milles au sud de Calgary, au ranch de mon père. Un vieux panneau indique : « Ranch du prince de Galles, 18 milles. »

M. et Mme Gautier ne me posent aucune question et ne font aucun commentaire, grâce à la prévenance, j'en suis sûre, du docteur Gatineau. Leur présence a rendu le voyage agréable. Ils repartent deux heures plus tard, discrètement, un peu ébahis par la simplicité et la cordialité de l'accueil qu'on leur a fait au ranch.

À revoir mon père, je croule d'émotions ; je retrouve sa douce épaule, sa chaleur amicale… un refuge, ce qui contente les yeux, les oreilles, les mains. J'aime la musique étudiée de sa voix, le parfum et la texture de ses vêtements… je me sens mieux rien qu'à le regarder. Je m'entends mieux penser ici, dans ce grand ranch, près de mon père, à mon avenir béni, puisque Claude est libre.

Le ranch, marqué aux initiales EP pour Edward, Prince – en fait, la seule demeure que mon père possède, la seule propriété qui lui appartienne de droit –, se situe dans un coin féerique de l'Alberta, au pied des montagnes Rocheuses. Sur quatre mille acres on pratique l'élevage de moutons et de chevaux de trait. Mon père montre ici son goût pour une vie simple. La demeure du ranch est bâtie en bois, grande, de style rustique, avec un toit en bardeaux, des fenêtres doubles, une véranda et un portique d'entrée couvert de lierre. Une odeur de cèdre domine l'atmosphère d'un intérieur confortable où le bois naturel est mis en valeur, séduisant, invitant la main à toucher les surfaces cirées des tables et des chaises. Les murs sont aussi lambrissés. Quelques tapis aux motifs exotiques recouvrent en partie le plancher de chêne.

Alors que nous marchons, mon père et moi, dans l'air sec et vif d'un matin ensoleillé, son regard s'empreint de nostalgie. Il prend mon bras et m'entraîne sous un grand érable qui perd ses feuilles… j'imagine les pétales d'un immense tournesol tombant d'un tableau de Van Gogh.

— Ta mère et moi avons planté cet érable… dit-il en me serrant contre lui.

Il me fait voir une minuscule plaque, incrustée dans le tronc. Je déchiffre le mot « Amour » et deux initiales, un E et un V. Je regarde ses yeux, gonflés de larmes, et je l'embrasse tendrement.

— Tu lui ressembles tant, continue-t-il en me relâchant, et si tu n'étais pas ma fill… Excuse-moi, Mary Ann, je divague… je l'aimais tant… et je t'aime tellement, toi aussi, ajoute-t-il en reprenant mon bras et en souriant de nouveau.

Il a l'air d'un petit garçon blessé. Je l'écoute respirer… Il me regarde à présent d'un œil doux ; l'étincelle qui y dansait voilà quelques secondes s'est éteinte. Je vois devant moi, au sol, son ombre sur les épaules de mon ombre, et j'en suis contente, rien de plus. « *My darling little girl* », murmure-t-il.

— Viens, marchons, ça nous fera du bien. Je vais te faire voir quelque chose…

Main dans la main, tous deux perdus dans nos pensées, nous marchons… Une dizaine de minutes s'écoulent dans le silence. Je me sens un peu perdue dans l'immensité de ce qui nous entoure. Tout est si vaste ici, le ciel semble plus haut, les montagnes plus imposantes, la campagne sans fin.

J'ai l'impression d'avoir beaucoup vieilli depuis quelque temps. Qu'ils sont loin mon couvent et ma vie protégée ! Depuis, mon Dieu, depuis ? J'ai vécu tant de choses, des chapitres disparates dont le plus beau a été dédié à l'amour ; le plus triste, celui où j'ai cru mourir de douleur. Où en suis-je donc ? Je ne sais plus… ma dernière séparation d'avec mon père ? Elle a en réalité débuté avant mon départ pour l'Allemagne, à cause du manque de scrupules qui m'a poussée, moi, à acheter la liberté de Claude à n'importe lequel prix… à passer un marché avec un de ses amis. Oh oui, c'est à ce moment que j'ai commencé à me séparer de mon père, puisque je ne pouvais lui dire… Mais aussi, j'ai fait montre de cran, d'audace et de courage.

Eh oui, j'ai changé… Je ne suis plus une « *little girl* »… je suis « marquée »… j'hésite devant le mot « flétrie »… par la vie. Ici, je me sens moins isolée, moins à l'écart. Je ne sens pas le besoin de dévoiler mon triste secret à quiconque, surtout pas à mon père. Il n'y a que Jim qui le sait. Je n'en souffre pas, pas particulièrement. J'en éprouve surtout un sentiment de fatigue.

Mes vacances avec mon père sont plus qu'un retour, je redeviens une jeune fille tendre pressée de poser sa tête sur une épaule…

Nous arrivons sur un promontoire. La rosée ruisselle encore sur les longues herbes à perte de vue.

– Mary Ann, tu vois cette étendue autour de nous ? Tout ça est à moi et j'espère qu'un jour on trouvera du pétrole dans ces terres ; j'ai demandé à la Standard Oil de faire des forages. Ton vieux père deviendra peut-être un roi du pétrole. Pas mal, hein, après avoir été roi d'Angleterre ? Excuse cette mauvaise blague, se reprend-il alors que je le regarde d'un air dubitatif.

Mes parents se sont permis le luxe d'une semaine de repos et nous en profitons tous les trois. Mlle Moulichon et les domestiques de Nassau n'ont pas grand-chose à faire. Un personnel semi-permanent, dont un cuisinier japonais, un jardinier, un mécanicien et un sonneur de clairon, s'occupe du service. Un agent de la Canadian Mounted Police, un *mountie,* assure notre sécurité.

Pookie continue d'accaparer mon attention et, quand la duchesse me le permet, je l'emmène en promenade. « Toi et Rubi, lui dis-je un jour, vous êtes tous les deux incomparables, d'un côté le colosse de Rhodes et, de l'autre, un des chats de Nefertiti. » Le cairn se met à japper comme s'il appréciait ma conversation. Toutes les nuits, j'entends mon père qui traverse le couloir pour se rendre dans la chambre de sa femme, comme à son habitude… le jeu qui les enchante continue.

Une catastrophe à Nassau bouleverse pour un moment la tranquillité au ranch. Les nouvelles diffusées à la radio et des câbles envoyés par Government House nous apprennent qu'un ouragan en provenance de Turks

Island s'est abattu sur les Bahamas, provoquant d'énormes dégâts. Les récoltes sont détruites. Des arbres sont tombés en emportant avec eux les fils électriques. Les noix de coco ont été transformées en dangereux projectiles. À Nassau même, quelques schooners ont été arrachés de leurs amarres et projetés au milieu de Bay Street.

Mon père envoie un télégramme de soutien aux membres du gouvernement. Ma belle-mère, en tant que présidente de la Croix-Rouge, envoie elle aussi un message de solidarité. Leur devoir civique accompli, ils retombent dans la léthargie de leurs vacances.

La vie calme, en famille, l'air froid et pur de l'Ouest canadien m'apportent une certaine sérénité. J'aime surtout le semblant de protection qu'offrent les majestueuses montagnes Rocheuses, malgré que, parfois, en regardant leurs pics et leurs flancs escarpés sous une lumière plus forte, je me sens revenir en arrière, vers la Haute-Bavière et le Kehlstein… Comme c'est déjà loin tout ça ! Je reste calme, plus calme encore. Tout pourrait être si simple ici ! Devant ces prairies immenses, que le soleil rend miroitantes comme la surface de la mer, je sens une nouvelle vitalité, une paix pleine de promesses. Ce que sera ma vie, je l'ignore, mais je sais que les ombres terribles qui l'obscurcissaient ont disparu, puisque j'ai banni l'incertitude. Claude va revenir !

Mais il faut songer au départ. Sous une longue volée de bernaches en route vers le Sud, nous fermons le ranch et entreprenons notre voyage de retour vers les États-Unis et les Bahamas.

Dans la ville de Wallis, Baltimore, les Windsor sont reçus à bras ouverts. Ma belle-mère a le privilège d'appartenir, par alliance, à une famille royale régnante et, d'une certaine façon, elle représente, avec son mari, cette famille. Mon père, surtout, par sa naissance et son rang, est lié à la longue histoire du passé britannique et, par conséquent, en est un symbole. Comment peut-il, en temps de guerre, accepter l'asile luxueux de l'Amérique et ses brillantes réceptions ? Serait-il en fait extravagant et irresponsable ? Son propre pays, l'Angleterre, manque d'argent, subit le rationnement et lutte pour sa survie. Pendant ce temps-là, les Windsor s'amusent... mon père suit sa femme qui se fait « valoir ».

J'entends ma belle-mère, un soir, rire aux éclats et je lui demande la raison de sa bonne humeur.

– Oh, rien, dit-elle, je pensais justement à mon ancienne vie à Baltimore et, maintenant, quelle différence !

Voilà ! C'est ce qui compte pour elle ! Quelle mesquinerie !

Cette vie somptueuse, le grand cirque, continue à Washington, pour en arriver au clou du voyage, un repas avec le président Roosevelt. Puis New York, où tout un étage à l'hôtel Waldorf Astoria est réservé ; leurs bagages, au nombre de cent six, selon quelques journalistes, causent une certaine consternation. Ma belle-mère refuse de les compter. Ses achats de chapeaux lui attirent d'autres commentaires... trente-quatre chapeaux, dit un reportage. « Non, réplique la duchesse, seulement cinq. » Elle s'oblige à continuer son travail humanitaire pour maintenir sa réputation établie à Nassau – entre les visites des établissements de charité, elle rédige, au profit d'un fonds de secours britannique, un livre sur *Les recettes favorites de la duchesse de Windsor*, qu'Eleanor Roosevelt est censée préfacer.

J'accompagne mon père à l'occasion de quelques visites dont l'une au Brooklyn Naval Yard. L'effort de guerre est, ici, en plein essor. Les Américains se préparent-ils à entrer en guerre ? Je sais déjà que mon père s'y oppose… est-ce seulement son pacifisme qui l'a rendu antipatriotique ? Cela m'attriste.

Je refuse de prendre part à plusieurs des activités mondaines que commande le séjour de mon père et de sa femme aux États-Unis. Leurs hôtes leur ménagent un traitement réservé habituellement aux étoiles de cinéma, et ils s'y prêtent avec grâce et enthousiasme. De leurs personnes se dégage – et les Américains y sont sensibles – la magie de la royauté. Si les Windsor pouvaient modérer leur train de vie et adopter une attitude plus responsable, ce voyage serait plus bénéfique pour leur image et l'Angleterre.

Une remarque du journaliste américain Raymond Clapper révèle probablement l'opinion de beaucoup d'Américains : « Si les Britanniques étaient plus forts en relations publiques, ils renverraient le duc et la duchesse de Windsor, valises et personnel, à Nassau. L'Angleterre ne peut être jugée à la lumière de cette fantaisiste équipée. Le peuple anglais s'apprête à affronter un autre hiver rigoureux, les restrictions sont difficiles à supporter, des familles entières vivent dans des abris de fortune et nombreux sont les sacrifices des uns et des autres. Ce couple de revue de mode en Amérique en ce moment ne représente pas la réalité britannique. »

Ma belle-mère est furieuse, mon père prend son air de chien battu…

— Comment pouvons-nous voyager autrement, s'écrie-t-elle, nous avons un certain standing à garder, n'est-ce pas, David ?

— Oui, *darling*, répond-il, mais peut-être pourrions-nous être un peu moins extravagants...

— David, dit-elle d'une voix rêche, que veux-tu dire ?

— Rien, *darling*, répond-il en allumant une cigarette.

— Tu ne peux rien m'imposer... et tu le sais... !

La virago continue à le dominer.

— Vous devriez avoir honte, tous les deux, grondé-je avant de les quitter en claquant la porte.

En y pensant, il ne s'agit pas d'un petit malentendu entre eux ni d'un savant calcul de la part de ma belle-mère... elle a pris le dessus, tout simplement. Leur attachement amoureux serait-il, pour mon père, une catastrophe amoureuse ? A-t-il été dupé ? Si son pays avait décidé de se débarrasser d'un roi trop insouciant, son insécurité l'avait peut-être poussé, à défaut d'autre solution, à épouser ma belle-mère ? Ou, pis encore, son cœur l'avait-il emporté sur sa raison ?

Durant une interview, au cours du voyage, un journaliste demande à mon père de faire le signe de la victoire, l'index et le majeur d'une main, paume en avant, formant la lettre V. Il ébauche le geste en regardant sa femme qui secoue la tête... Il laisse tomber son bras.

Il me tarde de rentrer. Je téléphone en Gaspésie... il n'y a pas de nouvelles de Claude. Nous faisons, encore une fois, escale à Miami avant notre retour à Nassau. L'hôtel Bilmore, fermé durant l'été et l'automne, est ouvert pour nous. Le directeur est venu de New York afin de mettre à notre disposition le quinzième étage de l'hôtel.

Tout ce que je n'aime pas exige de la patience, et je dois de nouveau puiser dans mes réserves d'indulgence. Pourquoi mes parents ne rentrent-ils pas directement à Nassau ? Ils pourraient ainsi éviter d'autres critiques sur leur train de vie. Ils ne comprennent pas ma réticence ni certains de mes commentaires plus ou moins narquois qui apaisent un tant soit peu mon sens de la décence.

Wallis demande à mon père, alors qu'elle se prépare pour une réception :

— David, croyez-vous que je devrais, avec cette broche en rubis à mon épaule, ajouter plus de deux bracelets à mon bras ? Qu'en pensez-vous ?

— Pourquoi pas une tiare aussi pendant que vous y êtes, et des diamants aux chevilles ? ne puis-je m'empêcher de murmurer.

Elle fait semblant de ne pas m'avoir entendue, mais je vois ses yeux se plisser. Je regarde mon père. Il a l'air fatigué, sa joue appuyée contre les coussins du divan, les yeux fermés ; sa main est crispée, mais je vois un demi-sourire se former sur sa bouche, qui s'efface petit à petit.

Mon père n'est pas un diplomate. Si lui et ma belle-mère soulèvent l'admiration, c'est surtout en tant que « coqueluche des foules ». Ils sont un symbole de légèreté pour les Américains qui craignent la guerre ou pour ceux qui ont de la sympathie à l'endroit de Hitler et de l'Allemagne. Pour eux, les Windsor évoquent divertissements fastueux, la façade idéale des riches et des privilégiés.

Même après notre retour à Nassau, la critique ne démord pas. Les commentaires abondent sur leur voyage en Amérique. Jusqu'à l'Angleterre qui s'en mêle. Le *Daily Mirror*, un de leurs plus fidèles partisans, publie, en première page : « Serait-il irrévérencieux, ou même cruel, de suggérer que le duc et la duchesse de Windsor passent le reste de cette guerre au Bahamas ? » Les députés de la Chambre des communes demandent leur rapatriement et la cessation de « cet étalage de joyaux et de modes à l'étranger alors que le peuple anglais subit tant de privations ». La raillerie anglaise mortifie mon père ; il me prend à part, son visage est pâle et accablé :

– Je ne peux, Mary Ann, enlever à ma femme les petits plaisirs qu'elle trouve dans la mode et les bijoux, ça lui permet de compenser ce que nous avons perdu par mon abdication.

– Vraiment, *father* ? Mais c'est la guerre, ne savez-vous pas ce que cela veut dire ?

– Ne sois pas impertinente ! rétorque-t-il. J'estime remplir mes devoirs de gouverneur de ce petit pays, et j'y ai réussi. Enfin, n'en parlons plus, nos points de vue sont trop différents…

Mon pauvre amour de père ! Surpris et désarmé face aux reproches qui jaillissent de tous les côtés, il lui semble difficile d'accepter le fait que lui et sa femme ont été insouciants. Je vois sur son visage une expression d'ennui, comme s'il vivait au ralenti, cherchant en ces moments difficiles à passer inaperçu. Je connais à peine la société à laquelle il appartient, celle des privilégiés, de sorte que je suis prête à l'excuser. On ne peut blâmer quelqu'un pour qui, dès sa naissance, tout a été décidé, voulu, organisé sans son assentiment. Il continue donc à trouver normale cette vie de prince, habitué qu'il est aux hommages.

Son tempérament l'a-t-il incité à chercher chez quelqu'un d'autre – et ma mère les lui aurait-elle donnés – la fermeté d'esprit, la résolution, l'élément fortifiant qui a fait de lui « le prince de Galles bien-aimé des foules » ? A-t-il trouvé chez Wallis ce qu'il recherchait devenu plus mûr ? Je désire tant prendre sa main et lui indiquer une autre voie.

Churchill est soucieux, lui qui a voué une grande amitié au prince de Galles estime aujourd'hui que le duc de Windsor est vulnérable et que, par conséquent, il convient de lui assurer une plus grande sécurité. « Les Allemands seraient très heureux de retenir le duc afin de se servir de lui selon leurs plans de guerre, a-t-il déclaré à Londres. Je crois qu'une cinquantaine de soldats suffiraient à sa protection en cas d'attaque. »

Des Highlanders, des Canadiens, des vétérans de Dunkerque débarquent donc à Nassau et installent rapidement des postes de surveillance derrière des clôtures de fil barbelé autour de Government House. Le personnel et les soldats s'entraînent en simulant des combats. Mon père trouve le tout « plutôt amusant ».

De mon côté, je prends part aux activités de la Croix-Rouge. Pour tromper l'attente, je me consacre avec une énergie redoublée à ceux qui ont besoin de soins et de traitements.

Et M. Wenner-Gren ? Je dois dire que je craignais, à mon retour à Nassau, de le rencontrer par hasard, dans des réceptions diplomatiques ou encore en ville quand, escortée par un soldat, je fais des courses. J'éprouve soit un agacement, soit une excitation au souvenir de notre unique rencontre dans une chambre de l'hôtel Victoria. Je ferme alors les yeux, je renverse la tête… oui, je me souviens trop bien de mon grand péché de luxure et aussi de la honte que j'ai éprouvée. Ce jour-là, j'ai dû me sacrifier…

J'apprends que M. Wenner-Gren n'est plus aux Bahamas, mais à bord de son yacht, le *Southern Cross*, ou à Cuernavaca, au Mexique. Toujours soupçonné d'espionnage, et sur l'ordre de mon père, il a été banni des Bahamas. Mon père a dû céder aux demandes des Américains. En contrepartie de la confiscation des biens de Wenner-Gren, ils ont promis d'investir dans les Îles afin d'y réduire le chômage. Même le canal de Panamá lui a été interdit.

Puis, les événements se bousculent. Le 7 décembre 1941, les Japonais attaquent Pearl Harbor, dans les îles Hawaï ; le jour même, le Congrès américain déclare la guerre au Japon. Le 10, le croiseur de combat *HMS Prince of Wales*, que mon père a tant aimé, est coulé. Le 11, l'Italie et l'Allemagne déclarent la guerre aux États-Unis. Dans toute cette effervescence, la duchesse de Windsor est fière d'apparaître en tête de la liste des plus élégantes femmes au monde.

La pluie tombe depuis quelques heures et semble vouloir finir. Le front appuyé contre la fenêtre de ma chambre, je regarde en rêvassant le paysage alourdi qui s'égaie lentement, et j'attends. Les orangers dégagent leur baume à travers l'odeur de la terre mouillée. Un arc-en-ciel tente de franchir le bras d'eau en deçà de Hog Island, mais se perd dans des nuages qui s'accumulent de ce côté.

Je descends l'escalier ; c'est l'heure du courrier. Sur le plateau se trouvent quelques enveloppes. Parmi elles, une en provenance de la Suisse m'est destinée. Une crainte me traverse l'esprit… pourvu qu'il ne s'agisse pas de mauvaises nouvelles. Je presse la missive contre ma poitrine. Je suis sûre que c'est de Claude… mon malaise me quitte. En courant, je remonte dans ma chambre.

Mes mains tremblent en ouvrant l'enveloppe. La lettre est dactylographiée. Sous l'en-tête de la Croix-Rouge, les mots sautent devant mes yeux embués et je souris… c'est si bon de sourire.

Marianne chérie,

Tu ne peux savoir mon bonheur de pouvoir t'écrire enfin. Je dicte cette lettre puisque mes mains sont « en convalescence ». Je veux te dire que dans l'enfer que j'ai vécu, ma petite Marianne, le souvenir de toi m'a permis de rester sain d'esprit. Rien qu'en pensant à toi, j'ai pu inventer un monde de contes afin de bercer ma douleur. C'est la douceur de ton amour qui m'a aidé à surmonter l'épreuve sans cesse répétée des interrogatoires…

Que va être ma vie à venir ? Je ne sais pas, Marianne. Je sais que tu es au courant de mes blessures. Les médecins suisses ne peuvent pas se prononcer. Je me console en jouant dans ma tête La Pathétique *seulement pour toi. Le magnifique paysage des Alpes m'inspire l'espoir, alors j'en fais quelque chose d'unique que je partagerai avec toi.*

On me dit qu'il y a des restrictions concernant la longueur des lettres et leur nombre, alors je serai bref… non par choix, ma petite Marianne, crois-moi… D'ici un mois, j'ai l'intention de m'isoler, dans un refuge de montagne, ici, en Suisse, afin de trouver une nouvelle voie et de songer, dans mon âme, à l'avenir. J'ai besoin d'oublier les chimères et les fantasmes qui me hantent. Dois-je dire adieu à ma musique ? Oh, Marianne, je ne le sais pas !

Les doux instants que j'ai passés avec toi ont été les plus beaux, mais rien ne peut être comparé à ton dévouement et à ton courage — ce que tu as fait pour moi n'a pas de prix et, chaque fois que j'y pense, et c'est mille fois par jour, je ne peux m'empêcher de pleurer.

Tendrement, je renoue notre pacte. Aime-moi, Marianne, ma princesse inconnue. Je t'adore. Mon retour vers toi sera merveilleux, mon amour.

Claude

P.-S. — Excuse la signature, je ne peux signer moi-même.

P.-P.-S. — De ma montagne, je ne pourrai pas t'écrire.

Sa chère lettre, ses mots, je crois les entendre, des mots presque joyeux et ils disent toujours « mon amour » ! Je réclame pour moi seule ce mot si brûlant, il tient sa place parmi les plus belles choses au monde. Sa lettre, enfin ! J'y porte mes lèvres. Je l'attendais depuis si longtemps. Claude est torturé par les doutes et, je le sais, il lutte. Mon cher amour, comme il doit souffrir, lui qui ne connaissait pas le mot « victime ». En dehors de Dachau, il est encore prisonnier, prisonnier de ses mains blessées. Lui, si fort, si sûr de lui. Je secoue la tête, je mords mes lèvres sèches. Je m'écoute penser, assombrie à l'idée de la solitude dans laquelle il va s'enfermer, sans moi pour le consoler. Mais je devine que c'est pour moi, à cause de moi qu'il manifeste cette volonté de s'isoler, afin de se retrouver ? Ah ! comme je voudrais le bercer, tendrement.

Je suis rêveuse, je regarde dehors, la ville de Nassau se découpe en formes exactes sous le clair de lune. Je cherche des indices... dans le ciel. Jupiter brille d'un éclat presque surnaturel... n'est-ce pas, selon le monde païen, la planète des fortunés ? Où est donc Vénus, la déesse des amoureux ? Oui, elle est là, presque couchée sur l'horizon, éclatante, elle aussi, d'une lumière spéciale... C'est de bon augure.

Dans mon cœur, Claude reprend son ancienne aura, une grande maîtrise et une énergie farouche émanent de lui, son visage est plus heureux et ses mains, enfermées dans des bandages, deviennent tout à coup libres et souples. Oui ! C'est tout à fait ce que je vois ! Dans sa montagne, dans son refuge, Claude va trouver une autre indépendance, une autre libération.

En apprenant la nouvelle, mon père se réjouit pour moi :

– Je suis heureux pour toi, *my darling little girl*, ton bonheur sera encore plus grand, car tu l'auras mérité, me dit-il en passant son bras sous le mien.

Quelques mois plus tard, je reçois, de la Gaspésie, une lettre qui ne contient que ces mots : « Je t'attends. » Dans l'enveloppe, il y a une clé. Avec exaltation, je pose mes lèvres sur cette clé en murmurant : « Tu viens de la maison blanche, j'en suis sûre. » Autour de moi, tout est velours, chaleur, plaisir retrouvé... un instant impossible à décrire.

J'ouvre grande la fenêtre. Une multitude d'oiseaux tournent autour de Government House... Je leur crie :

« Oui, chantez encore plus fort, c'est le plus beau jour de ma vie et vous êtes témoins de mon bonheur ! » Leur musique, tels un parfum ou une caresse, m'enveloppe d'une douceur suprême, comme si chaque note devenait une touche de tendresse, de passion.

Je dévale l'escalier et entre en trombe dans le bureau de mon père.

– *Father*, lui dis-je, il faut que j'aille au Canada…

– Il y a urgence, *darling* ?

– Oui, c'est Claude, je suis sûre qu'il est rentré !

– Tu es certaine ?

– Regardez !

Je lui tends la lettre.

– Comment sais-tu que c'est de lui ?

– Je reconnais son écriture, et je suis sûre que c'est lui. Oh, *father*, laissez-moi y aller, je vous en prie !

– Si je dis oui, reviendras-tu ?

– Je ne sais pas… probablement !

Même si l'Amérique est en guerre, mon voyage est organisé sans trop de difficultés. Je quitte le climat chaud de Nassau et arrive au début de la fonte des neiges à Saint-Florent, en Gaspésie. Un taxi m'amène. Je ne sais pas si je lui indique la bonne direction, mais, soudain, je vois une grande maison blanche avec deux tourelles, une longue cheminée d'où s'échappe une fumée colorée et un grand bosquet où un début de verdure annonce déjà le printemps. C'est bien cela, elle est là, c'est notre maison blanche. Je regarde derrière moi… la mer s'est libérée de ses glaces et brille de mille facettes, une vision vaste sous un ciel clair et limpide.

Je mets la clé dans la serrure. L'air de la *Pathétique* m'enveloppe, familière, bienfaisante, la musique de Claude, son jeu génial, son art.

« Claude écoute ses disques », pensé-je.

J'entre dans un salon qu'éclairent de grandes fenêtres orientées au sud… je fais quelques pas, puis je m'arrête. Mes yeux cherchent Claude, mon cœur bat si vite dans ma poitrine que j'en ai le souffle coupé. La lumière du dehors m'éblouit… chaque note de musique entre dans mon âme et chacune raconte une histoire, comme dans les rêves de mon passé. Dans la félicité de cette minute exquise, je cligne des yeux… Je vois le piano à queue, je vois Claude, les mains sur le clavier, jouant chaque note, comme avant…

Claude vient vers moi, il ouvre ses bras… je suis chez moi !

Ses lèvres sur les miennes, nos cœurs unis, notre longue séparation éclipsée par la magie du moment, ses bras m'étreignant, son souffle dans ma bouche, sur mon visage, ses mains touchant mon corps… Je prends ses mains et les regarde longuement… à part les cicatrices – les stigmates de l'enfer nazi –, ce sont les mêmes doigts effilés, les mêmes mains de virtuose qui prennent, à mes yeux, encore plus de prix. J'y pose mes lèvres tandis que des larmes de bonheur y laissent une mer de tendresse.

– Mon amour, dit Claude, il ne faut pas pleurer, je t'aime trop !

Il me soulève de terre, me serre contre lui.

Renaît l'enchantement que nous avons cru ne pouvoir jamais trouver. Je recommence à vivre.

Remerciements

Le deuxième tome du *Royaume de mon père, Miss Mary Ann Windsor*, lance mon héroïne dans une aventure internationale. Les faits historiques se mêlent aisément à la substance fictive du roman ; le caractère principal du roman, Mary Ann Windsor, est pure fiction. Toute ressemblance avec une personne vivante ou ayant déjà existé serait pure coïncidence.

Afin de respecter l'histoire, j'ai effectué de nombreuses recherches. Je tiens donc à remercier Mme V. B. Johnson, la secrétaire du Gouverneur général des Bahamas, pour nous avoir si aimablement servi de guide durant notre visite à Government House à Nassau. Je remercie également le personnel des archives de Nassau pour l'aide offerte durant mes consultations des journaux et des documents relatifs au séjour du duc de Windsor aux Bahamas.

Je tiens à remercier mon compagnon de longue date, Andrei Eldon-Edington, qui, par sa maîtrise de la langue allemande, a facilité mes entretiens avec Ingrid Schaffenberg, la propriétaire de l'hôtel Türken à Obersalzberg (les SS y avaient élu domicile durant la guerre), et qui m'a servi d'interprète tout au long de notre séjour en Haute-Bavière et, surtout, durant notre visite au Nid d'aigle.

Je tiens aussi à témoigner ma gratitude à Marie-Pierre Bossard pour la révision de mon manuscrit. Elle a su bien conserver « l'esprit » du roman. Aussi ma reconnaissance à Pierrette et Jacques pour avoir facilité mon retour semi-permanent à Montréal.

Et finalement, je remercie toute l'équipe du groupe Ville-Marie Littérature pour son soutien dans la préparation de ce roman, en particulier mon éditeur, Pierre Graveline, le directeur littéraire, Jean-Yves Soucy, et la directrice des communications, Simone Sauren.

F. C.

AUTRES TITRES PARUS
DANS LA MÊME COLLECTION

CET OUVRAGE
COMPOSÉ EN GARAMOND CORPS 14 SUR 16
A ÉTÉ ACHEVÉ D'IMPRIMER
LE VINGT-SIX AVRIL DEUX MILLE UN
SUR LES PRESSES DE TRANSCONTINENTAL
DIVISION IMPRIMERIE GAGNÉ
À LOUISEVILLE
POUR LE COMPTE DE
VLB ÉDITEUR.

IMPRIMÉ AU QUÉBEC (CANADA)